Editorial Address and Orders:
P.O. Box 660725
Birmingham, AL 35266-0725
Fax: 205-822-0463

Voix/es libres

Voix/es libres

Maternité et identité féminine dans la littérature antillaise

Florence Ramond Jurney

SUMMA PUBLICATIONS, INC.
Birmingham, Alabama
2006

Copyright 2006
Summa Publications, Inc.
ISBN 1-883479-52-5
(978-1-883479-52-7)

Library of Congress Control Number 2006924380

Printed in the United States of America

Ce livre est dédié à toutes les mères

biologiques ou de substitution

Table des matières

Acknowledgments   ix

Introduction. Histoires de maternité   **1**
Construction (culturelle) de l'identité féminine   4
Mariage, famille et constitution d'un sujet féminin   5
De la mère à la terre maternelle   8
Exil et Maternité   9
Esquisse d'une méthodologie   12

Chapitre 1. Récits d'exil: cri et refus de l'oppression   **17**
1. L'Exil: décision de l'autre imposée sur le moi   22
2. Vivre son aliénation en exil   33
3. Maternité-renonciation ou maternité-résistance chez
    Maryse Condé   50
4. Sortir de l'exil: la recherche du lien à la mère   66

**Chapitre 2. L'influence du passé: les femmes racontent
les origines**   **87**
1. Reconstitution du passé: le lien aux « sages » de
    la communauté   94
2. Transmission de l'histoire des femmes chez Gisèle Pineau   120
3. Amitiés et identifications féminines chez Maryse Condé
    et Myriam Warner-Vieyra   144

Chapitre 3: Retour d'exil et célébration du maternel   **161**
1. Le Défi de la tradition à travers l'écriture   168
2. (D)écrire l'île à la veille du retour   200
3. Création d'un espace de narration féminin: éclatement et
    transformation du moi chez Edwidge Danticat   209

**Conclusion. Au-delà du maternel: découverte de nouveaux
horizons dans le récit féminin**   **221**

Notes   229
Bibliographie   235
Index   247

Acknowledgments

This study started as a small project trying to respond to questions I had on the importance of motherhood in Francophone Caribbean literature. It expanded into a dissertation, and has now become a book, leading me to ask more questions and offer new readings of well-known and less well-known novels.

Many thanks go to Karen McPherson who was a patient and dedicated mentor during the entire process. A number of other people have helped me make this book a reality, and I wish to send them my heartfelt thanks. First, my friend and colleague Nicole Aas-Rouxparis, who introduced me to Francophone literature and showed her support in many different ways throughout the project. Second, the friends who gave me "a space of [my] own" so that I could write without interruption: Nicole Aas-Rouxparis, Greg Fredricks, Helen Cook, and Bonnie Klees. I loved their homes, and the peace and quiet they offered me. Third, the friends and colleagues who commented on my work and encouraged me to transform the book project into a reality: Honora Ní Aódagain and Philip Ojo, as well as my colleagues in the department of French and Italian at Gettysburg College: Marie-Jo Binet, Bob Viti, Larry Gregorio, and especially Elizabeth Richardson Viti. I am grateful to Agnès Collet for her sharp eye. At Summa Publications, I am thankful to my readers for their comments, and to the staff and editors, especially Lynn Carter, for their most generous attention to the manuscript. Many thanks also to my husband and best friend, Thomas Frederik Jurney, who remained supportive during the entire experience and shared many late night discussions with me on some parts of this work. Finally, endless thanks to my parents for their support and understanding. My mother was especially inspiring: she motivated me to find my own voice, and I encouraged her in return to tell her story and make it part of History. Her spirit is at the center of this work.

The research for this book was supported by Graduate Student Fellowships from the Romance Languages Department at the University of Oregon, an Oregon Humanities Center Graduate Fellowship, and a Graduate Research Support Grant from the Center for the Study of Women in Society. I am also grateful for the financial support of my institution, Gettysburg College, which awarded me a generous Faculty Development Grant for the publication of this book.

Portions of chapters 1 and 3 originally appeared in English as "Exile and Relation to the Mother/Land in Edwidge Danticat's *Breath Eyes Memory* and *The Farming of Bones*." *Revista/ Review InterAmericana* 31 (2003), reprinted here by permission of the journal. Translation is my own.

Portions of chapter 3 originally appeared as "Opacité et transparence dans *Pluie et vent sur Télumée Miracle* de Simone Schwartz-Bart." *Francographies* 10 (2001): 11-25, reprinted by permission of the journal; and as "Voix sexualisée au féminin dans *Moi, Tituba sorcière* de Maryse Condé," *The French Review* 76.6 (2003): 1161-71, reprinted by permission of the journal.

—F. R. J.

Introduction
Histoires de maternité

Maternité et femme ont de tout temps été de pair, et que l'un aille avec l'autre semble sans aucun doute aller de soi. L'histoire même de la maternité est tellement ancienne qu'elle paraît être presque dépassée. Or cette histoire, liée à la femme par excellence, semble avoir été rapidement appropriée par les hommes qui l'utilisent souvent dans la littérature comme métaphore d'un avenir porteur d'espoir. Ainsi, alors que les personnages féminins ne sont pas exclus des récits masculins, ils n'ont qu'une importance marginale, la mère n'existant que pour que son enfant puisse naître. La maternité se trouve ainsi rabaissée à un niveau anecdotique et elle n'est qu'une excuse pour pouvoir introduire un nouveau personnage tandis que l'histoire de la jeune femme en train de devenir mère, l'histoire de la maternité qui s'exprime au féminin, cette histoire reste la grande absente.

Des études récentes se sont intéressées au thème de la maternité dans la littérature africaine et antillaise, mais elles se concentrent bien souvent sur l'image du maternel dans des romans anglophones ou francophones écrits par des femmes[1]. Ce n'est pas que la maternité elle-même soit absente de la littérature francophone masculine, au contraire, mais elle est à peine esquissée, mettant au silence la jeune femme en passe de devenir mère et réduisant son identité à celle de l'enfant qu'elle porte. Ainsi, des romans considérés aujourd'hui comme des classiques de la littérature francophone des Caraïbes aux derniers nés de la littérature des Antilles, le personnage de la mère se présente comme problématique soit par sa mise au silence, par son absence marquée, par son aliénation, ou encore par les relations difficiles qu'il entretient avec le personnage de la fille. Dans *Les Gouverneurs de la rosée* de Jacques Roumain par exemple, l'espoir d'un futur florissant est suggéré à la fin du roman par la naissance à venir d'un bébé conçu en partie par le personnage principal, lui-même décédé. Dans cette œuvre, l'enfant à naître représente moins le produit d'un désir féminin que l'incarnation des espoirs de l'homme qui a participé à sa conception, et il est du reste sous-entendu que le bébé va devenir ce que le père disparu n'a pas pu être. Poussée dans les marges de la narration, la voix de la mère en devenir reste un murmure.

La première génération d'auteurs féminins des Antilles francophones s'établit en contraste par rapport aux auteurs masculins en mettant la femme au premier plan. Pourtant, les femmes qu'elles dépeignent sont aliénées par un système colonialiste et sont à la recherche d'une pureté illusoire qu'elles croient voir dans la blancheur. Ainsi, dans *Cajou* de Michèle Lacrosil, l'héroïne qui est écœurée de ne pas se voir assez blanche finit par se suicider, ou encore, dans *Je suis martiniquaise* de Mayotte Capécia, la protagoniste ne cesse de rechercher des amants blancs dans l'espoir de blanchir sa descendance. Face à ces premiers auteurs, le travail d'écrivains féminins de ce que l'on pourrait définir comme appartenant à une deuxième génération se pose en frappant contraste[2]. Dans certaines œuvres, le titre même reflète le cri d'une femme qui s'identifie non seulement comme sujet mais aussi comme témoin d'un héritage et d'un passé à raconter. Tituba illustre par exemple ce phénomène alors qu'elle est présentée par Maryse Condé comme *Moi, Tituba sorcière noire de Salem,* s'identifiant par un prénom non européanisé et annonçant fièrement la couleur de sa peau. De même, Gisèle Pineau nous décrit Julia comme un nouvel apôtre—au féminin—prêt, grâce au titre biblique de *L'Exil selon Julia,* à nous initier aux nombreuses plaies engendrées par l'exil.

Sortant d'un silence sans nom, les voix de femmes se font ainsi entendre amenant une note discordante dans la politique française d'assimilation qui se voulait parfaite, mais aussi dans le roman masculin traditionnel. En effet, ces femmes expriment non seulement un héritage dont on leur avait jusque-là appris à avoir honte—d'où l'importance qu'elles voyaient dans le phénomène d'éclaircissement de la peau—mais, en plus, elles racontent leurs histoires de maternité se plaçant comme sujet dans leur narration, brisant ainsi la tradition masculine qui visait à les ignorer en les faisant disparaître derrière l'enfant qu'elles portaient. Ce qui n'était, jusque-là, pas digne d'être inclus dans la narration—la maternité—devient le centre de ces histoires de femmes, et quelles qu'en soient leurs raisons, les protagonistes de ces récits expriment le droit de choisir leur maternité et d'être indépendantes des décisions du masculin. Ces histoires de femmes se présentent donc en pleine lumière et sous des contours féminins, laissant dans la pénombre les silences imposés.

Pour les femmes noires des Antilles francophones, s'exprimer dans la littérature grâce à une voix célébrant le féminin est mis en exergue au moyen d'un changement de point de vue, que Maryse Condé décrit comme le passage d'une « aliénation de type classique »—défini par les femmes qui souhaitent se « blanchir » grâce à un mariage mixte—au statut d'une « victime victorieuse »—décrivant les femmes qui s'affirment tout en revendiquant leur héritage culturel d'origine (Condé, *Parole* 32 et 36). Dans les Antilles francophones, la voix du féminin se fait entendre non seulement alors qu'elle se pose en « maîtresse du discours »—prenant ainsi la place du traditionnel « maître du discours »—mais aussi alors qu'elle revendique un héritage: africain, antillais, et par-dessus tout féminin. Tout comme la voix féminine passe d'une position accessoire à une position principale, le thème de la maternité est remis à l'ordre du jour car il est lui-même central dans la vie des femmes. La mise en avant de ce thème favorise la formation d'une nouvelle problématique répondant aux paramètres posés par une littérature qui se présente comme noire, féminine et des îles antillaises, mettant à jour l'aliénation du féminin par la construction culturelle de son identité.

Construction (culturelle) de l'identité féminine

Dans la littérature francophone, les personnages que l'on trouve sont souvent confrontés à une construction initiale: la construction raciale, mise en place de façon tout à fait arbitraire par le colonisateur. Cette construction est mise à jour par Franz Fanon et Albert Memmi et est dénoncée dans toute la critique postcoloniale à travers l'exposition du mythe de Caliban. Si l'on se concentre plus particulièrement sur les personnages féminins, on remarque qu'ils font face à une double construction. En effet, si l'homme et la femme de couleur sont opprimés par le colonisateur à cause de leur race, la femme l'est doublement: à cause de sa race et aussi à cause de son sexe. Les récits d'esclavage illustrent bien ce thème du personnage maternel doublement manipulé puisque la femme noire n'y est considérée que d'un point de vue commercial ou sexuel, servant à augmenter le « cheptel » du maître ou à assouvir ses désirs physiques.

Cette réalité de la manipulation n'est exprimée que depuis peu dans la littérature francophone des Antilles et n'apparaît souvent que sous la plume d'auteurs femmes. En d'autres termes, on voit, de façon récurrente dans cette littérature, des femmes auteurs exposant des personnages féminins opprimés et victimes du masculin qui les enferme dans une construction culturelle dont il est l'auteur. Adrienne Rich souligne l'existence de cette construction particulièrement à travers la maternité (ce qu'elle appelle « motherhood as an institution » dans le titre même de son livre *Of Woman Born: Motherhood as Experience and Institution*), maternité qu'elle décrit comme une expérience féminine manipulée par les hommes. Prise dans un étau qui la met face à son corps de femme tout en la plongeant dans une invisibilité dictée par le masculin, la jeune mère se trouve victime de la construction de son identité par autrui. Elle est donc flouée par sa première expérience du mariage et de la maternité, aspirant à exprimer une identité individuelle de la construction qu'on a pu faire d'elle.

Si la théorie d'Adrienne Rich, racontée du point de vue d'une femme blanche, est élargie à l'ensemble des femmes, des études récentes sur l'expérience spécifique des femmes noires tendent à nuancer ces propos généralisants. Des chercheurs dans le domaine des études afro-américaines, tels que Venetria Patton, insistent ainsi sur le fait que la maternité n'est pas simplement un lien qui unit toutes les femmes, mais qu'elle évolue influencée par le sexe, la race, la classe sociale, ou encore la préférence sexuelle (Patton xii). Patton démontre en particulier que les femmes noires esclaves sont psychologiquement asexuées par la structure esclavagiste qui vise ainsi, sans succès selon elle, à les déposséder de leur expérience de la maternité (Patton xii-xiii).

Dans la littérature francophone des Antilles où l'action se passe en période postcoloniale, si l'aspect commercial de la maternité d'une femme noire servant les intérêts d'un maître blanc n'est pas présent (bien que l'on puisse penser que les alliances matrimoniales orchestrées par les pères des jeunes filles n'en soient pas si éloignées), on n'en remarque pas moins l'absence de la mère (morte, disparue de la narration ou réduite au silence). Les femmes auteurs antillaises mettent donc en avant les récits de filles faisant pour la première fois l'expérience du mariage, de la maternité et de leur propre oppression par rapport à ce qu'elles voudraient que leur rôle de femmes devienne.

Mariage, famille et constitution d'un sujet féminin

Bien souvent, maternité et mariage sont liés, les deux enfermant la femme dans une structure opprimante. Si l'idée que maternité et mariage enferment tous deux la femme dans une structure opprimante a déjà été développée de façon théorique (Beauvoir vol. 2, 291 et Rich 11), on la retrouve illustrée de façon spécifique dans la littérature des Antilles francophones. Dans *Traversée de la mangrove* par exemple, Vilma est non seulement objectifiée par son père qui l'utilise comme l'objet principal d'une transaction, mais elle est aussi conditionnée par sa mère à voir dans le mariage ce qu'il n'est pas, c'est-à-dire le seul bonheur qu'une femme mariée puisse espérer de la vie (*Traversée* 188). Pourtant, Vilma n'est pas dupe de la fausseté des paroles de sa mère et voit que, quand cette dernière lui parle, ses yeux « démentaient ses paroles » (*Traversée* 188). Des jeunes femmes antillaises comme Vilma observent donc tout d'abord le mariage—ou ce qui est aussi commun dans la littérature francophone des Antilles, la mise en ménage—à l'œuvre dans le personnage de leur mère, de leur grand-mère et d'un grand nombre de femmes qui les entourent ou bien l'imaginent et le glorifient parce qu'elles n'ont pas accès direct à leur mère (si cette dernière est morte). Dans un cas comme dans l'autre, leur jugement est faussé en ce qu'il leur manque certains éléments: soit les femmes mariées refusent de divulguer les réalités de leur vie d'épouse, soit l'absence de la mère empêche l'existence du lien complice entre la mère et sa fille et donc la possibilité d'une histoire qui ne soit pas fondée sur le mensonge et la tromperie.

La situation de la femme se complique si la maternité reste impossible à réaliser et elle se retrouve véritablement prisonnière de la construction imposée sur son identité par le patriarcat, comme cela est illustré par exemple grâce au personnage de Juletane, dans *Juletane* de Myriam Warner-Vieyra, qui raconte l'histoire d'une femme tombant petit à petit dans la folie après avoir appris qu'elle ne pourrait pas avoir d'enfants. En effet, quand un cas d'infertilité féminine se présente, le rôle de la femme comme porteuse d'enfants tel qu'il avait été imaginé par la société patriarcale se trouve réduit à rien. Elle n'est plus d'aucune utilité dans le système et est poussée—au sens propre et au sens figuré—dans les marges de la société qui la rejette. L'influence de la famille, du groupe familial ou du clan, prend donc une importance cruciale puisque c'est bien souvent cette communauté qui est intimement liée au vécu de la maternité mais aussi à la construction féminine et donc à la constitution du sujet féminin. Dans un article remettant en question le bien-fondé de l'isolement des mères dans la société occidentale, Lauren Slater remet en doute l'efficacité de la sacro-sainte famille nucléaire. Elle souligne en effet qu'en Chine, en Jamaïque et dans certaines parties d'Afrique, la dépression de la mère qui suit la naissance du bébé est beaucoup moins fréquente, en particulier grâce au système communautaire mis en place pour soutenir la jeune mère car c'est dans ces communautés que « the mother is mothered » (Slater 11). De tels cas de maternité à importance communautaire s'opposent en un contraste frappant au sort de femmes dans beaucoup de pays européens ou nord-américains qui se retrouvent seules en l'espace de quelques jours face à l'œil critique d'un mari souhaitant voir à l'œuvre « l'instinct maternel ».

Dans le cadre de ma propre étude sur la littérature francophone des Antilles, je voudrais donc garder ces deux thèmes comme référents car j'opposerai dans mon texte l'idée de famille nucléaire où la femme/mère est isolée, à celle de famille communautaire où la femme/mère est entourée. En effet, bien que n'occupant pas à proprement parler une place centrale dans mon sujet sur la maternité, la notion de famille y joue cependant un rôle crucial et c'est pour cela qu'il est important de s'arrêter sur les implications que son organisation suggère. Dans les Antilles francophones par exemple, différents cas de figure se présentent, cas de figure différents particulièrement à cause de l'histoire de ces îles. D'un côté, on observe l'importance donnée à la communauté traditionnelle de femmes soutenant la mère et ses décisions (comme dans *Pluie et vent sur Télumée Miracle* de Simone Schwarz-Bart par exemple), et de l'autre, on voit la femme européanisée par un passage en France s'isoler parfois jusqu'à la folie (comme dans *Juletane* de Myriam Warner-Vieyra). De même, il faut remarquer que dans ces cas opposés, l'homme-géniteur est soit clairement absent (Schwarz-Bart), soit contribue à l'isolement de la femme (Warner-Vieyra), et que sa présence ou son absence participent à la construction culturelle du féminin.

Dans cette étude, l'importance de l'existence d'une famille communautaire (constituée principalement de femmes) est mise en exergue. Cette famille communautaire est en effet cruciale dans la littérature francophone des Antilles où la femme est victime des pressions de la société patriarcale qui modèle son attitude de façon subtile quant à la maternité. Dans le corps de mon texte, je chercherai à démontrer que ce n'est que grâce à une structure qui ne l'humilie pas et qui la soutient, comme celle d'une famille communautaire, que la voix de la femme peut s'élever.

De la mère à la terre maternelle

Dans son excellent recueil d'articles, *Motherlands: Black Wo-men's Writing from Africa, the Caribbean and South Asia,* Susheila Nasta insiste sur les liens qui rapprochent la femme de sa terre mater-nelle, jouant sur le double lien entre fille/mère et fille/terre maternelle (ou « daughter/mother(land) » en anglais) [3]. Ceci est particulièrement à propos dans le cas des Caraïbes, l'île natale pouvant aussi suggérer le féminin des origines, et des récits tels qu'*Annie John* ou encore *Autobi-ography of my Mother* de Jamaïca Kincaid mettent bien en œuvre le fait que la relation (problématique, dans le cas de cet auteur) à la mère et à la terre maternelle sont inséparables. Si le livre de Susheila Nasta remplit un vide qui existait dans la recherche sur la question du lien à la mère et à la terre dans la littérature postcoloniale, elle ne s'intéresse mal-heureusement pas à la spécificité des Antilles françaises. En effet, alors que les auteurs des Antilles anglophones et hispanophones écrivent dans un espace postcolonial (que je comprends ici au sens propre), les auteurs des Antilles françaises écrivent dans un espace qu'on pourrait définir comme « légalement assimilé » puisque la Martinique et la Guadeloupe sont officiellement des départements français d'outre-mer depuis 1946. Dans le cas des Antilles anglophones par exemple, et en période post-coloniale, le lien à la terre maternelle se différencie du lien à la terre de l'ancien colon car on se trouve en présence de deux pays indépendants. La terre « maternelle » est donc celle où l'on est né, celle où l'on a grandi, celle dont on s'est nourri à l'origine. Au contraire, en ce qui con-cerne la Martinique et la Guadeloupe, le lien à la « terre maternelle » est en quelque sorte brouillé puisque l'île est à la fois la terre natale et la pa-trie (la Martinique et la Guadeloupe *sont* la France) et que l'oppression de l'Autre (père-colonisateur) sur le moi est toujours bien présente[4].

Reprenant le thème de la relation des personnages féminins à leur terre, Simone A. James Alexander dans *Mother Imagery in the Novels of Afro-Caribbean Women*, souligne la différence entre les Antil-les anglophones et francophones. Elle insiste aussi sur l'existence ac-tuelle d'une oppression de l'Autre-colonisateur sur le moi, et elle ajoute les Etats-Unis à une liste de colons qui comprend aussi la France et l'Angleterre. Elle justifie son choix par des études telles que celles de Jamaïca Kincaid, *A Small Place,* qui place les Etats-Unis et l'Angleterre en parallèle, et les décrit tous les deux comme représentant l'« imperial master » (Alexander 5) expliquant par là que le pouvoir impérialiste américain a longtemps été ignoré à cause de la force du pouvoir impérialiste britannique et français (Alexander 4).

Dans la littérature francophone des Antilles, on remarque l'expression de l'oppression de l'Autre-colonisateur sur le moi à travers les paroles de plusieurs personnages féminins pour lesquels l'île est définie comme terre natale tandis que la France métropolitaine l'est comme terre d'exil, remettant ainsi en question la réalité d'une « France » d'outre-mer (comme c'est le cas dans *L'Exil selon Julia* de Gisèle Pineau). De même, l'ébauche d'une telle distinction prépare le terrain pour d'autres cas de figure, qu'il s'agisse d'exils physiques entre l'île et les Etats-Unis (comme dans *Le Cri de l'oiseau rouge* d'Edwidge Danticat et *Moi, Tituba sorcière* de Maryse Condé), ou encore d'exils psychologiques dans lesquels la notion de terre maternelle, d'espace maternel, doit être redéfinie (comme dans *Traversée de la mangrove* de Maryse Condé).

Exil et maternité

Les différents auteurs choisis pour cette étude font preuve de ce que Renée Larrier appelle « a series of boundary crossings » (Larrier, *Francophone* 3) particulièrement à cause de leurs pérégrinations personnelles: Maryse Condé partage son temps entre New York et les Antilles après avoir vécu en France et en Afrique, tout cela après avoir passé son enfance en Guadeloupe; Myriam Warner-Vieyra, originaire elle aussi de Guadeloupe, réside au Sénégal depuis de nombreuses années; Edwidge Danticat a quitté Haïti pour les Etats-Unis; Simone Schwarz-Bart a choisi pendant longtemps la France comme terre d'élection; et Gisèle Pineau évolue entre la France et la Guadeloupe. Les mouvements d'allers et retours opérés par les différents auteurs se retrouvent dans leurs écrits qui

mettent en scène de jeunes personnages faisant face à une errance identitaire. Cette errance identitaire s'apparente à un exil car elle comprend
une phase de coupure totale par rapport à la communauté d'origine.
L'exil permet la distance, le déracinement et surtout la prise de conscience par le féminin de son aliénation. Cet exil symbolise le début
d'une quête, celle de la recherche du moi à travers la mère et la communauté d'origine. Cette étude suit l'idée que les jeunes personnages
féminins sont coupés de leur communauté d'origine lors d'un exil—
physique ou psychologique—imposé par le masculin. On voit que ce
n'est qu'en ayant pris conscience de la structure qui les opprimait que les
jeunes femmes peuvent espérer un retour sur elles-mêmes. Ce retour est
facilité par un rétablissement de la relation à la mère ou à une mère de
substitution qui fait alors ressortir l'existence d'une généalogie féminine.
On remarque enfin que c'est en s'exprimant comme sujets dans une
structure féminine qui les honore que ces jeunes protagonistes peuvent
briser le cercle vicieux dont faisaient déjà partie d'autres femmes opprimées avant elles, pour finalement réussir à raconter leurs histoires de
maternité au féminin.

Dans son livre *Francophone African Women Writers: Destroying the Emptiness of Silence,* Irène Assiba d'Almeida utilise un schéma
consistant en une série de cercles emboîtés pour différencier les différents stades de développement de la production littéraire féminine
qu'elle étudie (Almeida 24-26). Dans un second diagramme, elle fait se
superposer les différents cercles indiquant que si l'on peut différencier
des étapes marquantes, il est impossible d'ignorer ni les phénomènes
d'aller et retour ni les phénomènes d'influence entre chaque étape
(Almeida 26). J'aimerais insister sur cette idée tout en l'interprétant légèrement différemment. En effet, les récits que j'ai choisis montrent une
évolution certaine, une étape pouvant mener à une autre. La première
étape serait ainsi celle de la prise de conscience du féminin de son aliénation par le masculin, la deuxième celle de la découverte d'origines dont
le féminin a été coupé (indispensable pour pouvoir définir une identité
propre), et enfin la troisième serait celle de l'expression d'une voix
féminine ayant ses origines dans une structure redécouverte. Les cercles

peuvent être justement emboîtés mais aussi superposés, insistant par là sur un cheminement non linéaire dans la quête d'identité. Pourtant, cette schématisation ne me paraît pas totalement représentative de ce qui est reflété par la littérature. En effet, dans les récits sélectionnés, les jeunes protagonistes montrent une évolution en trois dimensions (alors que la schématisation d'Irène Assiba d'Almeida ne semble évoluer que sur une surface plane). La volonté du retour à la mère pour pouvoir avoir accès à d'autres femmes des origines par exemple ne se présente ni comme une étape réglée une fois pour toutes, ni comme une série d'allers et retours sur une surface plane. Au contraire, chaque rencontre avec cette femme des origines ou avec un autre personnage féminin montre une évolution qui suit la spirale si chère à Nicole Brossard, sous-entendant la nouveauté inhérente à chaque rencontre et le côté dynamique de l'affirmation d'identité du féminin toujours en devenir (Brossard 102-3).

De plus, ce schéma en spirale—entité non fractionnée—représente l'idée de l'importance de la mère des origines (qu'on la comprenne comme étant l'île natale ou la femme-mère) dans la confrontation du jeune personnage féminin avec sa propre maternité, particulièrement parce que la mère des origines symbolise l'héritage de la jeune femme en devenir. Ainsi, les histoires de maternité au féminin ne peuvent être exprimées qu'après un retour d'exil, sous-entendant que la réappropriation de la maternité par le féminin doit se faire dans une structure qui honore les femmes. Ce « retour d'exil » peut alors se comprendre de façons différentes: tout d'abord, il suggère un changement de structure (d'une structure qui opprime le féminin à une qui l'honore). Ensuite, il exprime non seulement la découverte d'une généalogie féminine dans laquelle la jeune protagoniste peut se placer, mais aussi la re-découverte du lien à la mère passant d'une opposition quasi-systématique (la mère se présentant comme une traîtresse achetée par la société patriarcale aux yeux horrifiés de sa fille comme dans *Traversée de la mangrove* de Maryse Condé par exemple) à l'inclusion de cette femme des origines lui donnant ainsi une voix. Finalement, ce « retour d'exil » illustre une réévaluation du lien à l'île, les jeunes femmes montrant l'importance de ce lien à la terre maternelle dans la constitution de leur identité tout en exprimant grâce à la forme spiralée l'idée d'un dépassement dynamique et mouvant qui pousse les jeunes filles au-delà des limites fixées par leurs origines.

Esquisse d'une méthodologie

Ce sont les voix de ces femmes, des voix de femmes racontant leur expérience de la maternité, qui sont au cœur de ce livre. Mon étude se concentre sur plusieurs romancières antillaises contemporaines dont les œuvres présentent de jeunes personnages féminins qui défient les limites conventionnelles de la maternité. Dans mon travail, j'analyse la façon dont la maternité est décrite dans les différents romans et en particulier la manière dont la maternité est racontée par les femmes les unes aux autres. Dans chaque œuvre, une jeune femme est confrontée au dilemme de la maternité, que ce soit en étant enceinte et forcée de faire face aux conséquences de cet état, ou en ne pouvant pas avoir d'enfants et en étant placée face à un sentiment d'impuissance et de vide (sentiment généralement associé à la stérilité). De plus, ces jeunes femmes sont toutes, à différents degrés, victimes de la société patriarcale qui les conditionne à se conformer à une image de la maternité servant les intérêts du patriarcat.

Les récits choisis ici insistent non seulement sur la relation entre la jeune protagoniste et sa mère, mais aussi sur la relation entre la jeune héroïne et sa terre d'origine, relations qui influencent et façonnent le caractère de la jeune femme alors qu'elle cherche à définir sa propre identité de femme et de mère. La remise en cause des limites conventionnelles de la maternité par les jeunes protagonistes contre une structure patriarcale opprimante leur permet de mettre à jour l'histoire de leurs mères et de percevoir l'existence d'une généalogie féminine. Cette réalisation les rend à même de pouvoir raconter leurs propres récits qui sont analysés dans le contexte d'une histoire féminine, prenant en compte l'ascendance matrilinéaire à laquelle elles font référence et dont elles font partie. Enfin, la région des Caraïbes, de par sa composition culturelle variée, se prête à la considération d'un nouveau sujet féminin et permet de voir naître à travers ce même sujet féminin des relations inter-générationnelles essentielles à la constitution d'une identité féminine.

Dans ce travail, on constate que c'est leur expérience de la maternité qui provoque chez ces jeunes femmes une remise en question du système qui les aliène. Cette remise en question leur permet ensuite de découvrir des origines ignorées afin de les inclure à leur propre histoire. Non seulement, pour elles, la « *voie* est libre » car elles ont pris conscience de ce qui les aliène et peuvent maintenant inscrire leur marque dans une société qui travaillait jusque-là à les ignorer, mais en plus, leur « *voix* est libre » car elles réussissent à briser le cercle vicieux qui les étouffait, elles et leurs ancêtres féminins.

Le premier chapitre, « Récits d'exil: Exprimer son aliénation et réagir à son oppression », examine les voix de femmes révélant leur aliénation. On y remarque que les récits d'exil féminins illustrent l'expression d'une aliénation, comme si la voix du féminin sortait du silence et de l'invisibilité pour enfin crier haut et fort son abandonnement et sa frustration. Il apparaît que, quelle que soit la façon dont l'exil est vécu, il est lié à une oppression du masculin sur le féminin, et qu'il symbolise un certain isolement pour le féminin qui le subit. En mettant à jour leur aliénation, les femmes démantèlent les constructions de leur identité faites par le masculin.

Utilisant la théorie du « retour » et du « détour » exposée par Edouard Glissant dans *Le Discours Antillais* ainsi que les distinctions que fait Edward Said entre déplacement et exil dans « Reflections on Exile », j'affirme que l'exil offre aux femmes la possibilité de se libérer de l'oppression de la structure patriarcale. Les études sur la maternité et le lien à la mère d'Adrienne Rich, de Nancy Chodorow et de Marianne Hirsch permettent de pousser l'argument plus loin et de montrer que l'exil offre aussi—dans la plupart des cas et dans un désir de retrouver l'intimité du lien pré-œdipien—l'occasion de pouvoir renouer le lien à la mère perdu au moment du départ. Une étude détaillée d'exemples précis montre que la problématique de l'exil et celle de la maternité (être mère ou simplement le vouloir) sont étroitement liées, principalement parce que, prenant conscience de son isolement (culturellement imposé sur son être par la société patriarcale), la femme éprouve le besoin de (re)créer une communauté qui puisse la soutenir.

Dans le deuxième chapitre, « L'influence du passé: Découvrir l'importance des origines dans l'histoire des femmes », le tissage entre histoire et Histoire se trouve au centre de l'argumentation. La distinction que fait Pierre Nora entre « histoire » et « mémoire » (ou « lieux de mémoires ») dans « Between Memory and History: *Les Lieux de Mémoire* », est ici utile parce qu'elle me permet d'insister sur le fait que l'histoire des femmes n'apparaît pas dans la version d'un récit officiel qu'illustreraient des documents ou des faits. Elle se retrouve au contraire dans les « lieux de mémoires » sauvegardés par les femmes de la communauté. Ce chapitre retrace le chemin montrant la transition qu'opèrent les femmes entre un lieu d'exil et le lieu des origines où elles peuvent reconstruire leur identité brisée. L'importance de la narration de contes dans la fiction antillaise d'auteurs féminins y est accentuée. Il apparaît en effet que les légendes ont une place centrale dans ces récits parce que, venant de l'héritage du peuple antillais, la narration de contes et légendes s'avère être une expérience vécue—et non pas seulement imaginée— illustrant la réalité du lien histoire/Histoire. On voit aussi que la narration de légendes n'illustre pas seulement le transfert d'un héritage d'une génération à l'autre, mais aussi d'une personne à l'autre. En effet, dans le cas des femmes, c'est à travers la narration de l'histoire d'une autre femme que la jeune protagoniste pourra ensuite raconter la sienne. L'importance d'analyser les récits de femmes dans le contexte d'une histoire et d'une généalogie féminines est donc soulignée, et il ressort que les traditions et l'histoire d'autres femmes font aussi partie de la vie des jeunes protagonistes.

Le troisième chapitre, « Retour d'exil et célébration du maternel », étudie les femmes qui, selon les idées de théoristes féministes, se sont approprié un langage qui est le leur afin de pouvoir raconter leur histoire. Ces universitaires, comme Luce Irigaray, Hélène Cixous et Claudine Hermann, ont en effet souligné l'importance pour les femmes de se saisir d'un langage jusque-là modelé par les hommes. Dans ce chapitre, ce sont les différentes histoires des femmes et leurs schémas d'écriture qui sont mentionnés afin de mettre en évidence la façon dont les auteurs antillais remanient le langage et les techniques narratives pour exprimer une réalité féminine. Des exemples précis permettent de montrer que ces romans antillais suivent une tradition d'écriture féminine visant à pervertir le récit patriarcal traditionnel et à exprimer non seulement une histoire féminine grâce à une voix féminine nouvellement trouvée, mais aussi le fait que cette nouvelle tradition d'écriture célèbre l'île antillaise et le retour au maternel dans les deux sens du terme (île-mère, femme-mère). Le passage d'une construction masculine à une construction féminine de la maternité représente un changement dans le genre de protagonistes dépeints dans les œuvres: la jeune femme en vient en effet à se placer au centre de son histoire, entourée de beaucoup d'autres femmes qui la soutiennent. Son histoire n'est plus uniquement la sienne mais devient aussi celle d'autres femmes, et par là même son expérience transcende les frontières. En redéfinissant leur rôle, et en affirmant leur lien au maternel tout en lui donnant une définition aussi large que celle de l'île-mère ou de la femme-mère, les personnages féminins fondent leur identité sur un vécu qui n'est attaché à aucun endroit spécifique. Où qu'elles soient, les femmes se présentent comme la *mestiza* dont parle Gloria Anzaldúa dans *Borderlands/La Frontera: The New Mestiza,* et elles réaffirment leur lien à la généalogie féminine et suggèrent qu'une véritable « matrie » se doit d'adopter l'idée d'une communauté de femmes inclusive de toutes les différences et existant au-delà de toutes frontières.

La conclusion de cette étude avance l'idée que les œuvres choisies ici forment un nouveau courant dans le discours antillais, et que ces textes qui réinscrivent les voix des femmes marquent le début d'une littérature où l'on exprime de plus en plus des questions touchant le féminin.

Chapitre 1
Récits d'exil: cri et refus de l'oppression

Alors que l'effort de colonisation avait espéré réaliser une unification qui aurait effacé la différence (culturelle) et amené l'autre colonisé à une assimilation de la culture du colon, la décolonisation a mis en exergue le déplacement et la déchirure due à l'apparition de la frontière. La frontière est cette « ligne de division » qui appelle à l'exil puisque pour Gloria Anzaldúa elle définit « the places that are safe and unsafe, [and] distinguish *us* from *them* » (Anzaldúa, *Borderlands* 3). On appartient donc à un pays, une culture, ou un héritage d'un côté de la frontière tandis qu'on est en exil dès qu'on est de l'autre côté. Dans le cas des Caraïbes, l'exil semble d'autant plus marqué que les limites territoriales sont vite transgressées: l'île elle-même appelle à l'exil comme le suggère Antonio Benítez-Rojo qui explique que les Caraïbes se « répètent », c'est-à-dire qu'elles se développent selon une base similaire au-delà des mers qui les séparent (Benítez-Rojo 3). Pour Benítez-Rojo, cette idée de répétition implique aussi que l'isolation apparente des îles sert véritablement de déclencheur à l'exploration de l'au-delà (Benítez-Rojo 25). Ainsi, qu'il s'agisse d'un exil que l'on comprend au sens propre (on n'est pas (plus?) 'chez soi') ou au sens figuré (on ne se sent pas 'chez soi'), le résultat est le même: l'être exilé éprouve une division de son propre moi.

Cet appel à l'exil est renforcé par la réalité coloniale des îles des Caraïbes: pour de jeunes élèves formés par l'éducation coloniale, l'appel de la métropole (France) ou de la « terre maternelle »—« Motherland »— (Angleterre) est irrésistible. La terre d'origine du colon leur est en effet présentée comme la seule réalité tangible et acceptable, les plaçant dans la position paradoxale d'exilés sur leur propre terre. Maryse Condé rappelle en effet que même après l'abolition de l'esclavage, « le modèle proposé aux nouveaux citoyens [Antillais] est 'le français, adulte et civilisé' » (Condé, *Parole* 9). A travers le système éducatif, c'est le passé lié à la métropole et au colonialisme qui est renforcé, et la terre d'origine du colon apparaît alors comme cet ailleurs grandiose à découvrir à tout prix. Cette métropole-patrie est la source des valeurs auxquelles l'être colonisé doit aspirer et est présentée comme le point de référence d'un système culturel et idéologique dont les Caraïbes ne sont qu'une pâle extension. Les Caribéens sont donc poussés à souhaiter l'exil en Europe dans l'espoir de ressentir enfin un sentiment d'appartenance au lieu qui les abrite.

Un certain nombre d'auteurs originaires des Caraïbes écrivent en exil, et si ce terme porte à l'origine en français des connotations politiques d'expulsion forcée, on l'associe de plus en plus justement à la problématique d'une réalité postcoloniale complexe. L'exil implique une certaine nostalgie de ce qui a été quitté, un regard vacillant mais voulant continuellement se fixer sur les origines, une quête pour essayer de réconcilier la division identitaire. Des auteurs comme Jean Rhys ressentent cruellement leur exil en tous lieux, et ce malgré la blancheur de leur peau: colons en Dominique, ils deviennent « l'Autre » en Angleterre. D'autres, comme Simone Schwarz-Bart ou Maryse Condé se sont 'blanchis' aux yeux des Antillais tandis que la couleur de leur peau avant tout les exclut de la France métropolitaine blanche.

L'exil insiste non seulement sur la division identitaire, mais aussi sur l'utilisation du langage. Ce dernier peut être, dans un contexte littéraire, compris à deux niveaux: le premier étant celui de la langue d'expression (français, espagnol, anglais, créole...), le deuxième étant celui du niveau et/ou du style. Le choix de la langue utilisée par un auteur trouve bien souvent sa réponse dans la question suivante: quel est le public auquel il s'adresse? Aura-t-il des lecteurs dans la langue qu'il veut utiliser? Si un auteur des Antilles francophones écrit en français et depuis la France, il soumet ses écrits à l'approbation du colon; par contre, si un auteur des Antilles anglophones écrit en anglais et depuis les Etats-Unis, il soumet ses écrits au jugement du ton de ses propos—ou à ce que Jamaïca Kincaid nomme leur « décence » (Perry 498)—jugement mis en cause par un Autre qui ne tient pas nécessairement en compte la réalité de l'exil. Les implications idéologiques sont donc différentes, et dans le cas d'un jugement par l'Autre américain, l'écrivain n'opère pas un retour vers l'autorité coloniale. La critique vient de l'extérieur, éloignée en quelque sorte d'un degré du jugement de celui qui serait influencé par l'idéologie coloniale. Pourtant, pour des auteurs femmes comme Tsitsi Dangarembga du Zimbabwé, le choix de l'anglais s'avère être un choix politique: refusée de publication dans son propre pays après l'indépendance—elle n'est pourtant alors plus soumise au jugement direct du colon—elle se voit obligée de signer un contrat avec un éditeur américain[1]. Dans le cas d'auteurs d'origine francophone tels qu'Edwidge Danticat (Haïti), j'aimerais penser que le choix de l'anglais reflète un acte de résistance (même si les raisons 'économiques' d'un tel choix apparaissent pourtant comme assez évidentes): résistance par rapport au colon (la France) et à sa langue qu'on renie, mais aussi résistance dans la redéfinition du moi hors de la structure coloniale.

Dans ce chapitre, l'accent sera mis sur quatre auteurs: certains résident dans les Caraïbes (Gisèle Pineau), d'autres aux Etats-Unis (Edwidge Danticat et Maryse Condé), d'autres enfin sont en Afrique (Myriam Warner-Vieyra). Outre le fait que ces écrivains partagent un héritage francophone et ont vécu—ou vivent—une certaine dimension d'exil, ils ont aussi en commun leur sexe. A ce propos, il est frappant de constater que les études sur l'exil traitent cette notion comme un terme universel et tirent donc des conclusions qui, si elles sont valables pour le masculin, englobent le féminin en le rendant invisible. Des universitaires tels qu'Edward Said par exemple, expliquent le nationalisme comme la réaction et la réponse d'un peuple à une situation où il se trouve coupé de sa culture d'origine (Said 359-60). Said omet cependant de considérer le cas de femmes coupées de leur culture d'origine—et donc en exil elles aussi—parce qu'elles ont obéi aux lois de l'institution patriarcale du mariage et ont suivi leur époux dans son pays. Il serait utile de se demander, dans le cas de ces femmes: à quoi est donc lié leur exil? Le choix d'auteurs féminins dans cette étude est donc un geste délibéré afin d'essayer de définir l'exil en termes du féminin.

Chacun des auteurs sélectionnés perçoit l'écartèlement de la 'frontière' et l'exil de façon différente et cela est reflété dans leurs œuvres de fiction grâce à différents procédés. On peut voir par exemple des liens entre certains personnages et leurs auteurs, entre certains événements et la vie de l'auteur—tout cela sans pour autant essayer de plaquer l'un sur l'autre ou de faire prendre à l'auteur la place de son narrateur fictionnel. Ainsi, une œuvre comme *Moi, Tituba sorcière* de Maryse Condé s'appuie sur des événements historiques: l'auteur cite du reste explicitement ses sources. En ce qui concerne d'autres romans comme *Juletane* de Myriam Warner-Vieyra et *Le Cri de l'oiseau rouge* d'Edwidge Danticat, on voit clairement l'existence de liens auteurs/personnages—en particulier à travers le thème de l'exil du personnage principal et de sa nostalgie pour ce qui a été quitté—et même s'ils sont aléatoires, ces liens ne sont pas dénués d'intérêt, et en un mot, ils sont la trace visible que la réalité postcoloniale détermine les contours de la fiction[2]. Dans cette étude cependant, c'est la fiction qui se trouve être le centre d'intérêt, et la façon dont l'exil y est traité par l'intermédiaire des personnages féminins. Ce qui m'intéresse particulièrement, c'est la voix de la femme racontant son aliénation, car dans les récits choisis, le féminin se place au centre de son récit et exprime son caractère opprimé à partir d'un lieu d'exil.

Dans ce chapitre, on verra que les récits d'exil féminins reflètent l'expression d'une aliénation, celle de femmes qui, réduites au silence pendant si longtemps, extériorisent leur souffrance. Il apparaît aussi que, quelle que soit la façon dont l'exil est vécu (qu'il soit exil physique ou exil psychologique), il est lié à une oppression du masculin sur le féminin et il symbolise un certain isolement, une aliénation handicappante pour le féminin qui le subit. Mes idées s'organisent en suivant de près mais de façon plutôt symbolique l'idée de l'étrangeté du féminin (comme « étrangère » à la communauté) dans un ordre symbolique masculin que l'on peut tirer de l'étude de Julia Kristeva, *Etrangers à nous-*

mêmes. Dans son travail, Julia Kristeva souligne l'errance de l'étranger et le fait qu'il échappe à une caractérisation spécifique, de par sa nature même (Kristeva, *Etrangers* 12). Pour elle, l'exil de l'étranger est lié à un manque, le manque qu'il a de sa mère. L'exil reflète donc la coupure du lien avec la mère. Si l'on considère cet étranger comme personnage féminin, on pourra suggérer que la coupure du lien à la mère, le départ en exil, se fait au moment du mariage—ou de la mise en ménage—alors que la femme suit son mari—ou compagnon—devenant à son tour « étrangère » dans l'ordre symbolique masculin. Comme le suggère Julia Kristeva (*Etrangers* 61-93), ces femmes, « étrangères » au cœur du clan familial, étaient perçues comme un danger pour l'homme pour qui la peur inconsciente de ce « féminin-étranger » dans le clan en justifiait l'aliénation.

Dans mon étude, j'indiquerai donc comment cet isolement du féminin change la dynamique de l'espace à l'intérieur même de la narration (espace géographique/espace communautaire ou familial). L'accent sera mis particulièrement sur la relation entre cet isolement et le principe maternel, qu'il s'agisse des conséquences d'une coupure totale entre mère et fille forcée par autrui, ou bien d'une impossibilité pour la jeune femme de créer elle-même un lien maternel par l'enfantement. Le résultat de cet isolement d'avec le maternel sera particulièrement étudié à travers les exemples de mutilation physique exprimés à divers degrés et qui permettent au féminin de comprendre sa victimisation à travers ce que Huma Ibrahim appelle « the created nightmare of Medusa » (Ibrahim 158) tandis que Trinh Minh-ha parle d'écriture salvatrice au moyen du corps (Minh-ha 36, ma traduction). Je montrerai aussi que cet isolement est cependant nécessaire pour que le féminin prenne non seulement conscience de son aliénation, mais en plus choisisse de résister à cette aliénation, et—dans la plupart des cas—de renouer le lien à la mère, perdu au moment de l'exil. Afin d'illustrer mes propos, j'ai décidé de sélectionner mes exemples de romans de Maryse Condé (*Traversée de la mangrove* et *Moi, Tituba sorcière*), Myriam Warner-Vieyra (*Juletane*), Gisèle Pineau (*L'Exil selon Julia*), et Edwidge Danticat (*Le Cri de l'oiseau rouge*). Grâce à des exemples précis tirés de ces œuvres, j'indiquerai que la problématique de l'exil et celle de la maternité (être mère ou simplement le vouloir) sont étroitement liées, principalement parce que dans son isolement, dans ce rôle d'étrangère qui lui est imposé, la femme éprouve le besoin de (re)créer une communauté qui puisse la soutenir.

1. L'Exil: décision de l'autre imposée sur le moi

Dans « Reflections on Exile », Edward Said tente de définir la notion d'exil et d'exilé, et il différencie au cours de son étude les exilés (bannis et isolés), des réfugiés (demandant assistance), des expatriés (choisissant le départ) (Said 362-63). La définition qui en ressort est donc celle d'une terre d'exil comme terre non choisie et qui n'est liée à aucune notion de lieu accueillant. L'exil représente en quelque sorte la croix que porte le pèlerin.

Décision de l'Autre imposée sur le moi, c'est bien cela qui régit le départ de Julia dans *L'Exil selon Julia* de Gisèle Pineau, un roman qui présente une expression de l'exil par l'intermédiaire du personnage féminin de Man Ya. Dans le récit, Man Ya (Julia) est originaire de la Guadeloupe et elle est mariée à Asdrubal, un homme qui semble mesurer sa valeur à la hauteur de son machisme. Il bat Man Ya et la martyrise depuis qu'il est rentré de la première guerre mondiale où il a combattu dans les rangs des Français. Leur fils, Maréchal, est lui aussi entré dans l'armée française (du côté de la résistance au moment de la seconde guerre mondiale), et en revient marié à Daisy, originaire de la Martinique. Las du calvaire que sa mère subit quotidiennement, Maréchal l'enlève à sa terre natale trois jours avant de partir pour la métropole avec sa famille (Daisy, Elie, Rémi, Gisèle et Lisa).

Man Ya vit son exil en métropole comme un nouveau calvaire pas forcément meilleur dans son imaginaire que celui dans lequel Astrubal la battait régulièrement. La traversée physique de sa terre d'origine (Guadeloupe) à sa terre d'exil (France métropolitaine) est vécue comme ce qu'Edouard Glissant nomme un « déplacement », impliquant dans ce terme que le peuple déplacé ne change pas, c'est-à-dire qu'il garde ses traditions culturelles, tandis que dans son opposé, « le transbord », le peuple transbordé « se change en autre chose » (Glissant, *Discours* 40). Man Ya est véritablement victime d'un déplacement, d'un exil forcé par son fils à l'autorité duquel elle ne peut résister. Tous ses arguments restent vains: qu'il s'agisse d'arguments personnels (*Julia* 46), de la peur du courroux de l'Eglise catholique (*Julia* 46-47), ou encore de ses maigres possessions qu'elle est obligée d'abandonner (*Julia* 47), rien n'y fait: elle part pour la France, et c'est cela qui est important, *contre son gré.*

Maréchal, son propre fils d'origine guadeloupéenne comme elle, devient en période postcoloniale l'incarnation même du colon: il renie sa façon de vivre car « sur cette terre [...] les gens n'ont plus le droit de vivre comme des animaux » (*Julia* 46), et lui 'vend' les valeurs qu'il a lui-même acceptées en tant qu'assimilé, lui « [racontant] les douceurs de la France » (*Julia* 46). De plus, dans la société patriarcale à laquelle Man Ya est habituée, le libre arbitre d'une femme n'existe pas, et son identité s'illustre par une dépendance vis-à-vis de l'homme (qu'il soit le mari ou le fils). L'exil forcé de Man Ya commence donc par une résignation face à cet exil qu'on lui impose, car elle ne peut combattre le masculin de front:

> Quand son pied touche le sol de France, elle fait un signe de croix, met un genou à terre, et puis pleure à tomber. Pourquoi l'a-t-on obligée à laisser son époux devant Dieu? Non, elle ne relève pas les jupes pour danser comme elle devrait. Ne rit pas, ne chante pas. Elle n'est pas délivrée. Elle débarque tout juste en terre d'exil et cinq encablures de chaînes viennent d'être ajoutées à son existence. Elle pleure sur son pays perdu. Elle regrette déjà sa vie raide. Elle ne comprend pas pourquoi on l'a menée en France. Elle ne sait pas combien de temps elle devra rester là. Pour quel office? Pour quelle mission? (*Julia* 48-49)

Dans ce passage, on remarque aussi que l'emploi du pronom personnel de la troisième personne du singulier « on » insiste sur le fait que l'oppression ne vient pas uniquement du fils mais d'une entité plus large, celle d'une structure patriarcale anonyme.

L'exil de Man Ya a tout d'un enlèvement, et il ressemble étrangement à une répétition de l'histoire coloniale dans laquelle Maréchal prend des décisions que sa mère ne peut, soit-disant, prendre pour elle-même (même si dans le cas de Man Ya, les décisions sont censées être pour son 'bien' tandis que dans la dynamique maître-esclave, les décisions prises l'étaient en faveur du maître) [3]. Analysé en termes d'enlèvement, l'exil se double d'un jugement de valeur sur la personne enlevée: Man Ya est ici clairement réduite à un objet que l'on transporte d'un continent à l'autre. Elle est du reste comparée au début du livre à « un vieux meuble démodé » et à « un genre de commode mastoc » (*Julia* 17), et, puisqu'elle est assimilée à un objet, elle perd toute humanité. Cette perte d'humanité est cruciale puisqu'elle justifie les actions de l'auteur de l'enlèvement. Dans le roman de Gisèle Pineau, Man Ya devient donc le symbole vivant de la 'bonté' de Maréchal qui la 'sauve' de 'l'ignorance' et du 'barbarisme' de la Martinique.

Aux côtés de cet exil-enlèvement, on trouve dans la littérature des Caraïbes un autre exil, plus subtil, mais aussi imposé par la société patriarcale et mis en œuvre par l'homme lui-même, directement ou indirectement. Aux yeux de la société, cet exil est bien souvent analysé comme le résultat de la mise en œuvre du libre arbitre féminin, c'est-à-dire qu'il est la conséquence d'une décision prise 'librement' par la femme. Prenons par exemple le cas de Martine dans *Le Cri de l'oiseau rouge* d'Edwidge Danticat: Martine quitte Haïti pour les Etats-Unis après avoir été violée et avoir donné naissance à une petite fille, Sophie. Elle laisse sa fillette en garde à sa sœur à Croix-des-Rosets, promettant de la faire venir auprès d'elle lorsqu'elle en aura la possibilité financière. La raison du départ de Martine n'est pas explicite, pourtant vu les difficultés économiques et le manque d'avenir professionnel (à part dans les champs de canne) de ceux qui restent en Haïti, le lecteur est tout naturellement mené à croire que Martine souhaite une meilleure situation financière.

La décision de Martine de s'exiler ouvre la porte à un double message: le premier donne une impression d'exil volontaire de la part de Martine qui voudrait comme tant d'autres laisser derrière elle un pays en dérive économique. Le second message cependant est véritablement celui qui m'intéresse ici: bien que l'on ne puisse nier l'attrait économique que portent les Etats-Unis, l'exil de Martine me semble plutôt être le résultat direct de son viol, et de la difficulté de cette dernière à faire face à une société qui la condamne en silence parce qu'elle a 'fauté.' *Le Cri de l'oiseau rouge* illustre parfaitement cette idée puisque l'intrigue est centrée sur l'importance traditionnelle apportée à la virginité d'une jeune fille et ce qu'elle a de traumatisant pour toutes les femmes. Le lecteur apprend ainsi au cours du roman que toutes les jeunes femmes sont « vérifiées » par leurs mères qui contrôlent régulièrement si elles sont toujours vierges. Cette « vérification » est dépeinte comme une tâche à laquelle sont astreintes toutes les mères qui ont des filles, et elle correspond à un pilier intouchable de la société patriarcale traditionnelle. Lorsque Sophie demande à sa grand-mère les raisons de cette coutume qu'elle qualifie d'« abominable » (*Cri* 191), sa grand-mère découvre les rouages bien huilés d'un système destiné à aliéner la femme:

> —Si un enfant meurt, sa mère ne meurt pas. Mais si ton enfant est déshonoré, tu es déshonorée aussi. Et les gens, ils croient que les filles vont mal tourner quand il n'y a pas d'homme à la maison.
>
> —Ta mère te l'a fait aussi?
>
> —Du jour où une fille a ses règles jusqu'au jour où tu la donnes à son mari, la mère est responsable de sa pureté. Si j'offre une fille souillée à un mari, il peut faire honte à ma famille, dire des vilenies sur moi, et même me la rendre. (*Cri* 190-91)

Ainsi, le pouvoir de jugement de la valeur d'une femme est placé dans la bouche d'un homme qui peut la prendre et la rendre comme il ferait d'un objet non fonctionnel ou qui ne satisfait pas ses exigences.

Lorsque Sophie pose la même question à sa mère Martine, la réponse de cette dernière a d'autant plus d'importance qu'elle reflète la tradition ou la règle incontestée et donc incontestable: « Je l'ai fait, dit-elle, parce que ma mère l'avait fait avec moi. Je n'ai pas de meilleure excuse. Je viens de comprendre ici que les deux plus grandes douleurs de ma vie sont très liées. Le seul côté positif du viol, c'est qu'après on ne m'a plus vérifiée » (*Cri* 208). Ce pouvoir tout-puissant du masculin sur le féminin se retrouve jusque dans le langage au travers de proverbes: « Les hommes d'Haïti, ils exigent des femmes vierges pourvues de leurs dix doigts » (Cri 184). Proverbes face auxquels les femmes adoptent une attitude parfaitement résignée et pourtant tout à fait complice, comme l'illustre la remarque de Tante Atie:

> Selon Tante Atie, chaque doigt était doté d'une fonction particulière, ainsi qu'on le lui avait appris pour la préparer à devenir femme: faire la mère; faire bouillir; faire l'amour; faire les gâteaux; faire les enfants; faire frire; faire guérir; faire la lessive; faire le repassage; faire le ménage. Elle n'y pouvait rien, c'était comme ça disait-elle: ses dix doigts avaient été baptisés bien avant sa naissance. (*Cri* 184-85)

Si Martine semble donc donner l'impression qu'elle est allée aux Etats-Unis pour y assurer son ascension sociale, le roman lui-même suggère une raison plus plausible, découlant directement du pouvoir du masculin sur le féminin. L'exil de Martine apparaît ainsi comme le résultat de son viol puisqu'elle se retrouve rejetée par la société après cet événement tragique. Cet exil n'est pas librement choisi par Martine, il lui est au contraire imposé par le masculin au travers des conséquences de l'acte de viol de ce dernier.

L'idée de libre arbitre en ce qui concerne l'exil devient encore plus perverse dans le cas de Juletane, l'héroïne du roman de Myriam Warner-Vieyra. Dans ce récit, Juletane est décrite comme une jeune antillaise orpheline, envoyée chez sa marraine à Paris dès l'âge de dix ans. Peu avant la mort de sa parente, Juletane rencontre Mamadou, un jeune sénégalais dont elle s'éprend. Ils se marient rapidement après que Mamadou a été reçu à sa licence de droit et vont au Sénégal. A première vue, Juletane n'est en aucun cas forcée au mariage, et selon ses propres mots, il s'agit même d'un véritable mariage d'amour (*Juletane* 31). Pourtant, une analyse plus précise de certains éléments jette le trouble sur un tel tableau idyllique. Tout d'abord, dès son arrivée en France, Juletane se retrouve en exil par rapport à son île d'origine (*Juletane* 27). En partant pour le Sénégal, elle opère en quelque sorte un double exil, ou encore ce qui pourrait être à la fois, selon Edouard Glissant, un retour et un détour—le retour étant symbolisé par un retour aux origines africaines, à l'Afrique mythique, quant au « détour », il serait, toujours selon Glissant, le dernier recours de ceux qui sont tellement dépossédés que le retour est impossible. Le « détour » exige ainsi d'aller chercher ailleurs les raisons de sa non-appartenance: ni dans le lieu des origines, ni dans le lieu de l'exil, mais dans un troisième lieu.

Pour Juletane, le Sénégal pourrait symboliser le retour aux origines mythiques, à l'Afrique ancestrale, mais pourtant son exil en France est déjà tel qu'elle a véritablement perdu toute notion d'origines, même si l'on considère uniquement ses origines antillaises: elle semble du reste ignorer tout du vent de la décolonisation qui souffle sur les colonies européennes: « Jusqu'à ma rencontre avec Mamadou, j'avais donc vécu bien loin de tout écho du monde colonial » (*Juletane* 30), « Tout ceci [les discussions sur l'indépendance de l'Afrique] était bien théorique pour moi qui ne connaissais pas du tout l'Afrique et très peu mon propre pays d'origine... » (*Juletane* 26). Contrairement à Martine qui était bien ancrée en Haïti, Juletane n'est plus ancrée veritablement nulle part au moment où elle rencontre Mamadou. Sa marraine, avec qui elle vit, n'est véritablement que son seul contact humain, et ce n'est que peu de temps avant la mort de cette dernière que Juletane rencontre Mamadou: il ne fait ainsi que lui apporter un contact humain intime disparu après la mort de la marraine. Par des circonstances imprévues (la mort de sa marraine), elle se retrouve donc dans une situation de dépendance vis-à-vis de Mamadou.

Mamadou lui-même est du reste parfaitement conscient de l'avantage de sa position, et quand l'occasion se présente, il aborde la question de son départ à la première personne du singulier, excluant Juletane de toute décision:

> --[...] Plus que quelques mois et je rentre au pays...
> —Et moi? demandai-je, cachant mal mon angoisse.
> —Toi aussi, bien sûr... Tu sais que je tiens beaucoup à toi. J'ai toujours peur de passer pour un « toubab », en me lançant dans ce genre de déclaration. Si cela peut te rassurer, je n'ai jamais dit à une autre femme que je l'aimais. (*Juletane* 31-32)

Sa réponse incluant un « bien sûr » qui reflète l'évidence ne fait que renforcer le caractère d'inévitabilité du départ de Juletane avec lui. Cette décision n'est pas une décision commune, concertée par deux adultes qui se considèrent sur un pied d'égalité; au contraire, elle ne fait que découvrir les bases machistes sur lesquelles cette union s'est construite. Juletane est finalement considérée comme un objet appartenant au masculin qu'il choisit d'emmener avec lui où qu'il aille. Sa réaction à cette réflexion presque bourrue de Mamadou (« J'ai toujours peur de passer pour un 'toubab', en me lançant dans ce genre de declaration »), n'est du reste pas surprenante: « Je fus saisie de bonheur. J'ouvris la bouche, mais aucun son ne sortit. Je vivais un merveilleux rêve, Mamadou m'aimait, m'emmenait vivre dans son pays, en Afrique » (*Juletane* 32).

Ce conditionnement culturel a déjà été souligné par Simone de Beauvoir (Beauvoir, *Le Deuxième Sexe* 196-97) et il représente en quelque sorte l'attitude européenne que ne manque pas d'avoir Juletane après son éducation en France. Juletane n'est donc ici que le symbole vivant de ce « service rendu à l'époux », et si elle est ravie de sa situation, c'est uniquement parce que, ce qu'elle a été conditionnée à croire lui arrive enfin. Ce mariage et ce départ à la suite d'un mari représentent en effet ce qu'elle a imaginé toute sa vie, et ils restent même irréels: « un merveilleux rêve ». Analysé de cette façon, le départ de Juletane à la suite de Mamadou n'apparaît donc pas comme une action prise de façon totalement volontaire. Il me semble au contraire qu'il faut le voir comme la réponse à un conditionnement du féminin par la société patriarcale auquel Juletane répond inconsciemment. A ce propos, le conditionnement est parfois tel que la mère peut provoquer l'exil au niveau de sa propre fille comme c'est le cas pour Sophie la fille de Martine dans *Le Cri de l'oiseau rouge:* Martine retire sa fille de son pays et de sa communauté d'origine continuant ainsi le déracinement et l'exil qui lui avaient été infligés. Dans le cas précis de Juletane, ce conditionnement est lui-même doublé d'un isolement social et communautaire qui rend la main-mise du masculin sur le féminin d'autant plus aisée.

Si l'exil peut être analysé en termes d'une décision imposée sur le féminin par le masculin—qu'il s'agisse d'une imposition directe sous forme d'exil-enlèvement (Man Ya) ou de conditionnement (Juletane), ou encore d'une imposition indirecte mais dont l'exil est une conséquence (Martine)—il ne faudrait pourtant pas tomber dans la généralisation à outrance. Ainsi, le récit d'exil de Tituba dans *Moi, Tituba sorcière* de Maryse Condé est l'illustration du long cri d'une femme possédant une clairvoyance inouïe. En effet, bien qu'il s'agisse du récit d'une femme perdue par son entêtement à suivre les hommes, à chaque nouvelle étape de son aliénation elle analyse les rouages qui la broient, et sa vision ne fait que s'élargir: d'un regard personnel (celui de Tituba), on atteint ensuite une dimension universelle. A travers le récit de sa propre aliénation, Tituba devient ainsi le témoin non seulement de toutes les femmes mais elle rajoute à sa narration la dimension des origines ethniques, propre aux femmes antillaises; cette même dimension que revendiquent les femmes du « Tiers Monde », ce groupe de militantes d'origines ethniques nées aux Etats-Unis qui dénoncent l'invisibilité dans laquelle elles se sentent repoussées non seulement par les hommes mais aussi par les féministes blanches (Moraga et Anzaldúa xxiii). Victime de racisme, de sexisme et d'intolérance dans la société puritaine américaine du dix-septième siècle, Tituba semble être le symbole des femmes jusque-là poussées dans l'invisibilité et le non-être.

Tituba, née du viol de sa mère par un marin, la voit se faire pendre sous ses yeux pour avoir attaqué son maître blanc qui voulait la violer lui aussi. Elle est recueillie par une vieille femme, Man Yaya, qui l'initie au surnaturel et lui procure une certaine liberté en marge du monde colonial. C'est sa rencontre avec un esclave, John Indien, qui la fait renoncer à sa liberté pour le suivre à Salem en Amérique où on l'accuse d'être une sorcière. Elle est finalement libérée et rentre en Barbade où elle meurt exécutée, accusée d'avoir essayé de fomenter une rébellion.

Tituba crie l'aliénation de la femme dès les premiers mots du roman: « Abena, ma mère, un marin anglais la viola sur le pont du *Christ the King,* un jour de 16** alors que le navire faisait voile vers la Barbade. C'est de cette agression que je suis née. De cet acte de haine et de mépris » (*Tituba* 13). Contrairement à Sophie du *Cri de l'oiseau rouge* qui apprend qu'elle est le résultat d'un viol lorsqu'elle a une douzaine d'années et contrairement au fait que cela n'est dévoilé au lecteur que longtemps après la scène d'exposition, Tituba identifie son aliénation dès le début de son récit[4]. Elle rapporte aussi la triste réalité de l'esclavage et de l'oppression sexuelle supplémentaire subie par les femmes: « Ma mère pleura que je ne sois pas un garçon. Il lui semblait que le sort des femmes était encore plus douloureux que celui des hommes. Pour s'affranchir de leur condition, ne devaient-elles pas passer par les volontés de ceux-là même qui les tenaient en servitude et coucher dans leurs lits? » (*Tituba* 17). Tituba fait donc preuve d'une double prise de conscience quand elle identifie l'homme blanc, le maître, comme aliénant les Africains en les faisant devenir esclaves, et les femmes en faisant d'elles leurs jouets sexuels.

Dans le roman de Maryse Condé, l'oppression qui se dégage n'est pas illustrée uniquement dans les rapports homme/femme. Elle se retrouve aussi dans les rapports entre femmes, les femmes blanches régnant sur les femmes de couleur. Contrairement aux autres femmes noires, Tituba possède l'avantage d'avoir été libre et de ne pas avoir dû travailler dès sa naissance pour quelqu'un qui la méprisait. Lorsqu'elle choisit de le faire afin de se rapprocher de John Indien, elle rencontre pour la première fois le mépris ouvert apporté à sa propre personne par une assemblée de femmes blanches prenant le thé:

> Ce qui me stupéfiait et me révoltait, ce n'était pas tant les pro-
> pos qu'elles tenaient, que leur manière de faire. On aurait dit
> que je n'étais pas là, debout, au seuil de la pièce. Elles par-
> laient de moi, mais en même temps, elles m'ignoraient. Elles
> me rayaient de la carte des humains. J'étais un non-être. Un
> invisible. Plus invisible que les invisibles, car eux au moins
> détiennent un pouvoir que chacun redoute. Tituba, Tituba
> n'avait plus de réalité que celle que voulaient bien lui concé-
> der ces femmes (*Tituba* 44).

Invisible, Tituba est donc définie ainsi par ceux qui s'identifient au moi
et la rejettent dans le rôle de l'autre. Criant de la sorte son aliénation
de femme noire, Tituba devient le porte-parole de toutes les femmes
noires poussées dans l'invisibilité. Or, cette invisibilité, Tituba se doit
de la vivre—ironiquement—à cause de sa passion pour un homme:
John Indien.

Dans les exemples précédents, j'avais insisté sur le fait que l'exil
est bien souvent une décision de l'autre (masculin) imposée sur le moi
(féminin) de façon directe ou indirecte, mais toujours hors de la conscience de l'être opprimé. Les récits de femmes comme Juletane ou
Sophie leur permettent une prise de conscience de leur aliénation: c'est
en laissant se dérouler l'histoire que le tableau se dessine et que l'image
se clarifie. Dans le cas de Tituba, bien que l'exil soit aussi une décision
de l'autre imposée sur le moi, le personnage féminin est parfaitement
conscient des forces qui le dirigent et il se retrouve seul face à une société patriarcale et un système esclavagiste écrasants. Ainsi, tandis
qu'Abena, la mère de Tituba, s'était fait capturer en Afrique et avait été
exilée en Barbade, Tituba choisira l'exil afin de suivre un homme:
« C'était bien là le malheur. Je voulais cet homme comme je n'avais jamais rien voulu avant lui. Je désirais son amour comme je n'avais désiré
aucun amour » (*Tituba* 35). Et quand Susanna Endicott, la maîtresse de
John Indien, le vend, elle force Tituba à accepter non seulement l'exil
mais aussi le servage si elle veut rester avec lui: « Je comprenais, quant à
moi, l'horrible calcul de Susanna Endicott. C'était moi et moi seule qui

étais visée. C'était moi qu'elle exilait aux Amériques! Moi qu'elle séparait de ma terre natale, de ceux qui m'aimaient et dont la compagnie
m'était nécessaire » (*Tituba* 61).

On pourrait ici discuter de la légitimité du mot « choisir » (que
j'ai sélectionné dans « Tituba choisira l'exil afin de suivre un homme »)
alors que j'affirme par ailleurs que l'exil de Tituba est le résultat d'une
imposition de l'autre sur le moi. Contrairement à Juletane qui à mon avis
ne fait pas de véritable « choix » en partant pour le Sénégal puisqu'il me
semble qu'elle répond plutôt à un conditionnement, Tituba est libre (en
opposition à John Indien). Elle décide donc librement que son futur en
Amérique avec John Indien est plus tentant qu'un futur à la Barbade sans
cet homme. Cette décision lui est en quelque sorte imposée, non pas par
un homme (même si l'homme la motive), mais par une femme: Susanna
Endicott. Cette femme joue donc sur la passion de Tituba pour John
Indien afin de réduire Tituba à l'impuissance. Et c'est en toute conscience (« *Je comprenais*, quant à moi, l'horrible calcul de Susanna Endicott », c'est moi qui souligne) que Tituba se laisse asservir et emmener
en Amérique.

Si l'on pense à la distinction qu'offre Kaja Silverman entre
l'« individu » (comme agent intellectuel libre) et la notion de « subjectivité »—ou constitution d'un sujet (comme agent influencé et modelé
d'une certaine manière par une structure culturelle extérieure) (Silverman
126-30), on pourra noter que chacune des femmes dont il est question ici
est le résultat de constructions opérées par la société patriarcale—bien
qu'elles soient aussi parfois historiquement influencées par la société qui
les entoure. Le cas de Tituba en est le plus marquant. En effet, semblant
répondre à une réaction d'individu (comme agent intellectuel libre), sa
décision n'est en fait qu'imposée par autrui (Suzanna Endicott). On peut
donc suggérer ici que la construction culturelle de leur identité par autrui,
la constitution de leur moi comme sujet, contribue à l'aliénation de ces
femmes.

Dans les exemples sélectionnés, on vient de voir que le masculin
est fortement lié au départ en exil du féminin: que l'exil soit imposé par
l'homme (Julia), choisi pour fuir l'homme (Martine), pour lui obéir

(Juletane), ou pour le suivre (Tituba), le féminin en optant pour l'exil s'ouvre à un monde d'isolement. C'est en exil que l'espace au féminin est redéfini: quelles en sont les limites? A quoi mène-t-il? Peut-on voir une corrélation entre l'isolement de l'exil et la prise de conscience du féminin de son aliénation?

2. Vivre son aliénation en exil

Pour les personnages féminins, l'exil s'accompagne indubitablement d'un isolement, et c'est cet isolement qui est vécu comme un véritable traumatisme. La définition que donne le Petit Robert du mot « traumatisme » est tout à fait éclairante puisqu'il recouvre l'« ensemble des perturbations résultant d'un violent choc émotionnel ». J'associe donc ici l'exil à un traumatisme car je suis d'avis que les conséquences de l'exil—en particulier l'aliénation physique que le féminin fait subir à son propre corps—sont suffisamment fortes pour que le lien entre les deux ne soit pas passé sous silence. Dans les textes que j'étudie, il apparaît que le traumatisme de l'exil correspond aux chocs violents du déplacement et de la coupure d'avec la communauté d'origine. L'exil est en effet un choc violent—que l'on considère le cas de Julia à travers l'exil-enlèvement organisé par son fils, celui de Tituba à travers l'exil-esclavage, ou encore le cas de Juletane partant une fois mariée à Mamadou.

Je voudrais suggérer ici que l'exil est à la base de l'isolement du féminin coupé de sa communauté d'origine, et que le retour aux origines, même s'il est souhaité, s'avère impossible. On verra aussi que c'est le manque d'un espace personnel qui suit l'exil et l'obligation d'évoluer dans l'espace imposé de l'Autre masculin qui aliène le féminin jusqu'à le pousser, dans certains cas, dans une folie destructrice (Juletane). Pourtant, il apparaît que le féminin s'applique à essayer de délimiter un espace personnel à l'intérieur même de cet espace d'oppression et on peut voir ainsi dans ces différents essais du féminin à se délimiter un espace personnel, un essai de reconnaître une identité séparée de celle que voit le masculin.

Le cas de l'exil de Juletane se présente de façon sensiblement différente de ceux de Julia ou même Tituba. Pour elle en effet, l'exil s'accompagne—avant la montée sur le bateau—d'un retour presque romantique aux origines mythiques « sur cette terre africaine de mes pères », retour idéalisé jusque dans l'imaginaire puisqu'il a en effet été rêvé par la narratrice de « cent manières » (*Juletane* 35). L'ironie du cas de Juletane réside dans le fait qu'elle montre une bien plus grande dépendance vis-à-vis de Mamadou qu'un intérêt pour cette fameuse « terre africaine de [ses] pères ». Les mentions faites de l'importance de Mamadou dans sa vie sont bien plus nombreuses que celles de cette Afrique inconnue (*Juletane* 26). Mamadou est en effet son « univers » (*Juletane* 31), « toute la famille qui [lui] manquait » (*Juletane* 34), celui qu'elle n'aime « pas seulement comme un amant, un mari. C'était aussi toute cette affection filiale débordante en moi que je reportais sur lui » (*Juletane* 34). Ce retour idéalisé est cependant suivi d'une trahison. Pour Juletane, la trahison est d'autant plus cruellement ressentie que le retour aux origines mythiques est considéré comme la solution au sentiment de non-appartenance qu'elle éprouvait déjà en France.

Dans *Le Discours antillais*, Edouard Glissant parle de ce retour sur la terre d'origine comme d'un état presque naturel: « La première pulsion d'une population transplantée [...] est le Retour. Le Retour est l'obsession de l'Un: il ne faut pas changer l'être » (Glissant, *Discours* 44). Il explique ensuite que dans le cas des esclaves noirs et de leurs descendants, ce retour est impossible car la population transbordée s'est changée en autre chose n'ayant pas réussi à maintenir parfaitement l'intégrité de l'Un. Pourtant, comme je l'ai déjà suggéré, il me semble ici que le voyage de Juletane au Sénégal n'est pas un Retour mais bien plutôt un Détour, et que si l'on considère que le Détour a pour lieu le Sénégal—terre des origines mythiques—il est en fait un Détour perverti. En analysant la spécificité de la population martiniquaise (à laquelle je choisis d'associer Juletane qui est guadeloupéenne), Edouard Glissant explique que « la communauté a tenté d'exorciser le Retour impossible par [...] une pratique du Détour » (Glissant, *Discours* 47). Ce Détour correspond au dernier « recours d'une population dont la domination par un Autre est occultée: il faut aller chercher *ailleurs* le principe de domination » (Glissant, *Discours* 48). Dans le cas de Juletane, ses origines sont en Guadeloupe. En allant en France, elle a perdu contact avec le moi, et l'espoir qu'elle a de le retrouver sur la « terre africaine de [ses] pères » est peu judicieux. Je vois donc son exil au Sénégal comme un Détour qui pointe du doigt ses origines réelles qui sont en Guadeloupe. L'exil au Sénégal ne peut donc être heureux, et il s'étale dans tout son traumatisme.

Le choc violent qu'éprouve Juletane réside dans la trahison qu'elle subit par Mamadou: fort de son amour pour Juletane—à qui il refuse de prononcer les mots « Je t'aime » car il craint de « passer pour un 'toubab' » mais qu'il rassure ironiquement en lui expliquant qu'il n'a « jamais dit à une autre femme qu'[il] l'aimait » (*Juletane* 32)—il omet cependant de lui dire qu'une autre femme l'attend au Sénégal avec une fillette de cinq ans. Une fois abandonnée l'idée de repartir en France (*Juletane* 47), Juletane entre dans une position d'attente: attente que Mamadou lui annonce clairement qu'il la choisit sur Awa, attente qu'ils puissent avoir un appartement qui soit le leur au lieu de vivre aux crochets d'une famille envahissante, *inconsciente* attente que Mamadou change et la reconnaisse dans ce qu'elle voudrait voir comme sa supériorité sur l'autre femme. Ici, l'isolement de Juletane n'est pas simplement un isolement géographique et culturel, il s'apparente à un véritable traumatisme. Cette attente de pouvoir se retrouver enfin dans l'espace idéalisé avec Mamadou porte atteinte à l'identité même de Juletane et elle est victime de plusieurs crises qui entraînent même des séjours hospitaliers (*Juletane* 51, 72, 130). Pour Juletane, l'attente n'est qu'une des manifestations du traumatisme lié à l'isolement qui se divise comme on va le voir en diverses catégories selon les romans. Mise de son identité entre parenthèses (Julia), désillusion (Sophie), ou extrême nostalgie (Tituba), le traumatisme qui suit l'exil est débilitant pour le féminin.

Julia dans *L'Exil selon Julia* se campe dans une attente similaire: « Mon Dieu! Quel jour je vais retourner? [...] Mais c'est sûr, un jour, je

vais retourner chez moi » (*Julia* 74). Elle se doit auparavant d'absorber
le choc du paysage dans ce « pays de froidure » (*Julia* 50), de « désola-
tion » (*Julia* 73) dans lequel « les pieds-bois n'ont pas de feuilles et le
ciel pas de couleur » (*Julia* 74). Au départ, seule la nostalgie de ce
qu'elle a quitté la tient en vie, et, du reste, elle ne se plaint pas, si ce n'est
lorsqu'elle essaie de s'élever—sans succès—contre l'atmosphère de
prison dans laquelle elle vit, et la porte d'entrée de l'appartement devient
le catalyseur et le symbole de toutes ses envies de liberté: « La seule
chose qu'elle critique ouvertement c'est la porte. Cette unique porte pour
entrer et sortir de l'appartement. Une seule porte qu'il faut tenir fermée à
clé toute la journée, même par grand soleil » (*Julia* 111). Là aussi,
l'attente est liée au traumatisme qui fait vaciller la santé de Julia (« Il y a
un temps, Man Ya refuse de quitter la couche. Un genre de mélancolie la
terrasse. Elle gît sur les draps, pareille aux dauphins bleus qui viennent
échouer leur vie sur la plage, à Four-à-Chaux ou à Roseau. Elle est là,
sans être là » [*Julia* 172]).

Tout comme je l'ai souligné pour Julia, Sophie dans *Le Cri de
l'oiseau rouge* est elle aussi frappée par la différence de temps aux Etats-
Unis (*Cri* 58), et elle est désillusionnée en quelque sorte par la différence
existant entre son image de l'Amérique et la réalité, mais elle est d'autant
plus surprise par la différence entre l'image qu'elle se faisait de sa mère
et la réalité qu'elle doit affronter. Elle ne s'est jamais représenté sa mère
qu'idéalisée à partir de photos et doit cependant faire face à la réalité, car
ce qu'elle voit n'est finalement qu'« un visage long et creusé, des
cheveux mal coupés et de grandes jambes grêles. Elle avait les yeux
cernés et, quand elle souriait, des rides durcissaient ses traits. Ses doigts
bruns étaient couverts de cicatrices » (*Cri* 59). Mais au-delà de l'aspect
physique trompeur de sa mère, elle se doit d'abandonner l'idée de sa
mère comme une personne vivant confortablement dans un pays où on
lui a dit que la vie était meilleure qu'en Haïti:

> Ma mère s'est arrêtée devant une voiture jaune clair au pare-
> brise fendu. La peinture s'écaillait sur la portière qu'elle ouvrit
> pour moi. J'ai examiné l'intérieur, hésitant à grimper sur les

sièges aux coussins éventrés. [...] Je me suis installée dans la voiture en m'efforçant de ne pas avoir l'air dégoûtée. Le bout pointu d'un ressort me rentrait dans la cuisse. (*Cri* 59)

Au moment de son exil, Sophie est encore trop jeune pour que New York symbolise pour elle le mythe américain. Sa déception, son choc initial pour ce qui n'est finalement pas un pays de cocagne, représente le traumatisme et ne fait que lui rappeler plus cruellement son exil.

Tituba éprouve, elle, une profonde nostalgie pour l'île qu'elle a quittée, et contrairement aux autres femmes, elle vit le choc initial de son traumatisme en ce que j'appellerai une période de pré-exil plutôt que de post-exil. Elle analyse en effet très clairement son retour dans le monde des blancs—alors qu'elle est toujours en Barbade—comme une capitulation sur l'esclavage auquel elle se plie en fin de compte volontairement:

[...] j'envisageais de recommencer à vivre parmi eux, dans leur sein, sous leur coupe. Tout cela par goût effréné d'un mortel. Est-ce que ce n'était pas folie? Folie et trahison? Je luttai contre moi-même cette nuit-là et encore sept nuits et sept jours. Au bout du compte, je m'avouai vaincue. (*Tituba* 37)

Le véritable choc de Tituba est représenté par le masque figuratif qu'elle doit porter et la position d'objet qu'elle doit réintégrer, elle qui s'était fait sujet de sa propre existence en fuyant la plantation sur laquelle elle était née et en vivant dans la nature sauvage près des marécages[5]. Elle se force donc à remercier sa nouvelle « maîtresse » (*Tituba* 41), se tait lorsqu'on l'humilie sur la couleur de sa peau (*Tituba* 40), et reste impuissante face au jeu de ses propres 'frères': « 'On s'attend à ce que les nègres se soûlent et dansent et fassent ripaille dès que leurs maîtres ont tourné le dos. Jouons à la perfection notre rôle de nègres.' Cela ne m'amusa pas » (*Tituba* 56).

Les chocs suivants sont à proprement parler post-exil en ce qu'ils ont lieu sur la terre d'exil, en Amérique. Ils sont liés à un sentiment de nostalgie et ainsi, dans chaque nouveau lieu, Tituba essaie de se recréer

des habitudes impossibles à concilier avec l'exil et qui symbolisent alors
l'impossibilité de Retour dont parle Edouard Glissant. Ce qui l'attire tout
d'abord est ce dont elle était entourée à la Barbade et qu'elle prenait en
quelque sorte pour un dû: l'eau. C'est ainsi que la vision de la mer au
Long Wharf à Boston provoque une nostalgie presque ironique puisque
Tituba en arrive à regretter la plantation de la Barbade et l'esclavage
qu'elle condamne (*Tituba* 80). Pourtant, une fois à Salem, Tituba perd
tout contact avec l'eau et elle doit faire appel à un subterfuge, espérant
toujours le Retour:

> Pour tenter de me réconforter, j'usai d'un remède. Je remplis-
> sais un bol d'eau que je plaçais près de la fenêtre de façon à
> pouvoir le regarder tout en tournant et virant dans ma cuisine
> et j'y enfermais ma Barbade. Je parvenais à l'y faire tenir tout
> entière avec la houle des champs de canne à sucre prolongeant
> celle des vagues de la mer, les cocotiers penchés du bord de
> mer et les amandiers-pays tout chargés de fruits rouges ou vert
> sombre. Si je distinguais mal les hommes, je distinguais les
> mornes, les cases, les moulins à sucre et les cabrouets à bœufs
> que fouettaient des mains invisibles. Je distinguais les habita-
> tions et les cimetières des maîtres. Tout cela se mouvait dans
> le plus grand silence au fond de l'eau de mon bocal, mais cette
> présence me réchauffait le cœur. (*Tituba* 101)

Le bocal, par le contenu qu'il offre devient le symbole de l'île. Son contenu—eau—rappelle en fait son contraire—terre—et joue aussi le rôle
d'une boule de crystal: la transparence et la mouvance de l'eau font apparaître ce qu'on veut bien y voir. Presqu'innocente, l'eau du bocal de
Tituba « recouvre un abîme » (Genette, *Figures* 24), elle annonce l'existence d'un contenu. Ainsi, contrairement à Narcisse qui utilisait la
propriété réflexive de l'eau, insistant sur sa superficialité, Tituba fait appel à la profondeur de l'eau suggérant l'étendue infinie de son imaginaire. Cette eau salvatrice pour Tituba lui est cependant enlevée par les
blancs puritains qui se refusent à rêver ou à exprimer eux-mêmes une

quelconque nostalgie pour ce qu'ils ont quitté: « Quelqu'un avait fait disparaître le bocal dans lequel je contemplais les contours de ma Barbade et je m'assis, raidie par le chagrin, sur un escabeau » (*Tituba* 123). L'eau est donc un symbole dont l'interprétation se trouve transformée selon le point de vue choisi pour l'analyser. Si elle est eau salvatrice pour Tituba, elle devient accusatrice dans les mains des blancs qui y voient une preuve de la sorcellerie de Tituba. Pour Tituba cependant, et parce qu'elle évolue dans un monde dirigé par les blancs, le Retour grâce à l'eau—celle qui rappelle la Barbade—est impossible puisqu'elle est négativisée en étant associée à la sorcellerie.

Tituba cherche aussi le Retour dans les plantes qu'elle utilise habituellement pour soigner autrui. Or, là aussi, elle doit s'adapter à l'exil, la forçant donc à *changer:* « Pourtant, il me manquait les éléments nécessaires à la pratique de mon art. Les arbres-reposoirs des invisibles. Les condiments de leurs mets favoris. Les plantes et les racines de la guérison. Dans ce pays inconnu et inclément, qu'allais-je faire? Je décidais d'user de subterfuges » (*Tituba* 75). Le changement opéré par Tituba peut être vu comme un essai du féminin à redéfinir son espace en exil. Ces changements auxquels Tituba choisit de s'habituer sont bien propres au féminin: le lien aux plantes et à l'art de la guérison est en effet un indicateur féminin dans le roman (puisque les seules personnes qui y sont associées sont des femmes), mais à ce dernier se rattache le lien à la terre, symbole du féminin par excellence. De plus, alors que Tituba transpose et adapte l'art de guérisseuse qu'elle pratiquait à la Barbade, son compagnon masculin John Indien s'assimile en s'américanisant, ou du moins en jouant le jeu des Blancs: « Je sais hurler avec les loups » (*Tituba* 171). En Amérique, et en exil donc, qu'il soit symbolisé par un bocal posé sur le rebord d'une fenêtre ou par une gerbe de plantes séchées accrochées dans la cuisine, l'espace du féminin prend de nouvelles dimensions et est marqué par une aliénation du corps lorsqu'il est accompagné d'un trop grand isolement.

Dans *La Poétique de l'espace,* Gaston Bachelard étudie tous les espaces positifs propices à la rêverie, et pour lui, ces espaces se retrouvent concentrés dans la maison car « la maison abrite la rêverie, la mai-

son protège le rêveur, la maison nous permet de rêver en paix »
(Bachelard, *Poétique* 26). Pour l'être exilé, la réalité de la 'maison-rêve'
n'est pas toujours présente, et l'espace à soi du féminin auquel fait
référence Virginia Woolf, doit lui aussi s'adapter à l'exil. J'ai parlé auparavant de l'exil, expliquant qu'il est vécu par le féminin comme un
véritable traumatisme même si ce phénomène s'exprime à des degrés
différents selon les cas. Or, une des conséquences de l'exil semble être le
grand degré d'isolement dans lequel tombe le féminin. Dans les récits
choisis pour cette étude, on voit à l'œuvre la différence entre la solitude
telle que la comprend et la définit Woolf (Woolf 56) et l'isolement.
L'être exilé vit un grand isolement communautaire et l'espace personnel
du féminin devient aliénant s'il est défini dans l'espace du masculin. Au
contraire, la chambre de Juletane, par exemple, dans la maison de
Mamadou et de ses femmes, lui offre un espace personnel qui lui permet
d'écrire, mais elle la marginalise aussi plus profondément aux yeux de la
société. En effet, dans une culture centrée sur la vie communautaire, le
désir de solitude de Juletane (conséquence directe de son exil) l'associe
au monde de la folie dans les yeux des membres de cette communauté.
Qu'il s'agisse donc d'un phénomène d'isolement volontaire ou du résultat d'événements inhérents à la vie en exil, on remarque que, dans ces
romans, l'isolement s'accompagne d'une aliénation du corps féminin,
voire d'une mutilation et d'une destruction. Il me semble ainsi que c'est
le grand isolement du personnage féminin, et en particulier l'impossibilité de ce dernier à être connecté à lui-même qui pousse à l'auto-
destruction, comme si la femme ne pouvant établir un lien avec le Même
cherchait alors à empêcher l'Autre (masculin) à la posséder en dépit
d'elle-même. Cependant, l'isolement du féminin est insidieux et s'illustre
par étapes. Si l'on prend l'image d'un personnage prisonnier de sables
mouvants comme le fait du reste Juletane dans son journal (*Juletane* 72),
on fait alors face à une femme aspirée lentement par un sol mobile; une
fois passés les genoux, la taille et les épaules, elle se trouve en face d'une
solution double: soit elle est sauvée par l'Autre, soit elle court à sa mort.
Juletane est à ce propos un cas d'étude parfait: trahie par celui
dans les mains duquel elle s'était complètement remise, elle décide de

frapper d'ostracisme tous ceux qui sont chers à cet homme, choisissant ainsi de rester orpheline et espérant pourtant secrètement que la seule famille qu'elle s'était choisie—symbolisée uniquement par le personnage de Mamadou: « En l'épousant, en plus d'un mari, c'était une famille que j'avais retrouvée. Il était devenu ce père disparu si tôt, cet ami dont j'avais rêvé » (*Juletane* 50)—lui revienne un jour. Il semble important de souligner ici que, malgré l'emploi du mot « famille », il est clair que la famille à laquelle Juletane fait allusion se limite à Mamadou. A travers cet homme, Juletane espère retrouver tout ce qui lui a manqué (mari, père, famille) et elle voit en lui un être omnipotent qui lui appartient par les liens d'un mariage européen. Juletane ne peut accepter une extension à Mamadou (c'est-à-dire une véritable famille) que si les membres de cette extension se conforment à son idée à elle de la vie de couple. Après avoir été témoin de la mainmise de tous sur son mari, elle se met à haïr cette famille (*Juletane* 66) pourtant si agréable dans les premiers temps (« Le jour de mon arrivée dans ce pays, rien ne se passa comme je l'avais imaginé. Je ne fus pas mal accueillie, bien au contraire » [*Juletane* 45]).

Face à des codes culturels qui lui sont étrangers, Juletane reporte donc sa critique d'une culture différente—la culture polygame sénégalaise par exemple—sur les habitants du pays où cette culture se trouve. Elle s'isole ainsi par la parole et sa description de la scène d'arrivée insiste sur le fait que, bien qu'elle connaisse Mamadou depuis un certain temps, elle ne s'est jamais intéressée à la langue locale de son pays natal:

Le jour de mon arrivée dans ce pays, rien ne se passa comme je l'avais imaginé. Je ne fus pas mal reçue par la famille, bien au contraire. Dès que nous eûmes mis pied à terre, toute une foule de tantes, cousines, sœurs, et même ma rivale, me prirent la main, m'embrassèrent. Les femmes parlaient toutes à la fois. La langue nationale se mélangeait au français. Une tante me tapotait la joue, me comblant certainement de paroles de bienvenue. *Je n'y comprenais goutte* et me contentais de sourire. (*Juletane* 45, c'est moi qui souligne)

Le ton de ses propos sous-entend que, du point de vue de Juletane, les Sénégalais devraient parler français, et s'adapter à elle. Parce qu'ils ne le font pas, elle suggère qu'ils portent une part de responsabilité dans son isolement (*Juletane* 49). Le refus de Juletane de s'exprimer dans la langue de l'autre n'est en fait qu'un refus d'accepter la culture de l'autre qui voudrait qu'elle se plie aux réalités de la polygamie. Se penchant sur la dynamique familiale entre Juletane et sa belle-famille sénégalaise, Anne Elizabeth Willey remarque que Juletane semble en vouloir à tous les membres de sa belle-famille d'essayer de s'approprier son mari. Elle ajoute: « All these resentments, aimed at Mamadou's family, are remarkable in a woman who came to Africa to find a family » (Willey 456). Il me semble qu'il faudrait nuancer cette affirmation: comme je l'ai montré précédemment, Juletane *ne veut pas* d'une famille africaine. La seule famille qu'elle s'est choisie est Mamadou, et elle était loin de penser qu'en épousant un mari « par-dessus tout l'être le plus intime, l'autre soi-même » (*Juletane* 48), elle épouserait aussi une famille *dont elle ne veut pas* puisqu'elle recherche en toute évidence la vie « calme et monotone » d'un couple pouvant jouir d'une « solitude à deux » (*Juletane* 62).

Dans *L'Exil selon Julia,* Julia traverse un isolement lié à un manque d'expression tout à fait similaire à celui de Juletane: parlant le créole, elle se refuse à apprendre le français qu'elle voit comme une imposition d'autrui dans son espace personnel: « Toute la sainte journée, ils parlent RRRR dans leur bouche. Je ne comprends pas leur langue » (*Julia* 87). Elle s'enferme ainsi dans une situation où elle ne peut communiquer avec personne, se mettant ainsi dans ce que Julia Kristeva appelle une situation « d'orphelin »: « Lorsque les autres vous signifient que vous ne comptez pas parce que vos parents ne comptent pas, qu'invisibles ils n'existent pas, vous vous sentez brusquement orphelin, et, parfois, responsable de l'être » (Kristeva, *Etrangers* 35). Dans *Juletane* et dans *L'Exil selon Julia,* incapables de communiquer, Juletane et Julia se placent donc dans une situation d'orphelines, suggérant par là qu'elles sont non seulement coupées de leur terre d'origine, mais aussi de leur communauté d'origine.

Dans le processus d'isolement, la modification de l'espace psychologique (isolement communautaire) s'accompagne aussi d'une modification de l'espace physique. Très vite, après avoir refusé tout échange social par l'intermédiaire de la langue, Juletane se confine volontairement à une pièce: tout d'abord, la chambre qu'elle partage avec Mamadou chez l'oncle Alassane et qu'elle définit encore comme un espace commun, « notre chambre » (*Juletane* 50), puis dans une chambre d'hôpital qu'elle partage avec une autre exilée (*Juletane* 61), ensuite dans un appartement qu'elle loue avec Mamadou (*Juletane* 64), avant d'intégrer le logement qu'elle va dorénavant partager avec Awa et ses enfants (*Juletane* 71). Il est frappant de constater que, tout au long de ces déplacements, elle n'a pas une seule fois fait l'expérience d'un espace personnel qu'elle peut définir à la première personne du singulier. Ce n'est que dans son dernier logement, au moment où elle abandonne tout droit de contrôle sur Mamadou, qu'elle s'approprie un espace qui devient le sien propre: « Je décidai de ne plus partager le lit conjugal avec Mamadou et m'installai dans ma chambre actuelle, qui était à l'origine destinée aux enfants » (*Juletane* 72). On voit donc dans la modification de l'espace chez Juletane un effet de miroir, car tout en se retranchant physiquement dans un espace unique, elle s'isole psychologiquement dans son propre imaginaire.

Liée à l'exil, à la renégociation du personnage avec son nouvel espace et sa nouvelle communauté, l'importance de la maternité dans l'aliénation du féminin est cruciale. Rappelons ici que l'exil de Martine fait suite à sa maternité non désirée. C'est la maternité, signe visible de la perte de la virginité, qui frappe Martine d'ostracisme. Dans le cas de Juletane, c'est *l'absence* de maternité qui amène l'aliénation du féminin à son paroxysme. Il faut tout d'abord noter qu'à chaque fois, Juletane est aliénée par le masculin symbolisé par la personne de Mamadou ou celle de la communauté africaine réduite par le langage au masculin pluriel: la première fois lorsqu'elle apprend qu'elle n'est ni la seule femme ni la première femme de Mamadou (« Je m'attendais à tout sauf cela » [*Juletane* 33]), et qu'elle se définit comme Autre par rapport à la communauté africaine (« Et moi, je serais là, ridiculement seule en face d'eux, *moi l'étrangère*... » [*Juletane* 35, c'est moi qui souligne]), et la deuxième fois, lorsqu'après un accident elle ne peut plus avoir d'enfants, Mamadou reprend ouvertement ses droits auprès de sa première femme, Juletane ayant été rendue 'inutilisable.' Cette absence de maternité place Juletane dans une position marginale puisque tout dans la société sénégalaise semble être concentré autour de la descendance comme le rappelle Irène Assiba d'Almeida: « Any survey of women's fiction clearly indicates that for an African woman, children are not only the reward of life, but life itself. To have children is seen as woman's primary function, her raison d'être, and as a result a woman who has no children does not really exist » (D'Almeida 87). L'impossiblité de Juletane à enfanter la place donc dans un état de double exil: premier exil dû à son déplacement physique originel et à sa situation d'« étrangère »; second exil la rejetant figurativement hors de la communauté sénégalaise et qu'elle illustre en se séparant physiquement des Autres, laissant se dérouler la vie entre sa « chambre » et celle « de la maison ».

Ironiquement, c'est au moment où elle jouit enfin d'un espace personnel qu'elle commence à s'en prendre à son propre corps. Ainsi, au moment où elle s'installe seule dans sa chambre, elle ajoute: « Je coupai mes cheveux à ras et revêtis une robe de deuil. C'était une façon de détruire tout ce qui subsistait encore en moi d'espérance » (*Juletane* 72). Ce processus d'auto-destruction représente l'exil psychologique transfrontalier qui pousse Juletane à traverser « the border which separates sanity from madness » (Proulx 698), mais il est aussi symbole de la « fuite » que Juletane recherche afin de sortir de son aliénation. C'est Catherine Clément qui parle de « fuite » en ce qui concerne les femmes marginalisées. Pour elle en effet:

> ce rôle féminin, celui de la sorcière, celui de l'hystérique, est ambigu, à la fois contestataire et conservateur. Contestataire, car les symptômes, les crises, révoltent et secouent ceux pour qui ils sont faits, le public, le groupe, les hommes, les autres. [...] Mais conservateur en même temps. Car toute sorcière finit par être détruite, et rien ne s'inscrit d'elle que les traces my-

thiques. Car toute hystérique finit par habituer les autres à ses symptômes, et la famille se referme autour d'elle, qu'elle soit curable ou incurable. Cette ambiguïté trouve son expression dans une fuite qui met un point de suspension à leur histoire. (Clément, « Sorcière et hystérique » 13-14)

Ainsi, surprenant au départ par son attitude qui sort de l'ordinaire, Juletane devient celle aux crises desquelles on s'habitue. Elle commence par se cogner la tête contre les murs, ce qui lui laissera une cicatrice au milieu du front (*Juletane* 51) et continue à s'auto-détruire en refusant de manger (*Juletane* 69) dans le but de disparaître *physiquement*, de s'auto-effacer d'un monde auquel elle pense ne pas appartenir (*Juletane* 120). Cette déchéance physique et psychologique est le résultat d'une découverte et d'une avancée dans la vie dans les termes du masculin, et c'est parce qu'elle est coupée dès le départ de toute présence ou lien à la communauté féminine que Juletane continue sa chute au fond de « ce puits de misère » (*Juletane* 18).

En effet, Juletane vit sa vie dans les termes du masculin quand elle se marie avec Mamadou, s'exile physiquement en Afrique à sa suite, puis est exilée psychologiquement en passant du rôle de première femme à celui de deuxième. Enfin, elle perd tout intérêt pour le masculin, et ne peut même plus jouer le jeu qu'il propose quand elle devient stérile. Juletane est d'autant plus frappée par sa stérilité qu'elle *voudrait bien* jouer le jeu du masculin: elle croyait pouvoir retenir Mamadou dans un mariage monogame par les enfants qu'elle aurait eu de lui. Or, elle est confrontée non seulement à la structure patriarcale, mais aussi à une structure culturelle qu'en tant que Française assimilée elle ne comprend pas: il est clair par exemple qu'en acceptant l'odieux pacte que Mamadou lui propose (« ...les enfants d'Awa seraient mes enfants. C'est tout juste s'il ne me disait pas que c'était une chance que nous ayons Awa pour me faire les enfants que je ne pouvais pas avoir » [*Juletane* 70]), elle officialiserait son rôle de deuxième femme, d'aide à la première femme au risque de perdre son identité propre, et de fragmenter irrémé-

diablement son moi puisqu'elle ne serait alors plus qu'une femme parmi
d'autres, et surtout une nourrice des enfants de l'autre.

En ne voyant son salut qu'à travers un homme, Juletane refuse
tout accès à une structure de soutien féminine. Qu'il s'agisse de sa belle-
famille ou d'Awa qui ne demanderaient pas mieux que de l'inclure dans
leur système de valeurs culturelles si elle le voulait, Juletane se coupe de
tous, y compris des femmes, et perd ainsi la possibilité d'avoir accès à
son propre moi. L'isolement de Juletane de la communauté féminine est
illustré par le fait qu'elle refuse l'amitié d'Awa ne voyant en elle qu'une
rivale (*Juletane* 50) même si elle est prête à reconnaître la bonne volonté
d'Awa à l'accueillir comme co-épouse, associant même son intérêt pour
elle à celui d'une « mère » (*Juletane* 73 et 76). Juletane renforce cette
attitude d'éloignement des autres femmes, quand, à l'arrivée de Ndèye,
la troisième co-épouse, elle ouvre volontairement les hostilités en refusant de la saluer: « [...] elle me tendit la main, je ne la pris pas » (*Juletane* 79). Quant au reste de la communauté des femmes, il ne pénètre en
aucun cas le mur d'isolement de Juletane: elle ne noue pas de contacts
avec les autres femmes de la famille et refuse l'aide du médecin femme
qui s'intéresse à elle et d'Hélène, l'assistante sociale qui veut lui rendre
visite.

C'est donc l'extrême solitude et en particulier la coupure totale
du féminin du reste de la communauté féminine qui pousse à l'auto-
mutilation fonctionnant comme « a code for denouncing an unsettling
situation » (Lionnet, *Postcolonial* 89). Ce thème de la mutilation revient
comme un leitmotiv dans d'autres œuvres des Caraïbes, en particulier
dans *Moi, Tituba sorcière* et *Le Cri de l'oiseau rouge*. Tituba est en effet
coupée de sa mère et de Man Yaya dès son arrivée en Amérique: elle ne
peut plus communiquer avec elles car leur esprit ne peut traverser
l'étendue d'eau qui sépare la Barbade du continent américain. Très vite,
elle se rend compte qu'elle ne peut faire confiance aux Blancs, et encore
moins aux femmes blanches qui se retournent contre elle et finissent par
la trahir. Coupée de tous, elle ne se mutile pas, mais laisse son corps aller
à l'abandon:

Je ne mangeais plus guère. Je ne buvais plus. J'allais comme un corps sans âme, enveloppée dans mon châle de mauvaise laine [...]. Pas étonnant que les habitants de Salem me redoutent, j'avais l'air redoutable!

Redoutable et hideuse! Mes cheveux, que je ne peignais plus, formaient comme une crinière autour de ma tête. Mes joues se creusaient et ma bouche éclatait impudique, tendue à craquer sur mes gencives boursouflées.

Quand John Indien était près de moi, il se plaignait doucement:

—Tu te négliges, ma femme! Autrefois, tu étais une prairie où je paissais. A présent, les hautes herbes de ton pubis, les fourrés de tes aisselles me rebutent presque! (*Tituba* 106)

La solitude et ses effets dévastateurs l'emportent même sur la volonté de plaire à l'homme, de s'objectifier pour son plaisir.

Dans *Le Cri de l'oiseau rouge,* Martine est coupée des femmes avec qui elle a grandi (Atie, sa propre mère). Elle garde pourtant quelques liens avec la communauté haïtienne, choisissant d'acheter les produits dont elle a besoin chez des marchands haïtiens exilés comme elle. Néanmoins, elle perd le sens qui la rapproche de son moi, de son identité, en reniant subtilement son héritage: à travers la couleur de sa peau. La narratrice remarque tout d'abord cette attaque de Martine contre son propre corps de façon anodine: « Ma mère lui acheta de la crème censée lui éclairer le visage » (*Cri* 70). Les effets de cette potion ne se font pas attendre, et la couleur du visage fatigué de Martine tourne rapidement au gris (*Cri* 78) pour devenir « trois ou quatre fois plus pâle » (*Cri* 194) que la peau des autres femmes de la famille. Ainsi, en blanchissant sa peau au maximum, Martine s'éloigne de sa communauté d'origine sans pour autant s'intégrer à la communauté américaine. C'est donc ce changement de couleur que j'apparente à une certaine forme d'auto-mutilation qui renforce le sentiment d'isolement subi par Martine. Ce sentiment de coupure par rapport aux autres femmes de la famille est renforcé par la remarque de la mère de Martine lorsqu'elles se revoient brièvement en

Haïti (« Ta peau est plus claire, remarqua ma grand-mère. *Cé prodwi?* Tu mets quelque chose dessus? » [*Cri* 195]), suggérant ainsi que Martine *n'est pas* différente mais qu'elle *se veut* différente.

Sophie est elle aussi coupée de toute communauté, de tout contact véritable (le lien avec la mère apparaît dans toute sa superficialité lorsqu'on apprend que Sophie reste seule la plupart du temps tandis que sa mère travaille). L'espace dans lequel elle évolue se résume ainsi à « l'école, la maison, la prière » (*Cri* 87). Là aussi, c'est la maternité—ou plutôt la perspective de la maternité—qui contribue à son aliénation et à son isolement, tout comme c'était l'absence de maternité qui avait finalement sonné le glas d'une quelconque vie sociale pour Juletane. Ainsi, Martine empêche Sophie d'avoir des contacts avec qui que ce soit (les hommes en particulier), la « vérifiant » régulièrement et perpétuant la structure patriarcale et donc sa propre aliénation par l'intermédiaire de sa fille. L'isolement de Sophie est d'autant plus grand qu'elle ne connaît ni les détails de son histoire passée, ni ceux de sa culture. Cherchant à briser son aliénation, elle détruit son hymen, symbole de sa prison, ouvrant ainsi métaphoriquement les portes de la liberté.

La destruction du corps atteint son paroxysme dans le cas de Juletane, quand pour mettre fin à son aliénation, elle n'attaque pas seulement son propre corps mais aussi celui des autres (elle empoisonne les enfants d'Awa et provoque ainsi le suicide de cette dernière; elle jette ensuite de l'huile bouillante sur le visage de Ndèye, la défigurant à jamais). On peut voir ainsi dans le meurtre des enfants d'Awa, le suicide d'Awa et l'attaque de Ndèye par Juletane un essai pour le féminin aliéné de redéfinir son espace. L'espace du féminin aliéné est donc redéfini par Juletane qui en change les contours prête à entreprendre un voyage final, celui—onirique—vers sa Guadeloupe maternelle. Dans un sens, en se débarrassant des enfants, Juletane reconquiert non seulement l'espace domestique symbolisé par la cour, mais aussi la nature et sa propre condition de femme (stérile) symbolisées par le manguier stérile (lui aussi) se dressant au centre de la cour. Pour Françoise Lionnet, le manguier stérile a une grande importance symbolique: « it does not bear any fruit, and planted in the middle of the courtyard it is a nagging reminder of

Juletane's own « shortcomings » as a sterile wife » (Lionnet, *Postcolonial* 112); quant à Patrice Proulx, elle note, elle, le lien entre la stérilité et la mise au silence de Juletane (Proulx 700). Il est de mon avis qu'en se débarrassant inconsciemment d'Awa et de ses enfants qui passaient leur temps dans la cour à l'ombre du manguier, Juletane redéfinit son espace, passant de la marginalité de sa chambre isolée (objet), au centre de la cour (sujet), et du silence de l'être aliéné aux mots de l'être se libérant (dans le cas de Juletane par le journal). En faisant le vide autour d'elle, Juletane semble accepter et vouloir dépasser sa condition de femme, refusant, dans ce geste désespéré, de jouer le rôle qu'on attend d'elle: celle de la femme stérile à qui on offre par pitié les enfants des autres. L'attaque de Ndèye est elle aussi symbolique, même si elle laisse perplexe. En défigurant sa rivale qui ne fait que parader et exposer ses attraits physiques, voulant jouer le jeu du masculin—Ndèye s'objectifie pour Mamadou, poussant le stéréotype de la femme-objet à son paroxysme—Juletane attaque indirectement le masculin dans toute la superficialité de son existence, et comme le souligne Valérie Orlando, sa folie devient « a tool, a window through which to assess what is often wrong with the socioeconomic and cultural parameters in which women find themselves bound throughout the world » (Orlando 93).

La redéfinition de l'espace peut ici être clairement analysée comme un essai de résistance du féminin face à son isolement et à son aliénation en exil. Julia par exemple, dans *L'Exil selon Julia,* se crée le pouvoir qu'on lui refuse et devient d'abord « une guerrière parée à conquérir la France » (*Julia* 50). Ensuite, avec l'arrivée du printemps, elle commence un grand nettoyage refusant de suspendre le linge sur une corde à linge—comme cela se fait en France—préférant l'éparpiller sur les buissons—comme elle le faisait en Guadeloupe—, et plante un jardin pour survivre psychologiquement car « le travail de la terre lui donne vie, la sustente » (*Julia* 90). Elle a donc transcendé les barrières de sa prison symbolique (la maison), et s'est approprié le jardin.

Dans les œuvres choisies ici, l'isolement lié à l'exil revient comme un leitmotiv, et cet isolement est d'autant plus fortement ressenti qu'aucune des femmes dans les œuvres étudiées n'est à proprement parler dans un espace physique qui est le sien: Tituba en esclavage par exemple, est par définition la propriété d'autrui évoluant sur l'espace de l'Autre; et Julia définit clairement l'espace qu'elle habite comme une prison. On ne peut s'empêcher de penser ici à l'idée de l'isolement de la femme dans la famille nucléaire mentionnée dans l'introduction de ce travail. Les cas de Tituba (esclave) et de Julia (grand-mère), s'ils ne sont pas à superposer à ceux d'une jeune mère coupée de sa communauté, sont pourtant révélateurs d'une société partiarcale qui travaille à aliéner les femmes en les enfermant au foyer, les coupant ainsi de leur communauté de soutien (qui serait symbolisée par les autres femmes-esclaves pour Tituba, et par ses quelques amies de Routhiers pour Julia). En essayant de délimiter un espace qui est le leur, les personnages féminins reprennent un droit de contrôle sur leur propre moi empêchant l'autre masculin de s'approprier et d'effacer complètement leur identité. Qu'il s'agisse de la chambre aux murs nus de Juletane, du jardin que plante Julia ou du bocal posé sur le bord de la fenêtre de Tituba, chacun de ces efforts d'individuation peut être vu comme une résistance du féminin en exil face à la structure qui l'opprime. Ces essais de résistance du féminin en exil sont précurseurs à l'association du moi et du même comme sujet et non plus comme objet dans un récit au féminin. La maternité apparaît alors sous de nouvelles couleurs: est-ce que son choix peut suggérer un essai de résistance pour le féminin? ou bien n'est-elle que le résultat d'un conditionnement servant l'homme dont le féminin ne veut plus se séparer?

3. Maternité-renonciation ou maternité-résistance chez Maryse Condé

Les romans de Maryse Condé *Traversée de la mangrove* et *Moi, Tituba sorcière* illustrent de deux manières différentes la question de la résistance du féminin opprimé par la société patriarcale: c'est par le biais de la maternité que l'on peut voir le féminin exprimer une envie de résistance, mais c'est aussi la maternité qui semble parfois mener à la renonciation, à la capitulation face à une structure patriarcale trop puissante. Comme dans les romans précédents, les personnages de Mira et de Vilma subissent les conséquences de l'exil à travers un isolement mental même si dans leur cas l'exil n'est en aucun cas géographique mais bien plutôt psychologique. Quant à Tituba, son exil est géographique et correspond à son déplacement forcé par l'esclavage. Dans *Traversée de la mangrove*, Mira et Vilma deviennent les catalyseurs d'un mouvement d'opposition à la tradition et en particulier ce qu'elle a d'étouffant pour le féminin. Ces deux jeunes femmes partagent aussi la caractéristique que l'on avait trouvée dans les romans précédents: le fait qu'elles soient coupées de toute communauté féminine les isole d'autant plus. La maternité est alors parfois utilisée pour choquer le patriarcat et sortir des normes instaurées par le masculin. Elle devient ainsi une métaphore de la libération du féminin, permettant de transcender la réalité présente dans l'enfant à naître— c'est-à-dire de transcender une naissance offrant une possibilité de changement pour l'avenir. *Traversée de la mangrove* et *Moi, Tituba sorcière* exposent un espace de résistance qui peut évoluer, donnant au féminin l'occasion d'affirmer de nouvelles valeurs qui seraient, elles, centrées sur le féminin, et qui souligneraient l'importance de réétablir le lien avec la mère.

Traversée de la mangrove est un roman qui se présente comme une symphonie de dialogues intérieurs au paradoxe frappant: habitant un petit village éloigné de tout, chacun rêve en fait d'exil comme d'une échappatoire à sa vie fade et monotone. L'arrivée de Francis Sancher, un étranger venu depuis peu habiter dans le village de Rivière au Sel à la recherche de l'histoire de ses ancêtres, soulève des controverses et déchaîne les passions. Sa mort mystérieuse est un point d'orgue qui donne à chacun le temps de la réflexion. Lors de la veillée funéraire de Francis Sancher, chacun des habitants fait en effet le point sur l'influence de cet homme dans sa vie. Les dialogues intérieurs, bien que certains chantent les louanges de Francis tandis que d'autres expriment une haine froide à son égard, se complètent néanmoins et la veillée funéraire permet à beaucoup d'exprimer un moi jusque-là étouffé.

Deux jeunes femmes sont particulièrement influencées par Francis: il s'agit de Mira et de Vilma, jeunes filles qui portent chacune l'enfant de cet homme mort. Mira vient d'accoucher d'un petit Quentin au moment de la veillée tandis que Vilma est encore enceinte à la mort de Francis. La situation inhabituelle de Mira et Vilma soulève plusieurs questions: toutes deux enceintes du même homme, quelle a été la réelle motivation qui a dirigé cet événement? Quelle définition d'elles-mêmes et de leur futur offrent ces jeunes femmes lors de la veillée mortuaire qui célèbre leur amant?

Le départ, tout d'abord de Mira puis de Vilma, avec Francis Sancher reflète à première vue un essai de résistance face à une situation que ces jeunes femmes jugent sans issue. L'une est virtuellement prisonnière du clan des Lameaulnes (un père qui l'ignore sauf pour voir en elle un objet à marier et un frère qui la protège jalousement), et l'autre est dénuée de tout libre arbitre (son père voulant utiliser son mariage pour réussir une bonne affaire commerciale). Pour Mira, la rencontre avec Francis—qui se trouve par hasard au fond de la ravine, de *sa* ravine devrais-je dire—est bel et bien une invasion de son domaine, de son espace féminin qu'elle avait défini selon ses propres termes, comme étant son « royaume », son « refuge », l'endroit où elle n'emmène personne, pas même Aristide—son demi-frère avec qui elle a une relation incestueuse—car « [la ravine] n'appartient qu'à [elle] » (*Mangrove* 57). Francis se trouve donc dans l'espace du féminin, subjugué, si bien que lorsqu'elle prend les devants et déboutonne sa chemise, il se « laiss[e] faire » (*Mangrove* 55). Si cette rencontre n'était pas celle que Francis attendait (il se préparait à voir venir la mort), elle a un profond effet sur Mira qui « rev[it] les moments avec Francis Sancher » pendant la nuit (*Mangrove* 59).

Grâce à Francis Sancher, Mira devient un individu à l'identité définie, séparée du clan qui la contrôle. Hors du regard de son père et de son demi-frère, elle a pour la première fois agi de façon individuelle, ne partageant sa trouvaille avec personne (*Mangrove* 62). A travers Francis, cet homme qui pourtant la méprise puisqu'il ne retourne plus dans la ravine pour la voir, elle recherche l'exil de la communauté comme une réponse à son propre emprisonnement *dans* cette communauté: « Maintenant que je connais [...] mon histoire [...], je ne comprends plus pourquoi j'avais placé tous mes espoirs sur cet homme-là [...]. Sans doute parce qu'il venait d'Ailleurs. D'Ailleurs. De l'autre côté de l'eau » (*Mangrove* 63). Il est frappant de constater que Mira n'a pas véritablement de chez-elle dans la maison patriarcale. Elle s'est du reste exilée volontairement au fond de la ravine grâce à laquelle elle retrouve un lien intime, expression de son moi profond. Elle est donc paradoxalement exilée au milieu des siens. En allant retrouver Francis, Mira trompe l'amour incestueux d'Aristide et échappe ainsi à sa sphère de contrôle. La résistance de Mira est donc celle d'une femme opprimée, et dont l'indépendance d'action est limitée par les décisions prises par le patriarcat. En choisissant Francis Sancher, Mira renie le pouvoir du clan (Loulou, son père, et Aristide, son demi-frère) sur sa propre personne, et y oppose son indépendance par ce qui sera jugé comme un scandale.

Reprenant l'idée d'ailleurs et d'étrangeté dans *Traversée de la mangrove,* Patrick ffrench suggère que les récits des uns et des autres « abound within the text of characters who have been *abroad*, either to America or to France, and returned disappointed or humiliated. In other terms, there is no *other* of the community. There is no alternative, except strangeness. One is either within the community, on the island, or outside it, *ailleurs,* in which case one is a stranger » (ffrench 102). Son argument est excellent et tout à fait valable en ce qui concerne les exemples qu'il cite lui-même: ceux de Moïse et de Francis. Je voudrais pourtant souligner ici qu'à mon avis il n'est pas entièrement applicable à la communauté féminine déjà en marge de la communauté qui fonctionne selon les règles du masculin, et donc elle-même dans une position relative d'étrangeté et d'exil. Mira, tout comme Rosa, Léocadie Timothée, Dinah ou même Dodose Pélagie, rêvent d'un ailleurs parce qu'elles n'ont pas leur place dans cette communauté traditionnelle.

La résistance de Mira grâce à la maternité ouvre donc deux horizons: s'opposer au masculin, et changer la structure opprimante de base grâce à l'enfant et à la possibilité d'un ailleurs. Quant à la fuite de Vilma, elle est destinée à miner directement la décision de son père, Sylvestre

Ramsaran, de la retirer de l'école contre son gré et de la marier à un parti avantageux. Opprimée par le patriarcat qui veut disposer d'elle comme on le ferait d'un objet, et abandonnée par sa mère qui espère la laisser enfermée dans un silence qu'elle justifie elle-même (« Ton papa sait ce qu'il fait! » [*Mangrove* 188]), Vilma défie directement la structure qui l'opprime en détruisant ce qui fait toute sa valeur aux yeux des hommes: sa virginité. Selon les termes de Julia de Foor Jay, elle refuse « to be sold out by the mother and the race, and [...] to have [her] sexuality repressed or exploited » (Foor Jay 102).

Deux jeunes femmes en fuite, deux maternités qui apparaissent clairement comme la réponse à la construction d'identité du féminin par le masculin. A la lumière des conséquences de ces maternités pourtant, peut-on véritablement parler de maternité-résistance? Dans le cas de Vilma par exemple: elle devient fille-mère espérant échapper au joug de son père, et lorsque son amant meurt, elle ne peut pas imaginer d'avenir sans lui et elle voit son futur dans la mort:

> Je voudrais être mon aïeule indienne pour le suivre au bûcher funéraire. Je me jetterais dans les flammes qui l'auraient consumé et nos cendres seraient mêlées, comme nos âmes n'ont pas su l'être. Je voudrais être mon aïeule indienne pour mourir de lui. C'est ce que je voudrais être. (*Mangrove* 185)

Le choix de la mort dans le cas de Vilma semble montrer qu'elle est la construction parfaite du masculin: elle fuit un homme (son père) pour tomber dans les bras d'un autre (Sancher) qui la méprise lui préférant « le réconfort du rhum » (*Mangrove* 193), l'utilise sexuellement « pour trouver le sommeil » (*Mangrove* 191) et en fait sa servante. Il est vrai que c'est elle qui se présente chez lui, donnant naissance à tout ce qui s'ensuit, mais elle ne fait que reproduire l'attitude soumise qu'on attend d'elle. Or, au lieu de faire uniquement du mal à son père comme elle l'espère, elle participe volontairement à sa propre aliénation par le masculin en ne pouvant imaginer sa vie sans lui.

Pourtant, une analyse textuelle précise montre aussi que Vilma recherche « un refuge » (*Mangrove* 185) en allant chez Francis. Cette envie que Vilma a d'un lieu reflétant la sécurité illustre tristement la relation mère-fille inexistante entre les deux femmes. Cet acte désespéré de Vilma est donc avant et contre tout une attaque contre le système patriarcal qui lui a pris sa mère la conditionnant contre les intérêts de sa fille, un système qui utilise la complicité de la mère pour empêcher l'indépendance de la fille. Il me semble que l'on peut voir dans la fuite de Vilma (qui ne recherche pas chez Francis l'homme pour son sexe puisqu'elle voudrait au départ travailler pour lui comme servante [*Mangrove* 192]) un essai de créer un lien mère-fille inexistant jusque-là. Je crois du reste que c'est Francis Sancher qui rend l'expression de ce lien féminin possible. En effet, pour reprendre l'expression d'Yvette Bozon-Scalzitti, Francis Sancher est un héros qui « se féminise » (Bozon-Scalzitti 67). Il est du reste accusé d'homosexualité parce qu'il est vu continuellement avec Moïse: « Cette amitié-là avait sale odeur et les deux hommes étaient des makoumé [homosexuels (note dans le texte)]! Pour sûr! » (*Mangrove* 37). C'est Francis qui, par sa mort, fait le lien entre la communauté du passé et celle du présent « a community founded [...] on its differences and multiplicities, alterities of gender and ethnicity » signifiant que « the sins of the fathers have to be atoned for » (ffrench 101). Les fautes des pères doivent en effet être rachetées, et l'ouverture de la communauté à la diversité permet aux femmes d'y adopter un nouveau rôle, et du reste, ce n'est pas par hasard « si à Rivière au Sel Francis Sancher est défendu par des femmes » (Bozon-Scalziti 67-68): cet homme ouvre un espace multiple dans lequel pourrait coexister masculin et féminin.

La volonté de Vilma de mourir sur le bûcher tandis que ses cendres se mêleraient à celles de Francis « commes nos âmes n'ont pas su l'être » (Mangrove 185), pourrait aussi être interprété comme une volonté de retour au stade pré-œdipien dans lequel la mère et la fille jouissent d'une symbiose parfaite. Il me semble que l'on peut voir la relation Vilma/Francis comme l'illustration d'un effet compensatoire à la relation inexistante entre mère et fille adultes. Vilma pourrait en effet rechercher symboliquement, à travers Francis, et dans sa volonté de voir ses cendres mêlées à celles de son amant, l'intimité qu'elle avait avec sa mère pendant la période pré-œdipienne. Marie-Agnès Sourieau soutient ce point de vue en voyant la volonté de mort comme une volonté de « fusionnement à la mère ». Elle explique que *Traversée de la mangrove* reflète l'exposition de pulsions contraires, l'une d'elles étant: « celle de la recherche obsessive d'un ancrage sécurisant, d'un ici maîtrisé, qui se concrétise par le désir de retour tant à la mère naturelle qu'à la mère-terre. Ce fusionnement à la mère pourvoyeuse du bien-être ultime est vécu à travers l'anéantissement total de l'être au sein de la nature, soit à travers la volonté de mort » (Sourieau 112).

Contrairement à celle de Vilma, la maternité de Mira se prête à moins d'interprétations: intrus dans son domaine féminin (la ravine), Francis Sancher représente l'illusion de sa libération:

> Je m'étais mise à faire un rêve, toujours le même, soir après
> soir. J'étais enfermée dans une maison sans porte ni fenêtre et
> j'essayais vainement de sortir. Soudain, quelqu'un frappait à
> une cloison qui se lézardait, tombait en morceaux et je me
> trouvais devant un inconnu, solide comme un pié-bwa et qui
> me délivrait. (*Mangrove* 54)

Il semble que ce rêve trouve sa réponse mal dirigée en Francis sur qui Mira projette son envie d'Ailleurs (*Mangrove* 63). Pourtant, en dépit de sa désillusion (marquée par le retour de Mira chez son père peu avant son accouchement), Mira s'affirme en tant que femme-sujet dans son propre récit: « Ma vraie vie commence avec sa mort » (*Mangrove* 231). L'intérêt qu'elle va désormais porter à cet homme n'est pas le résultat d'un conditionnement mais bien plutôt le reflet du désir de trouver les origines de son enfant, de pouvoir retracer l'histoire de son passé pour pouvoir découvrir son futur:

> Même si je me résigne à ne pas savoir qui il était, Quentin, lui,
> mon fils, n'en fera pas de même. Il partira comme Ti-Jean et

parcourra le monde à cheval, piétinant le sol des sabots de sa haine, s'arrêtant dans chaque masure, dans chaque habitation pour demander: « Ou té konnet papa mwen? (Tu connaissais mon père?) » [...] Alors, moi, je dois savoir la vérité. (*Mangrove* 229)

Elle s'identifie donc sans équivoque comme mère célibataire dans une société qui voudrait la voir coupable (*Mangrove* 183), tandis que pour elle: « Ils se trompent les uns et les autres » (*Mangrove* 231), et elle choisit une vie qui sera définie en ses termes à elle, c'est-à-dire capable de lui donner les mots avec lesquels elle pourra raconter son histoire: « Alors, moi, je dois découvrir la vérité. Désormais ma vie ne sera qu'une quête. Je retracerai les chemins du monde » (*Mangrove* 230-31). La maternité provoque donc chez Mira et Vilma une réévaluation de leur situation de femmes-objets dans une société traditionnelle. Cette maternité qui leur permet la résistance inclut cependant la présence d'un homme dont le rôle est à mon avis plus qu'instrumental. Il me semble donc nécessaire d'analyser ici l'influence de Francis Sancher dans ces maternités, et de discuter la possibilité d'une signification métaphorique de cet homme qui se refuse à être père: quel est le rôle de Francis Sancher dans l'effort de résistance de Mira et de Vilma?

Pour Renée Larrier, Francis Sancher est le symbole du vagabond errant, de celui qui n'est véritablement enraciné nulle part puisque « [his] metaphorical tree, that is, his genealogy, is scattered throughout the text » (Larrier, « Roving » 90). Mira semble du reste consciente de l'image que son amant offre à la communauté puisqu'elle imagine que les gens diront de lui: « Aïe, c'était un vagabond qui est venu enterrer sa pourriture chez nous! On ne sait même pas si c'était un Blanc, un Nègre, un Zindien. Il avait tous les sangs dans son corps » (*Mangrove* 229). Si tous les habitants de Rivière au Sel connaissent la vie intime des uns et des autres, Francis Sancher est inclassifiable et il devient donc aisément le bouc émissaire de toute une communauté qui pourtant parade lors de son enterrement car « les gens de Rivière au Sel sont comme cela. Ils

n'ont pas de sentiments et, par-dessus le marché, ils sont hypocrites »
(*Mangrove* 197).

Dans son article « Community in Maryse Condé's *Traversée de
la mangrove* », Patrick ffrench explique que dans le roman, la notion de
communauté, le sens de la communauté ressentie par les habitants de
Rivière au Sel existe « through the intrusion of the stranger and his effect
upon each inhabitant, knotting and unknotting liaisons either of desire or
negativity between each of them » (ffrench 96). L'arrivée d'un étranger
au sein d'une communauté provinciale aux vues étroites et bornées a
donc un effet libérateur: il peut non seulement délivrer « the individual
characters from their ties of guilt and resentment within the community »
mais aussi desserrer « the knots that link [the community] together, liber-
ating the individuals and causing a potential crisis in the community, a
crisis of which the outcome is unknown » (ffrench 97). Cette crise causée
par l'arrivée de l'étranger est illustrée par la maternité de Mira et Vilma
face à laquelle chacun réagit différemment. Pour les uns (Les Samsaran
et les Lameaulnes), ces maternités illégitimes sont répréhensibles car
elles déstabilisent leur autorité; pour les autres, elles offrent la possibilité
d'une bouffée d'air frais, l'occasion d'un nettoyage de printemps pour
des gens qui vivaient jusque-là sous une poussière figurative. La maternité ouvre les portes d'un ailleurs mais remet aussi en question les habitudes et les rôles ancrés de façon plus traditionnelle dans la communauté.
Ces changements, ces ouvertures donnant un début d'indépendance au
féminin, sont le résultat de l'influence d'un homme qui fait le lien entre
le masculin et le féminin, Francis Sancher, étranger à la communauté et
donc sans histoire dans cette communauté mais qui peut, comme je l'ai
déjà suggéré, rassembler le féminin et le masculin.

Cet être inclassable permet donc la libération: il est celui qui ouvre l'Ailleurs des uns et des autres, hommes et femmes, mais tous
emprisonnés dans une structure figée. « The sacrifice of the women to
the community is reversed through the sacrifice of the stranger, Francis
Sancher, enabling their *resurrection* from positions of subservience »
(ffrench 103). Résurrection que l'on peut prendre au sens littéral avec la
maternité de Mira et Vilma et de la (re)naissance du moi par le biais de

l'autre qu'elle offre. Francis Sancher, symbole d'exil physique de par son statut d'étranger, semble rassembler auprès de lui tous les êtres de Rivière au Sel en exil psychologique. Il sait même s'effacer de la scène le plus parfaitement possible, en mourant, afin de donner aux femmes la possibilité de crier leur aliénation, favorisant ainsi le passage de la dominance masculine à « l'initiative féminine » (Bozon-Scalzitti 72). De ce point de vue, la maternité de Mira est presque la double expression d'une résistance: non seulement elle tombe enceinte fuyant ainsi l'autorité de son père, mais elle tombe enceinte de Francis Sancher et non pas d'Aristide (avec qui elle entretenait une liaison incestueuse): si on distingue en Francis Sancher un symbole d'autonomie, on peut alors voir Mira enfanter de sa propre liberté, et par un phénomène de maïeutique voir dans son accouchement la possibilité d'une (re)naissance du féminin.

L'attitude de Mira et Vilma face à l'attitude d'une société traditionnelle à leur égard est celle de la jeunesse en rébellion contre des valeurs opprimantes. Mira, clamant son identité de femme et son indépendance vis-à-vis de la structure patriarcale, est le seul personnage de *Traversée de la mangrove* à s'exprimer deux fois. Ce qui est frappant ici, c'est qu'avec la deuxième intervention de Mira, la narration se termine sur un féminin prenant conscience de son oppression, criant son isolement et en quelque sorte son exil psychologique dans une structure qui n'est pas à son image puisqu'elle est à l'image du masculin car créée par ce dernier. Cependant, l'évolution de ce féminin dans une structure qui lui serait propre reste un projet inachevé, un livre en devenir qui serait un deuxième volume de cette œuvre.

Contrastant avec la jeunesse de Vilma et Mira, les personnages de Tituba et d'Hester dans *Moi, Tituba sorcière* mettent en avant l'expérience et la maturité. Tituba et Hester sont liées, tout comme l'étaient Mira et Vilma, par l'idée de maternité. Ce roman met l'accent sur Tituba et sur un certain nombre d'autres femmes qui participent à son initiation, dont Hester, une femme blanche qu'elle rencontre en prison. L'interaction Tituba/Hester est particulièrement intéressante car ces deux femmes sont clairement victimes d'une société patriarcale qui les ignore et les méprise parce qu'elles sont femmes. Là aussi, comme dans

Traversée de la mangrove, c'est le thème de la maternité qui les unit. En effet, si Tituba ne peut plus être mère car elle s'est mutilée en avortant, elle est accusée à Salem d'ensorceler les enfants des autres sur lesquels elle reporte une affection toute maternelle. Quant à Hester, elle est séquestrée à cause de sa maternité, signe visible de son adultère hautement condamnable dans la société puritaine américaine du dix-septième siècle. Maternité réelle (Hester) ou de substitution (Tituba), c'est ce qui condamne ces deux femmes, et l'on peut analyser ici aussi quelle définition d'elles-mêmes elles sont prêtes à donner.

Si Hester et Tituba mettent à jour en prison un certain nombre de points qui leur sont communs, beaucoup les sépare, et en particulier la couleur de leur peau. Si Tituba est en effet une femme à la peau noire venant de la Barbade et ayant subi l'esclavage, Hester est, elle, une femme lettrée, ayant appartenu « à une famille qui croyait à l'égalité des sexes » (*Tituba* 154). Elle a donc été confrontée très tôt à toute une série de théories bien qu'elle ne les voie pas appliquées à sa personne pour la simple et bonne raison qu'elle n'est qu'une femme. Contrairement à Tituba qui tire sa sagesse de ses expériences n'ayant pas l'éducation formelle d'Hester, la sagesse d'Hester est beaucoup plus intellectualisée et empreinte du cynisme d'une femme qui voit les masques portés par les humains, et qui comprend le double langage qu'ils utilisent[6].

Hester et Tituba vont toutes deux utiliser l'idée de maternité (qu'il s'agisse d'une maternité réelle ou de substitution ou de son contraire, l'absence de maternité) pour résister à une structure qui les opprime et se donner une certaine indépendance dans un cadre rigide. L'absence de maternité, l'avortement, tout d'abord, représente le premier pas dans une résistance à la société patriarcale qui les opprime dans un rôle défini: Tituba parce qu'elle est esclave (« Pour une esclave, la maternité n'est pas un bonheur. Elle revient à expulser dans un monde de servitude et d'abjection, un petit innocent dont il lui sera impossible de changer la destinée » [*Tituba* 83]), et Hester parce qu'elle est emprisonnée dans un mariage arrangé sans amour:

> Tout mon être se refusait à lui, pourtant il m'a fait quatre en-
> fants qu'il a plu au Seigneur d'enlever à la terre—au Seigneur
> et à moi aussi! car il m'était impossible d'aimer les rejetons
> d'un homme que je haïssais. Je ne te cacherai pas, Tituba, que
> le nombre de potions, décoctions, purgatifs et laxatifs que j'ai
> pris pendant mes grossesses a aidé à cet heureux aboutisse-
> ment. (*Tituba* 154)

Ainsi, et peut-être paradoxalement, l'avortement est source de pouvoir et
d'auto-détermination. Pour reprendre les mots de Mara Dukats: « Infan-
ticide and abortion are thus not only means of exhausting the lifeblood of
a dehumanizing oppression, of affirming children of one's own, of as-
serting a woman's power and right to choose between life and death »
(Dukats 746). L'avortement permet à Tituba et à Hester d'échapper à la
construction qui est faite de leur identité, au rôle que l'on attend d'elles.
Elles empêchent ainsi leur objectification automatique à un réceptacle
amenant la descendance pour l'une (Hester) et une source de revenus
plus importants avec la venue d'un nouvel esclave pour l'autre (Tituba).
De plus, elles semblent s'élever contre ce que Mara Dukats appelle
« motherhood-for-other », c'est-à-dire la maternité « producing and re-
producing for the other so as to perpetuate the existence of the oppressive
system » (Dukats 746). L'avortement ouvre donc un espace de résistance
à l'aliénation.

Si la destruction de la maternité offre aux personnages de *Moi,
Tituba sorcière* la possibilité de créer un espace de résistance, j'aimerais
cependant aussi proposer l'idée que l'avortement, cette destruction de la
maternité, peut être analysé comme une métaphore de la relation entre le
colon et le colonisé. La première maternité de Tituba par exemple est
le fruit (avorté) d'une union avec son compagnon esclave John Indien.
Cet enfant, produit de deux esclaves, pourrait ainsi symboliser l'état
de l'Afrique pendant l'époque coloniale, c'est-à-dire aussi impuissante
qu'un fœtus avorté. Pourtant, l'espoir réside dans le fœtus même: malgré
sa destruction finale, il a existé, et en lui réside l'espoir qu'il existera un

jour une Afrique forte symbolisée par un fœtus qui, lui, pourra se
développer et naître sous la forme d'un enfant.

La deuxième maternité de Tituba pourrait du reste illustrer tout à
fait ce propos. Tituba tombe enceinte d'un marron, un homme rebelle
contre le pouvoir colonial en place. Surprise par ce don auquel elle ne
croyait plus, elle désire l'enfant qu'elle attend. Pourtant, elle fait un
cauchemar dans lequel Samuel Parris (son ancien maître blanc), John
Indien (son partenaire esclave noir et opportuniste) et Christopher (le
nègre marron) lui enfoncent un bâton pointu dans le corps essayant symboliquement d'atteindre l'enfant non né qui se développe en elle. Tituba
est arrêtée peu de temps après et pendue par les blancs pour incitation à
la révolte. Elle meurt avec son enfant non né. Il est frappant de voir que
les trois hommes présents dans son cauchemar représentent tous différentes parties de la société: le pouvoir du colon, le colonisé opportuniste et
le colonisé rebelle. Ici, l'utilisation de ces trois hommes dans la narration
d'un viol présent uniquement dans l'imaginaire de Tituba semble montrer que le personnage de Tituba-amante et celui de Tituba-mère se trouvent fragmentés, voire même séparés d'une identité qui se devrait d'être
unie. Car en effet, Tituba ne peut relier les deux côtés de son identité et si
elle se rebelle contre le colon (Samuel Parris), elle ne se rebelle pas contre l'homme qui asservit les femmes (Christopher) ni contre celui qui les
utilise (John Indien). Lorsque tous ces hommes se liguent, anéantissant
l'enfant de Tituba, ils anéantissent avec lui le symbole possible d'une
Afrique en voie de libération. L'œuvre de Condé me semble ainsi suggérer la multiplicité et la diversité: l'œuvre que Tituba laisse derrière elle
n'est pas la résurrection d'une Afrique mythique mais au contraire le fait
qu'elle semble poursuivre « her own dream of creating an island where
Caribbean men and women can survive » (Snitgen 73).

Là encore, comme c'était le cas dans *Juletane,* le retour à
l'Afrique mythique est donc hors de question, l'espoir d'une Afrique
fière et libre n'existe pas, et la maternité semble purement et simplement
éliminée de la narration avec la disparition des personnages féminins qui
auraient pu être mères. Pourtant, l'épilogue offre une possibilité de renaissance grâce à Samantha, la fillette choisie par Tituba et avec qui elle

communique de l'au-delà. Cette renaissance n'a donc pas lieu dans une Afrique mythique, symbole du Retour impossible, mais dans les Caraïbes, dans l'île de la Barbade. Déjà enceinte, Tituba s'exclamait: « Si le monde devait recevoir mon enfant, il fallait qu'il change! » (*Tituba* 243), exprimant une envie non de retour aux sources, mais bien plutôt de vie dans le présent, symbolisé par les Caraïbes. Samantha est donc non seulement l'image d'une renaissance possible, mais aussi celle d'un exil transcendé: Tituba n'est pas tuée par la narration, elle donne corps à son exil avec le personnage de Samantha.

Allant plus loin et dépassant l'absence de maternité, Tituba et Hester vont ensuite choisir la maternité (réelle ou de substitution) comme signe visible d'une définition d'elles-mêmes provoquant—et donc menaçant—l'ordre établi. En laissant voir sa maternité au grand jour, Hester (qui aurait pu user des mêmes subterfuges que pour les enfants précédents) choisit de se positionner clairement dans un rôle de résistante par rapport à une société traditionnelle qui l'étouffe: femme adultère, elle crie son malheur ainsi que le manque de légitimité de ce mariage qu'elle récuse ouvertement en prenant un amant. La voix du féminin déstabilise donc celle du patriarcat. De même, lorsque Tituba déverse son affection sur la fille de sa maîtresse, Betsey, qui est blanche et libre, elle essaie de se positionner dans un rôle de guérisseuse, associant son moi au bien plutôt qu'au mal. A cause de son statut de femme noire et d'esclave, elle se place pourtant en position de vulnérabilité, et ce malgré les recommandations de John Indien qui lui soutient: « Je te regarde ma femme rompue, depuis ces années que nous sommes ensemble et je me dis que tu ne comprends pas ce monde de Blancs parmi lequel nous vivons. Tu fais des exceptions. Tu crois que quelques-uns d'entre eux peuvent nous estimer, nous aimer. Comme tu te trompes! Il faut haïr sans discernement! » (*Tituba* 118). Cette maternité de substitution, même si elle la condamne aux yeux de la société puritaine blanche, permet cependant à Tituba de relativiser son rôle de guérisseuse afin de croire que, tout comme Man Yaya avant elle, elle peut faire le bien plutôt que le mal. Ce travail de guérisseuse pour Tituba est du reste analysé par Mara Dukats comme « an act of displaced maternity » (Dukats 749), l'universitaire expliquant que certains de ses actes sont étrangement liés à un essai de pénétrer les mystères de la maternité ("as when she prepares a « magic bath » for the dazed Betsy Parris, immersing the child in a liquid that has all the properties of amniotic fluid [...]. Healing becomes the equivalent of giving life and of making up for lost life » (Dukats 749)).

Moi, Tituba sorcière se distingue cependant clairement de *Traversée de la mangrove* car en effet, si dans *Traversée de la mangrove,* la maternité était utilisée comme le principal outil de résistance de Mira et Vilma à la construction qui était faite de leur personnage par la société patriarcale, dans *Moi, Tituba sorcière,* la maternité se double du langage et en particulier de l'art de la rhétorique. Le langage devient ici un outil de résistance et, comme la mère devient créatrice en accouchant d'un enfant, Hester utilise le pouvoir créatif des mots pour aider Tituba à faire naître une version personnalisée de son histoire. Tituba résiste de plein front aux hommes qui lui demandent d'avouer sa sorcellerie et de dénoncer d'autres femmes. Son combat est inégal, et elle se retrouve en prison. Hester, quant à elle, suggère d'utiliser les armes du masculin et de les pervertir.

Femme éduquée, Hester connaît en effet parfaitement la rhétorique masculine puisqu'elle a reçu une éducation égalitaire, ne tenant ainsi pas compte de la différence entre les sexes. Elle comprend d'autant mieux le discours du masculin que dans la société où elle vit, il ne peut s'appliquer à sa personne. Elle ne cache pas son mépris pour des hommes qu'elle trouve calculateurs et agissant contre tout ce qui pourrait porter atteinte à leur pouvoir: « Fais-leur peur, Tituba! Donne-leur-en pour leur argent! [...] Qu'ils tremblent, qu'ils frémissent, qu'ils se pâment! » (*Tituba* 157) et lorsque Tituba émet quelques doutes sur une mise en scène à laquelle elle ne croit pas elle-même, Hester renchérit: « Mais puisqu'ils y croient! Que t'importe, décris! » (*Tituba* 158). Grâce au langage, Hester crée un lien avec une autre femme, Tituba. En montrant à cette dernière que le langage peut être manipulé contre les hommes, elle ouvre la porte à l'idée d'une unité féminine, d'une généalogie dans laquelle il suffirait de savoir se placer pour en faire partie. Le langage est donc ici perverti par le féminin, mais il prend une dimension différente dans la mesure où il ne devient pas une simple abdication du féminin (comme l'était par exemple l'attitude traître de la mère de Vilma). En effet, le tout est de savoir utiliser le langage du masculin contre lui-même sans pour autant faire disparaître la singularité du féminin. A l'idée de vengeance gratuite, Hester se trouble et dit: « Dénoncer, dénoncer! Si tu le fais, tu risques de devenir pareille à eux dont le cœur n'est qu'ordures! » (*Tituba* 158) ce qui était le même conseil que Man Yaya avait donné à Tituba à la Barbade: « Ne te laisse pas aller à l'esprit de vengeance. Utilise ton art pour servir les tiens et les soulager » (*Tituba* 51). Ces femmes soufflant leurs conseils à Tituba représentent sa structure de soutien, l'influence féminine qui fait aussi partie de son identité.

Hester pousse même le débat plus loin, brisant les interdits en évoquant l'envie qu'elle a d'écrire: « Je voudrais écrire un livre, mais hélas! les femmes n'écrivent pas! » (*Tituba* 159). Elle pose les fondations d'une société matriarcale, dans laquelle les rôles seraient renversés et les hommes seraient objectifiés et utilisés uniquement pour leur semence (*Tituba* 159-60). Avec ces personnages féminins qui semblent presque radicaux dans leurs essais de résistance, Maryse Condé donne pourtant des résultats ambivalents: Hester, par exemple, se suicide avec son enfant non né pendant que Tituba est à son procès. Quant à Tituba, bien qu'elle ait la vie sauve, elle semble avoir été écrasée par un système qui continue à ne voir en elle qu'une esclave. La mort d'Hester reste problématique: comment interpréter cet acte final? Est-ce le signe symbolique du manque d'espoir pour le féminin dans une société patriarcale rigide? J'aurais tendance à penser qu'il ne s'agit pas ici d'un exemple du féminin tué par le masculin. Au contraire, la mort étant choisie, elle s'inscrit comme la volonté d'un être actif se plaçant en position de sujet: même s'il s'agit d'une mort, Hester s'est placée en position de sujet dans sa propre histoire lorsqu'elle a décidé d'y mettre un terme, idée que renforce Carolyn Duffey quand elle souligne: « [...] it is significant that Condé changes Hester's story [...] allowing her the choice to refuse Hawthorne's position for her as the sorrowing mother, punished for her adultery by maternity » (Duffey 105).

Avec le personnage de Tituba, Maryse Condé semble transcender cette idée de féminin comme sujet construit par le patriarcat et seul face à une société masculine opprimante pour faire place à l'idée d'un individu féminin se devant d'évoluer dans une généalogie féminine: mère, grand-mères, mères de substitution, femmes de la communauté. Qu'il existe dans les personnages de Mira ou de Tituba, l'importance du lien à la mère revient comme une constante dans l'œuvre de Maryse Condé, et ce thème semble suggérer que la reconquête du féminin et la sortie de l'exil se passe au travers d'une reconquête de la mère.

4. Sortir de l'exil: la recherche du lien à la mère

Dans son livre *The Mother-Daughter Plot: Narrative, Psychoanalysis, Feminism*, Marianne Hirsch consacre un chapitre entier à ce qu'elle définit comme des « feminist family romances, » romans des années soixante-dix centrés autour de personnages féminins. Pour elle, les romans de cette époque se distinguent par une élimination du personnage du père dans la narration et une concentration sur le personnage de la mère. Si Marianne Hirsch se fonde sur des œuvres de littérature américaine, ce courant d'œuvres centrées sur des personnages féminins se retrouve dans la littérature francophone des Antilles même si à quelques exceptions près (en particulier l'œuvre de Simone Schwarz-Bart, *Pluie et vent sur Télumée Miracle*), on peut le situer légèrement plus tard (plutôt dans les années quatre-vingt). Il semblerait donc que les femmes antillaises subissant une double oppression de par leur statut de femmes et de par leur couleur n'en soient venues qu'à se pencher sur les problèmes internes à leur communauté (femmes-femmes) seulement après avoir abordé les problèmes externes (racisme, sexisme). Les romans des Antilles choisis pour cette étude se distinguent eux aussi par une mise au second plan des personnages masculins: les pères sont en effet littéralement invisibles quand ils sont violeurs par exemple (*Tituba, Cri*), ou bien ils n'ont pas d'existence tangible car ils sont morts (*Juletane*), ou encore ils sont dépeints de façon tellement négative—car opprimant le féminin—qu'ils sont rejetés de par leur nature en marge de la narration (*Mangrove*).

Pourtant, contrairement à ce que soutient Hirsch sur ce change-ment radical dans la narration qui favorise la concentration de l'intrigue autour du personnage spécifique de la mère, on remarque que dans la littérature des Antilles, le changement principal à l'intérieur de la narra-tion a lieu en termes plus généraux non pas de personnages féminins ou masculins (père/mère), mais de genre (masculin/féminin). C'est effec-tivement la voix féminine (et non pas une femme en particulier) qui se fait entendre, criant son aliénation. Pourtant, si l'on analyse cette voix avec précision, on se rend compte qu'elle n'est pas celle de la mère, mais au contraire celle de la fille, et la mère joue alors soit un rôle de 'traître' contre les intérêts de sa fille qui voudrait gagner son indépendance, soit elle est tout simplement effacée (qu'elle soit morte, ou bien désintéressée et trop occupée pour s'occuper de sa fille). La voix de Mira par exemple dans *Traversée de la mangrove* s'élève ainsi face à l'image de sa mère morte; celle de Vilma s'élève contre sa mère qui soutient le travail d'oppression de son père. Dans *Le Cri de l'oiseau rouge,* c'est Sophie qui crie son aliénation, s'élevant contre une mère qui s'entête à la « vérifier »[7]. *L'Exil selon Julia* repousse le personnage de la mère, Daisy, dans l'arrière plan de la narration, laissant le discours aux mains de Gisèle qui, elle, se concentre sur l'histoire de sa grand-mère. Et enfin, *Juletane* et *Moi, Tituba sorcière* exemplifient l'élimination du person-nage de la mère: les mères sont mortes, et leur influence est minime, sauf lorsqu'une voie de communication est ouverte avec l'au-delà favorisant une certaine présence (*Tituba*).

Néanmoins, dans ces romans des Antilles, bien que la lumière ne soit pas placée de façon principale sur le personnage de la mère, il ap-paraît grâce à une présence subtile mais tenace, comme pour rappeler que « the cathexis between mother and daughter—essential, distorted, mis-used—is the great unwritten story » (Rich, *Woman* 225), et que cette his-toire est d'une importance cruciale, en particulier pour l'auto-définition de la fille elle-même, car, comme le souligne Marianne Hirsch: « the fig-ure of the mother becomes an important object of exploration in relation to the birth of the feminist daughter » (Hirsch 130). Les personnages féminins apparaissent donc en relation les uns aux autres et non plus en opposition (les uns ayant peur en quelque sorte de se faire voler la première place par les autres) renforçant l'idée abordée par Luce Irigaray que « l'une ne bouge pas sans l'autre, » suggérant que la symbiose qui régit les rapports mère/fille, « miroirs vivantes (sic) » (10), existe à l'infini (Irigaray 14), et que la complémentarité de l'une avec l'autre permet l'expression d'une identité pour l'une et pour l'autre, et s'oppose ainsi à la mort symbolique de la mère par sa fille (Irigaray 22).

Cependant, c'est l'étude psycho-sociologique de Nancy Chodorow, *The Reproduction of Mothering* qui établit l'existence de liens privilégiés entre mère et fille plaçant en effet la base de l'identité féminine dans les liens pré-œdipiens où « mother-daughter bonding, not phallic lack, connection, not castration, characterize female identity » (Hirsch 132). L'étude de Chodorow transcende l'idée traditionnelle d'identification entre mère et fille insistant sur l'existence d'une relation pendant la période pré-œdipienne tandis qu'elle réitère l'idée d'une séparation mère/fille pendant la période œdipienne en faveur du père (Chodorow 62; 110). Dans cette partie, je voudrais reprendre son argument tout en lui donnant deux directions différentes mais complémentaires. En effet, Chodorow soutient par exemple que la relation mère/nouveau-né est déterminante en particulier à cause du fait que « people's early relationship to their mother provides a foundation for expectations of women as mothers » (Chodorow 57). Il me semble intéressant de faire le lien entre *The Reproduction of Mothering* de Nancy Chodorow et *Of Woman Born* d'Adrienne Rich, car l'on remarque ainsi que si la maternité peut être analysée comme une construction de la société patriarcale (comme le soutient Rich), cette construction aléatoire peut influencer les femmes qui, à leur tour, influenceront la génération suivante de femmes. Je voudrais donc, tout d'abord, soutenir ici l'idée que c'est seulement lorsqu'une déconstruction de l'identité sexuelle a pris place que les femmes pourront alors montrer la force nécessaire qui leur permettra de se réapproprier leur héritage maternel.

Ensuite, je tiens à montrer que la recherche du lien à la mère n'est, pour les personnages féminins des œuvres étudiées, qu'une première étape dans une direction plus universelle. Il me semble en effet que ce n'est pas tant le lien à la mère qui est recherché ici que la connection à une généalogie féminine dont la mère est, incidemment, le premier contact. Les voix de femmes aliénées qui se font entendre sont des voix de femmes en exil (physique ou psychologique), et en voulant recréer le lien à la mère qu'elles avaient perdu, ces femmes opèrent en même temps une sortie d'exil symbolisée par un retour au maternel. Ce retour vers la mère est représenté comme un travail minutieux de tissage grâce auquel l'identité de la jeune protagoniste pourra éventuellement voir le jour. Un roman comme *Moi, Tituba sorcière* par exemple met en œuvre une jeune protagoniste qui s'acharne à entretenir les liens qui lui maintiennent les portes de l'au-delà ouvertes car sa mère biologique (Abena) et sa mère de substitution (Man Yaya) s'y trouvent. Le récit se trouve tissé d'interventions entre Tituba et ces personnages maternels destinées à souligner l'importance du lien à la mère pour le bien-être du personnage principal.

Dans les romans étudiés ici, les voix des femmes criant leur aliénation face à une société traditionnelle qui les opprime représente le premier pas vers une déconstruction de leur identité sexuelle: emprisonnées dans une définition d'elles-mêmes mise en place par l'autre masculin, elles en brisent et en élargissent les contours jusque-là rigides. Cet essai de redéfinition amène avec lui un changement de dynamique entre les personnages féminins à l'intérieur de la communauté féminine, offrant par exemple la possibilité de voir le personnage de la mère non plus comme ennemi mais au contraire comme allié. De même, des actions entreprises par le féminin (comme celles de la maternité dans le cas de Mira et de Vilma, ou de l'attaque du corps dans le cas de Juletane et de Sophie) ont montré qu'elles pouvaient être l'exemple d'une déconstruction d'identité sexuelle active puisqu'elles ouvraient la porte à un changement de dynamique à l'intérieur de la communauté traditionnelle.

Pour les jeunes personnages féminins, la problématique du lien à la mère répond non seulement à l'attitude de rejet perpétrée par la mère naturelle (symbole de la séparation d'avec la mère au sens propre), mais aussi, et ce spécifiquement dans le cas des Caraïbes, à l'arrachement de la mère originelle au travers de l'esclavage (symbole de la séparation d'avec la mère au sens figuré). Marie-Agnès Sourieau souligne par exemple que le traumatisme résultant de l'absence ou du rejet de la mère, est le « traumatisme historique d'un peuple qui a été provoqué par la traite et que Glissant a fort bien défini 'comme arrachement à la matrice originelle' (Glissant, *Discours* 277). Par la suite, il s'agit du traumatisme de l'exil plus ou moins forcé, vécu comme abandon par la mère patrie—la terre-marâtre—incapable de nourrir et de protéger ses enfants » (Sourieau 111). Il faut noter le parallèle existant entre la remarque de Marie-Agnès Sourieau et le fait que dans *Traversée de la mangrove,* la voix narrative mentionne cette terre-marâtre sous les traits de la Guadeloupe comme « la Guadeloupe marâtre [qui] ne nourrit plus ses enfants [si bien] que tant d'entre eux se gèlent les pieds dans la région parisienne » (*Mangrove* 37-38). Pour Marie-Agnès Sourieau, le rejet ou l'absence de la mère apparaît comme un motif obsessionnel, en particulier dans le roman *Traversée de la Mangrove* (Sourieau 111)—(mais il me semble qu'on peut cependant élargir cette idée aux œuvres étudiées ici)—et la pulsion obsessive de la recherche de la mère résulterait, selon elle, de cet arrachement originel (à la mère).

Traversée de la mangrove met donc clairement à jour cette tendance dans laquelle l'évocation de la mère et le manque de liens intimes entre femmes reviennent comme un leitmotiv. Le paradoxe du roman lui-même est que la veillée d'un homme mort semble être le centre du livre tandis qu'en fait, la véritable discussion des uns et des autres porte sur la maternité des deux jeunes femmes qu'il a mises enceintes. Le sujet principal apparent (Francis Sancher) est donc perverti pour laisser la place à un sujet réel portant sur l'influence de cet homme dans la vie de chacun des habitants. Le mort, Francis Sancher, n'est donc ironiquement pas le héros de sa propre veillée funéraire, et ce sont les voix féminines qui se font entendre, volant en quelque sorte la première place au masculin. Le roman s'ouvre et se ferme en effet sur des voix de femmes rapportées par un narrateur omniscient: Léocadie Timothée dans le chapitre intitulé « Le serein » s'exclamant dès les premières lignes: « Mon cœur n'a pas sauté! Mon cœur n'a pas sauté! » (*Mangrove* 13), et Dinah (la mère adoptive de Mira), dans le chapitre « Le devant-jour », dont la voix en prière clôt le récit: « [...] Dinah rouvrit le livre des psaumes et tous répondirent à sa voix » (*Mangrove* 251).

Outre la voix du féminin situant le récit lui-même, on retrouve aussi la présence de la femme comme mère revenant sous le thème récurrent de l'eau. Mira est le personnage féminin qui semble le plus influencé par cet élément naturel peut-être bien parce qu'elle est marquée dès sa naissance par une absence de mère (sa mère biologique étant morte en couches [*Mangrove* 50]). Abandonnée par le féminin, elle le retrouve par hasard en tombant dans la ravine où le filet d'eau pur qui y court devient alors la mère symbolique. La première rencontre avec cette ravine peu fréquentée éveille les sens de Mira: odorat et ouïe précisément, symboles de la proximité à la mère qui lui manquait jusque-là: « Je n'ai jamais oublié cette première rencontre avec l'eau, ce chant délié, à peine audible, et l'odeur de l'humus en décomposition » (*Mangrove* 52). Cependant la ravine s'avère être le « lit maternel » (*Mangrove* 52), inexistant jusque-là dans sa réalité, et elle devient le point de repère qui lie Mira à sa mère biologique offrant un espace pour célébrer « l'anniversaire de la mort de Rosalie Sorane qui est aussi celui de [s]a naissance » (*Mangrove* 52-53); enfin, elle est le symbole (paradoxal puisqu'elle représente aussi la mère morte) de la vie, de la vraie vie pour Mira: « La vie commençait quand je descendais à la Ravine » (*Mangrove* 54-55). Malgré l'absence de sa mère, de son abandon à sa naissance, Mira parvient donc à recréer un lien indispensable au féminin au sens large. C'est dans ce lieu où elle a réussi à ancrer sa féminité qu'elle favorisera éventuellement l'ouverture à l'autre masculin.

Ainsi, la rencontre de Mira avec Francis Sancher se passe dans son domaine à elle, celui du féminin (*Mangrove* 55), tout comme du reste, la rencontre entre Vilma et Francis (*Mangrove* 189): dans les deux cas, c'est l'espace du féminin qui attire le masculin, alors que ce dernier se trouvait là presque par hasard, presque comme un intrus. Dans la relation Francis/Mira ainsi que dans la relation Francis/Vilma, le masculin porte donc l'empreinte du féminin. C'est cette empreinte, qui s'avérera être trompeuse, qui met en exergue le sentiment de trahison exprimé le plus fortement par Mira[8]: attirée par l'empreinte symbolique du féminin portée par Francis, mais trompée en même temps par le vent à la voix insidieuse puisque selon Ellen Munley, il signale « un changement dans l'ambiance sentimentale » (Munley 125): « Oui, c'est le grand vent qui a planté cette idée-là dans ma tête sous la touffeur de mes cheveux. Idée folle, idée déraisonnable puisque j'allais offrir la vie et l'amour à quelqu'un qui n'attendait que la mort » (*Mangrove* 63). Dans le roman, l'utilisation répétée de pronoms masculins associés au vent (lui-même de genre masculin) ainsi que le choix de verbes d'action tendent à suggérer que le vent est mis en parallèle avec le masculin, qu'il est devenu le masculin.

Vilma est, elle aussi, manipulée par un vent aux attributs masculins:

> C'est le vent. C'est le vent. Dans le noir, la montagne dormait tranquille et il était couché à ses pieds. Brusquement il s'est secoué. Il s'est levé debout. Il s'est arc-bouté sur les gommiers, puis d'une seule enjambée il est descendu dans la savane renversant tout sur son passage. Il s'est précipité comme un enragé dans notre maison en ouvrant brutalement portes et fenêtres. [...] Je sentais quelque chose qui bouillonnait en moi: la colère, la révolte. [...] Alors, le vent m'a soufflé cette idée-là avec son grand rire dément. C'est lui! C'est lui, le coupable!
> (*Mangrove* 191)

Pourtant le vent n'est pas présenté comme le principal traître, et la trahison est reportée sur le féminin auquel est reproché sa complicité avec le masculin. Mira renie ainsi la ravine, associant la trahison de cette mère symbolique avec celle de sa mère biologique: « Je ne descendrai plus jamais à la Ravine. Elle aussi m'a trahie. Comme Rosalie Sorane, ma mère, qui m'a laissée dans la solitude au premier jour du monde. Le fruit qu'elle m'a donné pour apaiser la faim de mon cœur était, en réalité, un fruit empoisonné » (*Mangrove* 230). Vilma, quant à elle, s'élève, avant même son départ chez Francis, contre cette mère complice dont elle perçoit cependant la duplicité des émotions: « A quoi ça sert une mère, si ce n'est à faire rempart contre la cruauté des pères? » (*Mangrove* 191).

Les deux jeunes filles souhaitent donc la séparation d'avec la mère (ou la mère symbolique dans le cas de Mira), et cette attitude reflète l'idée freudienne qu'une femme ne peut s'identifier comme être indépendant que lorsqu'elle a rejeté sa mère. Ce roman reste donc ambigu quant à son message sur la possibilité d'une communauté au féminin, sur la reconstruction d'un lien véritable avec la mère: d'un côté, deux jeunes femmes se coupent très clairement de la communauté féminine d'origine, l'une (Mira) souhaitant chercher un futur dans un Ailleurs incluant son enfant, l'autre (Vilma) souhaitant la mort pour renouer la discussion avec le masculin perdu; mais pourtant de l'autre côté, la narration même ouvre un espace, un espace que l'on pourrait même qualifier d'espace de guérison puisqu'il permettrait le renouement des liens entre d'autres personnages féminins. Cet espace est rendu possible grâce au personnage de Rosa (la mère de Vilma) qui souhaite le lien mère-fille: « Je dirai à ma fille, mienne: 'Sortie de mon ventre, je t'ai mal aimée. Je ne t'ai pas aidée à éclore et tu as poussé, rabougrie. Il n'est pas trop tard pour que nos yeux se rencontrent et que nos mains se touchent. Donne-moi ton pardon' » (*Mangrove* 171). Favoriser le lien mère-fille symbolise ici la possibilité de voir l'exil arriver à sa fin, et dans le cas de Vilma, l'exil psychologique représenté par son grand isolement tout au long du récit. En effet, le lien à la mère ouvre alors le lien aux autres femmes, et en plus la possibilité de connaître l'histoire de la mère permet au personnage féminin de faire le premier pas vers sa propre histoire.

Dans les récits de Maryse Condé, *Traversée de la mangrove* et *Moi, Tituba sorcière,* les personnages féminins dont l'identité est construite par la société patriarcale brisent cette formation artificielle afin d'affirmer une identité plus personnelle définie en leurs termes. La narration elle-même contribue à cet effort, offrant une nouvelle lecture du personnage féminin et renforçant l'importance des liens entre femmes. Il est significatif par exemple que *Traversée de la mangrove* s'ouvre sur un personnage symbolisant l'absence de maternité (*Mangrove* 13) et qui « ignore ce qu'être mère veut dire » (*Mangrove* 113), alors que ce même récit se ferme sur un personnage représentant la maternité réelle (grâce à ses fils) et de substitution (par le personnage de Mira qu'elle considérait « comme [s]a fille » (*Mangrove* 107)). De même, on peut noter que le roman s'ouvre sur la marginalité avec Léocadie Timothée, mise en quelque sorte au ban de la société (à cause de l'opposition que certains voient entre son statut social et ses origines), et il se ferme au contraire sur un mélange de voix, représentant l'importance de la communauté par rapport à l'isolement et à l'exil, et peut-être même l'importance d'une communauté de femmes qui se soutiennent face à l'oppression de leur être par le masculin.

Cette nécessité de recréer un lien à la mère (morte) apparaît aussi dans le roman de Myriam Warner-Vieyra même s'il est exprimé différemment. En étudiant auparavant la spécificité de l'exil dans le cas de *Juletane*, j'avais montré qu'elle vivait un double exil, physique et psychologique, contrairement à l'exil simplement psychologique que vit Vilma par exemple. C'est la mort des enfants d'Awa qui lui fait venir à l'esprit une petite rengaine, reflet de son état:

> Je suis une femme frustrée, déprimée
> je n'ai pas de maison
> Je suis une femme exilée, déportée
> on me dit sans raison
> Je suis une épave délaissée dans le vent
> je n'ai pas d'illusion... (*Juletane* 110)

Cette rengaine, que Juletane qualifie elle-même comme d'« un air de circonstance » (*Juletane* 109), permet d'inscrire un tournant dans le récit avec lequel le lien à la mère devient plus insistant et ce, en particulier, au travers de la dimension onirique (trois rêves suggérant le retour) qui n'est développée qu'après l'apparition de la rengaine. En effet, tout comme dans les autres œuvres étudiées, pour le personnage féminin en exil, le lien à la mère (mère-naturelle ou mère-terre) revient comme un leitmotiv dans la narration. Pourtant, on remarque que trois allusions sont faites dans les premières cent dix pages du roman (jusqu'à la rengaine) tandis que trois autres allusions apparaissent dans les trente dernières pages. Cette accélération dans le rythme du récit me semble montrer que l'appel de la terre maternelle, et donc le lien à la mère se fait non seulement plus présent mais aussi plus pressant.

Dans *Juletane*, le lien à la mère naturelle est pratiquement inexistant: cette femme est non seulement morte en couches au moment de la naissance de sa fille Juletane, ce qui empêche cette dernière de créer ne serait-ce que l'ébauche d'un lien véritable, mais en plus, ce lien n'est pas maintenu par les autres femmes de la communauté: « Marraine parlait moins de ma mère [que de mon père]. C'était une adorable jeune femme. Elle mourut des suites de ma naissance à l'âge de dix-neuf ans » (*Juletane* 27). Par contraste, c'est le lien à l'île (la mère-terre, donc) qui surgit de façon inconsciente au travers des rêves et qui est évoqué dans l'imaginaire au moyen de l'eau:

> Hier soir je me suis endormie avant le départ des visiteurs, je n'ai pas pu me doucher. Aussi, ce matin j'y cours avant que quelqu'un d'autre n'arrive avant moi. L'eau est fraîche sur ma peau, c'est comme une douce caresse. Je me sens bien, je m'oublie, je m'endors, rêve de source, de cascade. Je me retrouve dans mon île, encore toute jeune au bord d'un ruisseau limpide; je trempe mes pieds dans l'eau, ma fatigue s'envole au contact de cette fraîcheur. Mon cœur se gonfle de bonheur. C'est la première fois depuis que je suis ici [au Sénégal], que je pense à mon pays d'origine; les souvenirs qui me viennent habituellement sont liés à ma vie en France. (*Juletane* 58-59)

Il est frappant de constater ce lien entre la terre natale, mère-terre, et l'eau, symbole féminin par excellence. En effet, la terre natale (mère-terre) tout comme la mère naturelle contribuent invariablement à la formation de l'identité, ainsi que le suggère Gaston Bachelard: « Mais le pays natal est moins une étendue qu'une matière; c'est un granit ou une terre, un vent ou une sécheresse, une eau ou une lumière. C'est en lui que nous matérialisons nos rêveries; c'est par lui que notre rêve prend sa juste substance; c'est à lui que nous demandons notre couleur fondamentale » (Bachelard, *Eau* 15). Ce lien à la terre dans le cas de Juletane est un symbole de retour vers la matrice originelle. Dans le texte, le père apparaît comme une présence onirique qui revient chercher Juletane pour la conduire auprès de sa mère. En amenant Juletane auprès de la tombe de sa mère, le père renforce l'importance d'un retour au maternel. Le symbole de la tombe entourée de bougies et du cimetière qui « se transforma en un véritable champ de lumière » (*Juletane* 139) suggère l'existence d'un îlot (une île) d'espoir allumé(e) dans l'obscurité de la vie de Juletane. Cet espace insulaire, car isolé dans l'obscurité, indique que l'île peut être vue comme un symbole binaire de retour vers le maternel (l'île comme ventre de la mère) mais aussi de sortie d'exil (l'île comme retour aux origines).

Tout comme l'image d'un renouement des liens mère-fille dans le cas de Rosa et de Vilma de *Traversée de la mangrove* annonçait la fin possible d'un exil psychologique du féminin aliéné et dans un isolement presque total, pour Juletane, les liens qui annoncent une sortie possible de son double exil sont rattachés à l'évocation maternelle. En effet, si l'on continue à considérer la petite rengaine de Juletane comme le tournant clé de la narration, on pourra noter que l'appel de l'île maternelle se manifeste par le biais de trois rêves. Le premier met en scène le puits (symbole jusque-là d'aliénation et d'isolement), mais qui offre pour la première fois une sortie par un passage souterrain (*Juletane* 126-28). De l'autre côté du passage se trouvent des hommes et des femmes en contact avec l'eau d'une façon ou d'une autre (« [Ils] se lavaient, ou étaient assis sur les pierres, les pieds dans l'eau » [*Juletane* 127]). Ce contact avec l'eau symbolise non seulement le retour à la matrice originelle, le bain dans le liquide amniotique (notons que cette scène est souterraine, et que l'on peut y voir une représentation du ventre de la mère enceinte), mais il donne l'impression de bien-être du voyage terminé, de la sortie d'exil: « Tous avaient l'air heureux et souriant, comme des gens arrivés à une halte après une longue marche » (*Juletane* 127). Pourtant, c'est le silence qui caractérise ces êtres oniriques (*Juletane* 127), formant une multitude plutôt qu'une communauté (*Juletane* 127). Or, la différence entre ce rêve et les suivants se trouve dans le langage. Le deuxième rêve laisse en effet entendre « une mélodie langoureuse » (*Juletane* 132) et suggère « un balancement harmonieux » (*Juletane* 132). Le féminin des origines, la mère, symbolisée par la source d'eau, laisse derrière lui une trace auditive: « Chuchotait encore à mon oreille une source de limpide fraîcheur » (*Juletane* 132). De ce chuchotement se dégage cependant le premier message clair, la volonté de lien entre mère et fille: « Alors je compris cet appel, qui depuis des années me trottait à l'esprit: 'Reviens dans ton île' » (*Juletane* (132).

Le dernier rêve décrit une rencontre entre père et fille dans laquelle le père parle de la mère disparue, préparant ainsi symboliquement les retrouvailles mère-fille, et par là même, la sortie d'exil physique grâce au retour dans l'île que la narration ne fait que suggérer mais qui la rend cependant une interprétation possible. Quant à la sortie d'exil psychologique, elle est représentée par la vie à l'hôpital, vie communautaire qui favorise les contacts personnels: « La vie ici est pour moi un progrès, par rapport à la solitude et à l'hostilité dans lesquelles j'ai vécu pendant ces deux dernières années chez Mamadou » (*Juletane* 136). Le lien à la mère symbolique est donc crucial en ce qui concerne la sortie d'exil de Juletane et il favorise aussi la réinsertion dans une communauté dont la jeune femme avait été isolée jusque-là. Il semble clair dans l'imaginaire de Juletane que c'est l'histoire même de cette mère disparue qu'elle va rechercher afin de pouvoir s'identifier elle-même au sein d'un peuple qu'elle redécouvre. C'est le père, présent en rêves, qui suggère le retour à l'île. Cependant, le véritable but semble être d'y rejoindre et d'y redécouvrir la mère: « La nuit dernière, mon père m'a rendu visite. Il m'a reproché de l'avoir oublié et m'a parlé de ma mère. Nous sommes allés tous les deux sur sa tombe » (*Juletane* 138).

Contrairement au récit de Juletane dont la narration ne faisait que suggérer un retour possible mais symbolique vers les Antilles, les romans *Moi, Tituba sorcière* de Maryse Condé et *Le Cri de l'oiseau rouge* d'Edwidge Danticat mettent tous deux en place la nécessité pour le jeune per-

personnage féminin d'opérer un retour physique sur le lieu des origines dans le but de renouer le lien à la mère. Dès le début du récit, Tituba souligne l'importance du lien qu'elle entretient avec sa mère et avec Man Yaya dans le royaume de l'au-delà. Exilée en Amérique, Tituba ne peut communiquer avec les esprits de ces femmes car ils ne peuvent aisément traverser la mer (*Tituba* 52). Le retour s'avère donc indispensable pour Tituba, et devient le symbole de la sauvegarde non seulement des liens mère-fille, mais aussi des liens entre femmes.

Au contraire, pour Sophie, il ne s'agit pas de sauvegarder un lien existant, mais plutôt d'en recréer un qui a été brisé. En effet, dans le récit d'Edwidge Danticat, c'est au départ l'absence de lien à la mère qui est souligné en faveur du lien à la mère de substitution (Sophie/Atie). Pourtant, la scène d'exposition du roman présente les premières relations entre femmes (Sophie/Atie) de façon extrêmement ambiguë. En effet, le roman s'ouvre avec l'absence de personnages masculins et sur le thème de la fête des mères, jour célébrant particulièrement bien le lien à la mère. Ce lien est remis en cause dès la première phrase du récit avec l'opposition de la carte—carte pour la fête des mères—et de la personne à qui elle est destinée—tante Atie: « Une jonquille aplatie et presque sèche pendillait de la petite carte que j'avais confectionnée pour ma tante Atie à l'occasion de la fête des mères » (*Cri* 13). Il est clair dès le départ que la tante est célébrée comme une véritable mère alors qu'elle est pourtant différente d'une mère biologique en ce qu'elle est une mère de substitution et que la mère naturelle n'a pas complètement disparu de la scène.

Sophie comprend que sa tante dévalue le lien à la mère de substitution par rapport au lien à la mère lorsque cette dernière refuse la carte écrite et pensée pour elle et encourage le retour à la mère d'origine. Ainsi, Atie justifie le départ de Sophie pour New York en invoquant le retour à l'ordre naturel des choses: « C'est comme ça que ça doit être » (*Cri* 32). Or, invoquer l'ordre naturel des choses est presque ironique puisqu'il est aussi synonyme de réjection tandis qu'Atie voudrait qu'il soit le symbole d'une union mère-fille. En effet, c'est Martine elle-même, la mère 'naturelle' de Sophie, qui l'a confiée pendant douze ans à sa sœur. C'est aussi Martine qui refuse la ressemblance physique avec Sophie, dernier recours de la fillette pour essayer de s'identifier à cette mère qu'elle ne connaît pas. Ce dernier recours finit du reste par être brisé en morceaux:

> Je croyais qu'Atie te l'avait dit. Je ne connaissais pas cet homme. Je n'ai jamais vu son visage. Il est resté masqué pendant qu'il me faisait ça. Mais à présent, en te regardant, je commence à croire qu'il y avait du vrai dans ce qu'on dit: un enfant naturel ressemble toujours à son père. (*Cri* 82).

Ici, la mère apprend pour la première fois à sa fille les origines de sa naissance. Outre le fait que cette nouvelle est traumatisante à cause de la violence sous-entendue dont elle est accompagnée—le viol—elle ouvre la porte à une réjection de la mère par la fille dont le visage rappelle le violeur. Le traumatisme est même poussé à l'extrême puisque si Martine a vécu un viol sans visage (traumatisme physique), en regardant sa fille elle *voit* le visage du violeur sans pour autant être à proprement parler physiquement touchée (traumatisme psychologique). Son viol n'est donc pas symbolisé par une expérience unique, et la fragmentation de cet acte reflète aussi la fragmentation de son moi. Réjection de la fille par sa mère donc, mais réjection subtile ouvrant sur un double langage puisque c'est la mère qui fait les démarches afin de revoir sa fille mais que c'est aussi elle qui renie les points communs possibles entre les deux. Lié au double langage qui décrit au départ les relations mère-fille, une nouvelle définition de l'exil se présente pour Sophie, car en exil à New York, elle vit un double exil: par rapport à Haïti tout d'abord puisqu'elle a été déplacée de son lieu d'origine (exil physique), mais aussi par rapport à sa communauté de soutien de Croix-des-Rosets puisqu'elle n'est plus entourée ni de sa grand-mère ni de sa tante (exil psychologique) mais seulement par une femme qui refuse le trait d'union qui pourrait exister entre mère et fille.

Tout comme Juletane ou Tituba étaient victimes de leur isolement par rapport à la communauté féminine, Sophie éprouve un isolement identitaire qui s'exprime au départ par une absence ou une coupure de liens non seulement à la mère mais aussi aux autres femmes. Pour Sophie, la mère est au départ une absence réelle (quand Sophie est en Haïti), pour devenir ensuite une absence présente (lorsque Sophie est aux Etats-Unis). Dans le premier cas, la mère inscrit son absence en envoyant régulièrement des cassettes de New York et en n'étant qu'une photo sur la table de nuit de la tante Atie (*Cri* 19). Dans le second cas, la mère et la fille passent la majorité de leur temps séparées à cause des contraintes du travail de la mère (*Cri* 78). Dans les deux cas pourtant, il semble donc que ce qui est présent pour Sophie, c'est l'absence de sa mère.

La célébration du lien à la mère—celui qu'on essaie de maintenir s'il existe, ou qu'on veut renouer s'il a été brisé—apparaît comme une réponse à cet isolement destructif (puisqu'il mène, comme on l'a déjà vu, à une négligence ou une mutilation du corps). *Moi, Tituba sorcière* présente le lien à la mère comme indispensable à l'identification du personnage féminin comme sujet de son propre récit. Définies en leur termes, criant le « je » de leur moi sujet, les femmes comme Tituba ne s'exilent pas dans un espace lointain refusant la structure patriarcale. Elles choisissent au contraire de renouer les liens qui les unissent à leur mère, car il leur apparaît que ce travail minutieux de tissage s'avère être véritablement le passage obligé de la définition de soi. Dans *Moi, Tituba sorcière*, renouer avec le maternel s'avère possible grâce à la dimension magique qui privilégie l'aspect spécial et intime qui entoure ces liens. L'espace magique est aussi un espace de guérison puisqu'il favorise le renouement de liens endommagés. Ainsi, résultat d'un viol, Tituba n'est pas aimée par sa mère qui voit en elle le violeur (*Tituba* 18), pourtant, le lien magique favorisé entre mère et fille par Man Yaya après la mort de la mère permet la communication et ouvre la possibilité à une certaine complicité mère-fille: « Pardonne-moi d'avoir cru que je ne t'aimais pas! A présent, je vois clair en moi et je ne te quitterai jamais! » (*Tituba* 22).

Dans *Le Cri de l'oiseau rouge,* la brisure du lien maternel résulte d'un différend entre mère et fille et la résolution de cet incident est véritablement l'objet d'une recherche qui se déroule tout au long du roman. Ce récit illustre l'importance pour la fille de connaître l'histoire de sa mère avant d'être capable de s'auto-identifier. La jeune héroïne cherche à définir la relation qui la lie à sa mère (au lieu d'essayer d'en être une copie ou un contraire), et, en ce faisant, elle définit la relation qui la lie aux autres femmes qu'elle côtoie. Dès le début du récit, Sophie écrit ainsi une carte pour la fête des mères à sa tante Atie qui l'élève en Haïti. Elle est très perturbée voire fâchée quand sa tante refuse de la lire et lui annonce qu'elle pourra la remettre en main propre à sa mère à New York. Ce n'est pas tant ce long voyage imprévu qui perturbe Sophie que le fait qu'elle considère tante Atie comme sa mère et que cette dernière lui refuse ce lien. De plus, alors qu'elle pense avoir parfaitement sa place dans la communauté des femmes d'Haïti (sa tante, sa grand-mère, les autres femmes de la communauté), elle ne connaît pas l'histoire de sa mère, et cela remet en cause, du même coup, sa propre identité. Elle annonce donc de façon fatidique: « Il m'avait fallu douze ans pour mettre bout à bout les morceaux de l'histoire de ma mère. Mais à ce moment-là, il était déjà trop tard » (*Cri* 82). Le langage utilisé dans ce passage reste non explicite d'autant plus que c'est sur cette phrase que se termine la première partie du roman, et que la deuxième partie ne commence qu'après une interruption de six ans dans la narration. Cependant, les derniers mots (« il était déjà trop tard ») sont lourds de sens et laissent supposer non seulement l'incapacité de Sophie de s'identifier vis-à-vis d'elle-même, mais aussi dans la généalogie qui est la sienne *parce qu'elle ne connaît pas l'histoire de sa mère*. C'est en prenant conscience qu'elle ignore l'histoire de sa mère, qu'elle éprouve le besoin de la rechercher car il lui apparaît alors comme une évidence que, sans connaître celle qui l'a fait naître, elle ne peut se définir.

Dans son imaginaire, ses origines réelles—symbolisées par la personne de la mère—ne semblent pas liées à ses origines géographiques puisqu'elle fait véritablement connaissance de sa mère à New York tandis qu'elle est originaire d'Haïti. Sophie ne peut donc placer sa mère—personne des origines—et Haïti—endroit des origines—sur le même plan. La brisure identitaire semble trop grande, et lier les deux demande le retour, voyage initiatique à la découverte du moi. Le retour dans le cas de Sophie s'exprime donc par un retour physique sur le lieu des origines, afin d'essayer de défaire ce qui a été fait, ou plutôt d'essayer de retrouver l'innocence du moment précédant la transplantation. Sophie viendra ainsi chercher refuge auprès de la communauté des femmes (Atie, sa grand-mère, et les femmes de Croix-des-Rosets) qui symbolise la présence féminine des origines. (Il apparaît ainsi que même l'attention d'un mari aimant n'est pas suffisante, et que le personnage féminin éprouve le besoin d'affirmer son identité par rapport à une communauté de femmes.) A ce mouvement vers la terre des origines est donc associée la présence de la mère: l'influence maternelle est présente dans le retour soit parce qu'elle le motive, soit parce que ce retour symbolise une occasion de devenir une alliée de la mère, de propager son souvenir.

Or, la recréation du lien mère-fille n'est pas uniquement souhaité par Sophie et Martine dans *Le Cri de l'oiseau rouge,* mais aussi par les autres femmes de la communauté qui les encouragent particulièrement par le biais des traditions. Dans ce roman, il semble que le retour physique d'exil soit la condition pour le renouement de ces liens, et parce que, selon la grand-mère « l'oiseau, il retourne toujours au nid » (*Cri* 173), le moment est alors propice pour Martine d'opérer elle aussi au retour. En Haïti, avec la présence des femmes sur le lieu des origines, la discussion semble possible, voire même indispensable, parce que les actions de deux personnes ont des répercussions sur le reste des femmes de la famille: « *Manman* m'a demandé de venir arranger les choses entre nous. Une mère et une fille qui sont ennemies, ce n'est pas normal. *Manman* pense que ça attire le mauvais sort sur la famille » (*Cri* 197). Tout comme Rosa dans *Traversée de la mangrove* souhaite une deuxième chance, un nouveau départ avec sa fille, Martine exprime le même souhait: « Toi et moi, on s'y est mal prises, me dit-elle. Tu es une femme à présent, avec une maison à toi. Nous allons prendre un nouveau départ » (*Cri* 198).

La sortie d'exil pour Sophie est illustrée par la mention faite à son retour d'Haïti d'un 'chez elle' (*Cri* 236). Cet endroit intime représente non seulement le lieu de ses origines, mais aussi celui des origines de sa mère, et en s'ouvrant à la possibilité de partager un espace commun avec sa mère, Sophie semble aussi vouloir ré-ouvrir l'espace intime des relations pré-œdipiennes entre mère et fille:

> Je n'ai pas cessé de penser à ma mère, qui voulait à présent être mon amie. J'ai fini par obtenir son accord. J'étais bien. J'étais hors de danger. Nous étions toutes deux hors de danger. Le passé était révolu. Même si elle m'avait imposé sa volonté, nous étions à présent davantage que des amies. Nous étions jumelles par l'esprit. Des *Marassa*. (Cri 242-43)

Etre « jumelles par l'esprit » c'est aussi reconnaître l'existence d'une histoire commune entre deux femmes, mais aussi entre femmes d'une même famille, d'une même communauté. A la mort de sa mère, Sophie découvre pour la première fois sa relation plus universelle aux autres femmes de sa famille, de sa communauté, de son île:

> J'ai passé une ficelle dans mon alliance pendant que nous psalmodions un chant approprié: LA BAGUE SE BALANCE VERS LA MERE. LA BAGUE RESTE AVEC LA MERE. FAIS PASSER. FAIS-LA PASSER. FAIS-MOI PASSER. FAIS-MOI PASSER AUSSI[9].
>
> En écoutant ce chant, j'ai compris que ni ma mère ni Tante Atie n'avaient inventé les détails concernant les rapports entre les mères et les filles, dans les histoires qu'elles racontaient ou les chansons qu'elles chantaient. C'était quelque chose qui venait du plus profond d'Haïti. D'une façon ou d'une autre, dans les temps anciens, nos conteurs et nos musiciens avaient décidé que nous étions toutes les filles de ce pays. (Cri 277-78)

On remarque donc que s'opposant aux messages ambigus de *Traversée de la mangrove,* et à ceux, simplement suggérés de *Juletane, Le Cri de l'oiseau rouge* offre un modèle pour la reconstruction non seulement de liens féminins, mais aussi d'une communauté féminine. La présentation d'un tel modèle est aussi présente dans *Moi, Tituba sorcière*, et se manifeste en particulier dans les amitiés féminines dont le roman est parsemé. Ces amitiés dépassent les barrières raciales rapprochant blanches et noires par leur condition féminine: Abena et Jennifer, Tituba et Elizabeth. Ces amitiés sont scellées par une aversion commune de l'homme dans le rôle de l'oppresseur de la femme, la méprisant à cause de son sexe. Abena et Jennifer sont liées par leur jeunesse et leur peur (*Tituba* 14), tandis que Tituba et Elizabeth sont liées par leur sang mêlé et que l'homme a fait jaillir (*Tituba* 69). L'amitié entre femmes peut aussi prendre la forme d'une initiation, une femme initiant l'autre à ce qu'elle connaît. On voit cela entre Tituba et Man Yaya et entre Tituba et Hester par exemple. Man Yaya initie véritablement Tituba à l'art de la guérison et du monde des invisibles (*Tituba* 22), tandis qu'Hester lui apporte une connaissance et une analyse intellectuelle du monde dans lequel elle évolue, doublées d'une sensibilité féministe (*Tituba* 150-62). Ces amitiés féminines dans le roman sont le signe que les liens entre femmes sont non seulement possibles mais souhaitables pour les personnages féminins à la recherche de l'affirmation d'une identité indépendante.

La reconquête du féminin par le biais de la mère permet ainsi de mettre à jour une généalogie afin de pouvoir s'y placer. L'importance de la prise de conscience d'une généalogie féminine dans ces œuvres semble cruciale car le jeune personnage féminin peut alors s'identifier comme sujet dans une structure qui le célèbre plutôt que dans une structure qui l'opprime. En se positionnant comme sujets, ces femmes peuvent alors transcender le lien originel à la mère: elles *ne deviennent* ainsi *pas* leur mère (qui est défini comme Autre), mais ont alors la possibilité d'*être* mères (définies comme Même, Sujet).

La relation entre femmes, liée au retour ou suivant ce retour, permet de mettre à jour l'existence d'une histoire féminine, histoire d'une généalogie féminine, faite de traditions et de mythes, poussée jusque-là dans l'invisibilité, histoire de femmes qui ont été mises au silence dans une structure servant les intérêts du masculin. C'est donc l'histoire d'autrui qui forme l'histoire du moi, et les personnages féminins ne peuvent raconter leur propre histoire que lorsqu'elles parviennent à rétablir un lien à la mère et aux autres femmes de la communauté, ces femmes qui les soutiennent. La première étape dans l'expression de leur identité s'exprime par le besoin de s'identifier dans une structure féminine, voire de retrouver une femme qui a joué, ou pourra jouer, le rôle de la mère. La deuxième étape est illustrée par la réconciliation et/ou le retour symbolique vers la mère des origines. Ce lien à la mère permet aux jeunes héroïnes de réécrire l'histoire de leurs origines, de reconstituer une histoire qui commence par celle d'autres femmes, afin qu'elles puissent enfin se positionner dans une généalogie et une histoire de femmes plus générales.

Ainsi, après la mort de sa mère, Sophie retourne dans le champ de canne où sa mère avait été violée et se bat corps à corps avec des morceaux de canne à sucre. Cet affrontement physique symbolise la destruction de l'histoire de Martine jusque-là manipulée par le masculin sous forme de violeur sans visage qui provoquait des cauchemars. Tout comme l'aurait fait un chevalier pour sa belle, Sophie gagne ses lettres de noblesse dans cette bataille: elle est non seulement libérée comme le souligne sa grand-mère qui lui crie du cimetière: « Ou libéré? » (*Cri* 282), mais elle a aussi donné à sa mère la possibilité de renaître et de pouvoir entendre son histoire racontée par une voix de femme. Sophie a maintenant tous les morceaux d'une histoire qu'elle pourra elle-même transmettre à sa fille.

La reconstitution de l'histoire de cette première femme, la femme des origines puisqu'elle est mère, amène le personnage féminin à découvrir alors le besoin de raconter l'histoire d'une généalogie, celle des mères naturelles ou de substitution, des grand-mères ou des mentors, ces femmes dont la vie modèle la leur et qui doit être racontée avant même de pouvoir opérer un retour à soi.

Chapitre 2

L'influence du passé:
Les femmes racontent les origines

L'exil est un thème central dans la littérature des Antilles parce qu'il s'agit d'une littérature qui traite d'une population transplantée et par là même, dépossédée de sa culture d'origine. C'est ce même exil, imposé à la population africaine dans son ensemble (hommes et femmes) dans le cadre de l'esclavage et renforcé par la politique coloniale d'assimilation, qui a fortement contribué à la perte de la culture d'origine. En effet, déraciné, le peuple africain a vu ses traditions tomber en lambeaux. Pourtant, certains morceaux de sa culture d'origine sont réapparus sous forme de souvenirs et de traditions disparates, mais ce peuple transplanté est souvent incapable de donner sens à ces manifestations car il lui manque certaines parties cruciales de sa propre histoire. C'est pour cela que l'importance de découvrir les voix du passé se voit réactualisée dans la littérature contemporaine comme réponse au sentiment de perte de soi, d'ignorance de ses propres origines.

Dans la tradition africaine, c'est le griot qui permet l'accès au passé car « in order to get back what was ours, information and knowledge about African society and culture must be learned [...]. This the griot gives to all who need it » (Kouyate 180). Et en effet, dans de nombreuses cultures, c'est grâce à la narration d'histoires et à la voix du conteur, du griot, que l'héritage d'un peuple se trouve redécouvert. Doté d'un pouvoir reconnu par tous comme ayant une très grande importance, le conteur transcende les limites chronologiques pour faire revivre le passé au rythme du présent, faisant de la narration de légendes

> a sensory union of image and idea, a process of recreating the
> past in terms of the present; the storyteller uses realistic ima-
> ges to limn the present, and fantasy images to evoke and em-
> body the essence of the past. These latter, the ancient, fantastic
> images, are the culture's heritage and the storyteller's bounty:
> they contain the emotional history of the people. (Scheub 19)

En un mot, le conteur est la voix et la mémoire d'un peuple, et c'est
grâce à lui que l'Histoire se mêle à l'histoire pour créer, selon un travail
de tissage élaboré, l'héritage de tout un peuple (Hale 1).

C'est le tissage entre histoire et Histoire qui va nous intéresser
dans ce chapitre. Pierre Nora distingue lui aussi ces deux éléments qui
apparaissent dans le texte littéraire mais il parle, lui, d'« histoire » et de
« mémoire », ou plus précisément de « lieux de mémoires » (Nora 7). Ce
que Pierre Nora nomme des « lieux de mémoire » sont des espaces où la
mémoire est comme cristallisée (Nora 7), et il ajoute: « There are *lieux
de mémoire,* sites of memory, because there are no longer *milieux de
mémoire,* real environment of memory » (Nora 7). L'histoire représenterait donc la narration que l'on peut faire d'une époque ou d'un événement grâce à une série de faits ou de documents pouvant l'illustrer. La
mémoire au contraire représenterait le récit de ces mêmes événements de
points de vue différents ou encore racontés par le biais d'une subjectivité
variée.

La distinction que fait Pierre Nora est utile ici parce qu'elle permet d'insister sur le fait que l'histoire des femmes n'apparaît pas dans la
version d'un récit officiel qu'illustreraient des documents ou des faits.
Elle se retrouve au contraire dans les « lieux de mémoire » sauvegardés
par les femmes de la communauté. Or, contrairement à la terminologie
qu'utilise Pierre Nora, je préfère opposer *H*istoire à *h*istoire. En effet, il
me semble que l'idée des « lieux de mémoire » est liée à celle d'un lieu
où se raconteraient les histoires de femmes, lieu dans lequel des histoires
variées permettraient l'ébauche d'une Histoire collective des femmes. Ce
qui m'intéresse ici étant les histoires de ces femmes et non pas les lieux
où elles voient le jour, l'opposition des termes Histoire/histoire me sem-

ble plus appropriée que celle d'histoire et de lieux de mémoire. Dans un contexte spécifiquement féminin, on peut suggérer que l'ébauche d'une Histoire collective des femmes dans la littérature des Antilles francophones est l'expression par le signe de ce que Julia Kristeva appelle un « temps » pluriel (Kristeva, *Women's Time* 209), c'est-à-dire un espace qui rassemble différentes générations et sensibilités dans un même temps, le temps de l'Histoire des femmes.

Or, l'histoire n'est pas seulement une façon subjective de raconter l'Histoire en fonction du vécu de chacun. Elle est bien plus, et en particulier un récit de mots (maux) jusque-là écartés de l'Histoire par ses détenteurs traditionnels (hommes blancs). Le conteur devient donc celui qui permet à l'histoire de se déverser dans la mémoire collective, celui qui laisse l'histoire rencontrer l'Histoire. Dans le cas des Antillais, il faut noter qu'à cause de l'esclavage et de l'inexistence de libertés individuelles, le rôle du conteur se double de celui d'un résistant et d'un diffuseur d'espérance. Certains critiques ont par exemple souligné l'effet destructeur de l'esclavage et de la colonisation sur le peuple africain liant le travail du conteur à celui d'une résistance subtile longtemps incomprise par le colon mais utilisée contre lui de façon souvent efficace (Mehta 232). Ainsi, le déplacement, la pression de l'esclavage et la rencontre de nouvelles cultures dans les îles antillaises ont contribué à l'évolution de rôles qui auraient pu autrement se développer différemment. Si le changement de lieu, l'exil, a été favorable à une redéfinition du conteur dans son nouveau contexte, il a aussi ouvert les portes à une diversité de traditions et de légendes pour la première fois mises en commun.

En effet, comme le souligne Henry Louis Gates, sur leur nouveau territoire, « black people *merged* what they could retain from their African heritage with forms that they could appropriate from the various New World cultures into which they had been flung » (Gates 16). Pour lui, la transplantation et l'oppression par l'esclavage du peuple africain a donné lieu à une nouvelle culture, et dans le cas des Africains en Amérique, « a truly African-American expressive culture » (Gates 17). Cette culture rassemble les caractéristiques communes aux cultures nées de la résistance: oralité, secret, code (Gates 17). Le conteur voit alors son rôle s'ancrer en celui qui permet de ne pas oublier le passé et de retrouver ce qui est à soi. Il raconte des histoires afin de reconstituer l'Histoire, celle d'un peuple dépossédé de tout. Avec le temps, le point de vue qui permet de reconstituer l'Histoire évolue passant d'un regard tourné vers les origines africaines à ce qui devient avec l'évolution culturelle un regard vers des origines antillaises.

La voix du conteur est alors dotée d'une double signification: elle permet non seulement le lien au passé, mais elle ouvre aussi la possibilité de redéfinition de soi dans une structure—c'est-à-dire une culture et des traditions—jusque-là oubliée. En effet, de par son déracinement initial, l'être exilé a perdu en quelque sorte le centre spirituel, et en même temps les limites qui lui permettaient la définition personnelle du moi (Averbach 10). Raconter des histoires pour raconter l'Histoire de son peuple, c'est donc éventuellement se raconter soi-même.

Suivant les clichés qui transparaissent dans la langue et la culture françaises, j'ai jusqu'ici employé consciemment les masculins « griot » et « conteur », excluant ainsi le féminin. Ce choix, volontaire de ma part, m'amène à soulever maintenant la question suivante: quelle est la place des femmes « griottes » ou « conteuses » dans la littérature, et en particulier dans la littérature des Antilles (moyen d'expression d'un peuple transplanté)? Dans son étude sur les griots et griottes, Thomas Hale intitule son unique chapitre sur les griottes: « Griottes: Unrecognized Voices » (Hale 217-43), suggérant ainsi que le féminin est poussé dans l'invisibilité et le silence patriarcal (Hale 217-18). Il remarque pourtant que si la très grande majorité des études sur les griots oublient de mentionner les griottes, elles sont pourtant reconnues comme figures d'autorité par les habitants locaux. Ainsi, le fait qu'elles ne jouissent pas d'un statut international dans le monde académique est loin de signifier qu'elles n'ont pas une importance significative au niveau communautaire.

Tout comme la femme noire se voit doublement opprimée—à cause de son sexe, mais aussi à cause de sa race—la conteuse, ou griotte, transplantée et en exil n'échappe pas non plus à cette double oppression qui vise à la mettre au silence. Pourtant, et comme le souligne Brinda

Mehta, il existe dans la littérature des Antilles un grand nombre de femmes qui jouent le rôle de conteuses s'affirmant dans la communauté comme mentors de personnages féminins. Ces femmes-piliers, détentrices du passé d'une famille ou d'une communauté et qui jouent le rôle de conteuses de façon informelle puisqu'elles n'en portent pas le titre, ont vu le jour à cause de ce que Mehta analyse comme étant une déstabilisation structurelle au sein de la société d'origine. Selon elle, l'harmonie des origines a été perturbée avec l'arrivée du colon touchant particulièrement les femmes car: « they had to deal not only with the inequities of the white master but also with the destabilized psyche of their menfolk, anxious to re-member [*sic*] their threatened manhood by replicating their own humiliations (suffered at the hands of the oppressor) and projecting them onto their own women » (Mehta 239). Si l'on suit son idée, on peut alors en déduire qu'avec la perte du principe maternel, les liens entre femmes sont aussi déstabilisés, voire détruits. En conséquence, la symbiose mère/terre est donc perdue, et avec elle la symbiose mère/fille. Ainsi, écouter la voix de la conteuse suggère la possibilité de redécouvrir les liens entre femmes, et par là même, de redécouvrir l'histoire de sa mère, et donc la sienne propre tout en exposant une généalogie féminine enfouie dans l'oubli et le silence.

La mise à jour de ces liens au féminin fait donc partie d'un processus de guérison qui expliquerait ainsi la nécessité de ce que Mehta appelle un « shaman » féminin, né de ce besoin créé par la déstabilisation de la société d'origine, et permettant de raviver « [women's] lost heritage » (Mehta 239). Dans la littérature, et en particulier la littérature des Antilles d'auteurs féminins, la conteuse joue un rôle central dans l'intrigue, offrant un espace de guérison pour les femmes (Mehta 239). En effet, par ses histoires, elle ressuscite l'héritage perdu et crée un espace au féminin et pour le féminin, offrant ainsi la possibilité de re-créer ce qui a été usurpé. Les conteuses utilisent ainsi leur art pour atteindre d'autres femmes opprimées par le pouvoir patriarcal, tout cela de façon indirecte et subtile. Par leurs histoires, elles se rapprochent de celles dont elles ont été coupées, recréant une structure féminine de soutien indispensable à la construction d'une communauté féminine.

Si Mehta utilise le terme de shaman pour ces femmes à la mémoire ancestrale et aux capacités surnaturelles, je préfère quant à moi élargir le champ recouvert par ce terme, incluant ainsi non seulement les êtres féminins ayant accès au domaine surnaturel (Man Cia dans *Pluie et vent sur Télumée Miracle,* et Man Yaya dans *Moi, Tituba sorcière*), mais aussi ceux qui, de par leur position dans la société féminine, jouent un rôle de guide, voire de conseiller sage et expérimenté auprès des autres femmes (Julia dans *L'Exil selon Julia* ou Reine Sans Nom dans *Pluie et vent sur Télumée Miracle,* mais aussi Eliette dans *L'Espérance macadam* ou Hester dans *Moi, Tituba sorcière*). Je choisirai donc d'employer le terme de mentor ou d'initiatrice qui offre à mon avis à la fois la dimension thérapeutique du guérisseur, et aussi celle de l'expérience du guide spirituel.

Chacun des auteurs sélectionnés dans ce chapitre met en place l'existence d'un « espace de guérison » pour le féminin—qui devient éventuellement un « espace d'évolution » pour le féminin—insistant particulièrement sur les liens entre femmes au sens large plutôt que sur des liens uniquement entre femmes d'une même famille. Ainsi, certaines œuvres célèbrent les liens entre grand-mères et petites-filles, comme *Pluie et vent sur Télumée Miracle* de Simone Schwarz-Bart ou *L'Exil selon Julia* de Gisèle Pineau, soulignant aussi l'importance d'*autres* femmes, celles qui, comme Man Cia, touchent du doigt le surnaturel ouvrant ainsi une dimension universelle dans l'imaginaire féminin. D'autres romans, comme *L'Espérance macadam* de Gisèle Pineau ou *Juletane* de Myriam Warner-Vieyra, se distinguent clairement de ce que l'on pourrait définir comme des romans à intrigues « familiales » en offrant le salut aux jeunes protagonistes grâce à d'autres femmes ancrées dans la communauté. L'importance des mères de substitution y est, par exemple, fortement soulignée, et l'amitié féminine est mise à l'ordre du jour. Chacun des récits met donc en place différents cas de figure de liens entre femmes.

Dans ce chapitre, je voudrais analyser l'importance de la narration de contes dans la fiction antillaise d'auteurs féminins. Les légendes ont une place centrale dans ces récits, en particulier parce que, venant de l'héritage du peuple antillais, la narration de contes et légendes s'avère être une expérience vécue—et non pas seulement imaginée—illustrant la réalité du lien histoire/Histoire. La narration de légendes n'illustre pas uniquement le transfert d'un héritage d'une génération à l'autre, ni d'une personne à l'autre. En effet, dans le cas des femmes, c'est grâce à la narration de l'histoire d'une autre femme que la jeune protagoniste pourra ensuite raconter la sienne. Au cours du chapitre, on verra donc l'importance d'analyser les récits de femmes dans le contexte d'une histoire et d'une généalogie féminines, montrant comment les traditions et l'histoire d'autres femmes font aussi partie de la vie des jeunes protagonistes. Ainsi, des romans tels que *Pluie et Vent sur Télumée Miracle, L'Exil selon Julia, Moi, Tituba sorcière* ou *L'Espérance macadam* s'avèrent être le récit de l'histoire de la narratrice—la jeune protagoniste à la recherche de son identité—mais ils sont avant tout l'histoire de la vie de plusieurs femmes, les mères, grand-mères et mentors de ces jeunes protagonistes. En se penchant plus spécialement sur la question de l'amitié féminine dans *Juletane* et *Moi, Tituba sorcière,* il apparaîtra que les limites qui séparent les deux femmes amies peuvent s'avérer être mouvantes, n'enfermant aucune des femmes dans le rôle déterminé de l'initiatrice ou de l'initiée, mais les laissant au contraire s'interchanger.

Des exemples tirés des romans de Simone Schwarz-Bart (*Pluie et vent sur Télumée Miracle*), de Maryse Condé (*Moi, Tituba sorcière*), de Myriam Warner-Vieyra (*Juletane*), et de Gisèle Pineau (*L'Exil selon Julia* et *L'Espérance macadam*) me permettront d'expliquer le fait que ces histoires individuelles de femmes ne peuvent être comprises hors de l'histoire collective des femmes, une histoire prenant ses racines dans la généalogie féminine. Cette généalogie doit sortir du silence et être énoncée clairement afin que chaque femme puisse y trouver sa place, avant de pouvoir à son tour raconter sa propre histoire sachant consciemment qu'elle est enracinée dans celle des autres femmes.

1. Reconstitution du passé: le lien aux « sages » de la communauté

Sous couvert de raconter leur propre histoire, les narratrices de *Pluie et vent sur Télumée Miracle, L'Exil selon Julia* et *Moi, Tituba sorcière* exposent en fait l'histoire de plusieurs femmes. Ces romans semblent ainsi montrer que leurs protagonistes féminins sont dans l'impossibilité de se raconter avant d'avoir pu raconter d'abord les autres, avant d'avoir pu établir une généalogie dans laquelle elles vont pouvoir se placer. Qui sont ces autres femmes? Quel est leur rôle vis-à-vis des jeunes protagonistes? Bien qu'elles aient beaucoup en commun, en quoi leur rôle est-il différent les unes des autres?

Ces « autres » femmes, ou « autres-mères » (Alexander 7), ne sont pas choisies au hasard, mais elles ont en commun certains traits caractéristiques: leur âge—qui souligne indirectement leur expérience de la vie et donc leur relative sagesse—leur connaissance des traditions et leur compréhension des forces à l'œuvre dans la nature—illustrée par l'utilisation savante des plantes pour guérir les membres de la communauté. De plus, leur expérience de la vie et de leurs semblables ayant été à la fois positive et négative, elles tirent un entendement et une vision globale de leur situation. De par leur position d'anciennes dans la communauté, elles représentent en quelque sorte une certaine image mythique de la femme, image qui les lie indirectement à la légendaire mulâtresse Solitude se battant pour son peuple opprimé, mais aussi à l'esclavage, partie centrale de l'histoire du peuple antillais et monde révolu pour beaucoup de protagonistes des romans contemporains. Ainsi, il n'est pas surprenant de voir que le personnage de la grand-mère en vient souvent à représenter cette image mythique de la femme des Antilles, aidée en cela par la différence de génération et d'expérience entre elle et sa petite-fille. Les grand-mères ont, par leur position dans cette société qui les honore pour leur expérience, l'autorité nécessaire aux conteurs. Elles permettent non seulement de raconter le passé, mais elles donnent aussi leur cohérence à la communauté dont elles font partie car, comme le souligne Wolfgang Binder: « The grandmother, or any elder, as a storyteller, as a person of respect and authority, [...] gives meaning to a fragmented collective existence » (Binder 139).

Pluie et vent sur Télumée Miracle illustre particulièrement les liens à l'œuvre dans la communauté féminine. Ce roman, qui s'inscrit dans la littérature antillaise postcoloniale comme une œuvre majeure, introduit le lecteur à la vie rurale d'une Guadeloupe à peine sortie de l'esclavage. Il est souvent cité pour sa représentation de la femme dans les Antilles francophones, insistant particulièrement sur son rôle maternel comme base indispensable à la création de nouvelles générations. Télumée, personnage principal, avance sur la rivière de la vie sans se noyer car elle est soutenue par l'expérience d'anciennes de la communauté comme Reine Sans Nom, sa grand-mère, ou Man Cia, guérisseuse dotée de pouvoirs surnaturels. Les obstacles qu'elle rencontre sont variés, et se présentent sous la forme de personnages clés dans le roman, la forçant à aller chercher toujours plus loin une identité en mouvance. Dans *Pluie et vent,* ce sont les femmes qui observent et analysent, s'entraidant afin de choisir la marche à suivre. Narratrice, Télumée devient l'œil, la voix et la mémoire de toute une génération de Lougandor dont elle raconte l'histoire par touches impressionnistes: d'abord celle de sa grand-mère Toussine, puis sa propre histoire.

Le récit lui-même se divise en deux parties inégales: tout d'abord « Présentation des miens » (*Pluie* 11-41) qui s'avère être le récit des origines de Télumée, suivi de « Histoire de ma vie » (*Pluie* 45-249) illustrant les détails de la vie de Télumée elle-même. Or, une lecture attentive permet de remarquer que la grande majorité de la seconde partie n'est en fait qu'une initiation à la vie pour Télumée, orchestrée par la grand-mère Toussine—ou Reine Sans Nom—et la guérisseuse/sorcière et amie de la grand-mère, Man Cia. Ainsi, la vie de Télumée s'avère être intimement et quotidiennement liée à celle de sa grand-mère, et jusqu'à la mort de cette dernière (*Pluie* 176) Télumée avance dans son ombre protectrice.

Le premier lien que l'on remarque donc dans *Pluie et vent sur Télumée Miracle* est un lien protecteur. Ce lien protecteur grand-mère/petite-fille est illustré par diverses images et métaphores dans le roman, et en particulier la case de Reine Sans Nom, ainsi que la symbolique liée à la jupe de la vieille femme. La case de la Reine se trouve à Fond-Zombi, petit village placé au-delà du pont de l'Autre Bord, dernière limite entre le monde et le merveilleux (*Pluie* 47). Pour Télumée, la case se révèle être une « forteresse » (*Pluie* 47), un endroit qui lui permet d'être « à l'abri de toutes choses connues et inconnues » (*Pluie* 47). Pourtant, plus que la case, c'est le personnage de la grand-mère qui est central et offre un véritable refuge à Télumée qui se sent « sous la protection de la grande jupe à fronces de grand-mère » (*Pluie* 47). Ici, Reine Sans Nom semble transmettre de génération en génération un lien entre femmes tissé autour de l'ampleur et de la profondeur réconfortante de jupes de femmes lequel lui avait été transmis par sa mère Minerve (*Pluie* 17). Les plis de la robe, tout comme la case-forteresse, rappellent l'abri des origines, c'est-à-dire le ventre de la mère. Poussée par les événements, Reine Sans Nom devient une femme au rôle double dans la vie de Télumée: elle joue ainsi le rôle de mère après le départ définitif de Victoire (la mère naturelle de Télumée qui décide de suivre son amant en Dominique), mais elle garde son rôle de grand-mère, et par là même de femme mythique puisqu'elle reste cette « aïeule dont j'avais cru la vie terrestre achevée » (*Pluie* 47) et dont la transparence du regard cache paradoxalement les secrets que semble contenir la vie. Dans ce récit, le lien mère-fille (Victoire/Télumée) semble à première vue brisé par la mère dans ce qui a l'air d'être un abandon pur et simple. Or, comme le souligne très justement Karen Smyley Wallace: « Ironically, her decision [Victoire's] is viewed without bitterness from either her daughter or her mother » (431). Selon Smyley Wallace, il semblerait donc que par ce choix (laisser sa fille à sa mère), « Victoire chooses to express herself as *woman*, before *mother* » (431). Néanmoins, le fait que Télumée et Reine Sans Nom acceptent ce choix sans critique vis-à-vis de Victoire semble montrer qu'elles acceptent de reconnaître la généalogie féminine comme système de base (c'est-à-dire que plusieurs femmes peuvent de façon égale élever une fillette) plutôt que la famille (un enfant doit être éduqué par ses parents biologiques). L'absence de critique contre la mère naturelle subvertit ainsi les enseignements de la société patriarcale et coloniale qui reposent sur l'institution de la famille. De plus, la place centrale donnée au lien grand-mère/petite-fille renforce l'importance de la transmission d'une histoire ancestrale d'une femme à l'autre.

Dans le roman de Gisèle Pineau, *L'Exil selon Julia*, c'est Julia—ou Man Ya—la grand-mère, qui prête ses mots à la plume de sa petite-fille Gisèle. Contrairement à Reine Sans Nom qui célèbre l'arrivée de Télumée dans sa vie comme la venue d'une deuxième chance (*Pluie* 49), Julia ne montre pas ses sentiments par de grandes effusions d'amour: « ...elle s'occupe de nous, elle se met à notre service, et nous trouvons tout cela bien naturel. Ses manières sont rustres. Ses caresses plutôt des frotters vigoureux » (*Julia* 18). Le lien qui unit donc Man Ya à ses petits-enfants se présente différemment du roman de Simone Schwarz-Bart car, même si la célébration de liens entre générations est aussi mise en exergue dans *L'Exil selon Julia* de Gisèle Pineau, cela apparaît de façon sensiblement différente en particulier à cause de la position d'exil dans laquelle se trouvent tous les personnages. En effet, si dans *Pluie et vent sur Télumée Miracle*, Reine Sans Nom est clairement l'initiatrice et Télumée l'initiée, les rôles se présentent de façon moins précise dans *L'Exil selon Julia*. Loin de ne pas prendre sa situation de mentor au sérieux, Man Ya ne connaît pourtant guère ses petits-enfants avant d'aller vivre avec eux en France car elle ne les a vus que « deux, trois fois avant la traversée » (*Julia* 86-87), et c'est en essayant de trouver une raison à son exil forcé qu'elle se rapproche de ces jeunes âmes: « Elle ne comprend pas pourquoi on l'a menée en France. [...] Derrière les paroles longues de Maréchal, elle se dit que peut-être, se cachent d'autres raisons... Les enfants » (*Julia* 49).

Le premier de ces rapprochements entre Man Ya et sa petite-fille Gisèle est le résultat d'une redéfinition de l'espace personnel de chacune. Dans son pays d'exil, Man Ya n'a plus de repères et elle se retrouve dans la Sarthe à se battre contre le froid auquel elle n'est pas habituée. Gisèle souffre, elle, tout bonnement du froid, et le partage d'un lit avec Man Ya offre la possibilité d'un refuge, d'un soutien dans le malheur. C'est en effet le contact physique avec la vieille femme, associé à la présence réconfortante d'un autre être qui forme le premier lien:

> Je dors avec Man Ya dans un grand lit en fer forgé, sous deux draps et
> trois couvertures. Corps bois-flot ajusté au sien qui pèse et éboule le
> matelas, pieds soudés à ses jambes tièdes, têtes fouissant dessous son
> bras, là seulement où la chaleur défait ses amarres. (*Julia* 75)

Et si le froid pousse Gisèle dans un cauchemar, Man Ya se fait réconfortante (*Julia* 76).

Petit à petit, les enfants s'habituent à leur grand-mère et vice
versa, opérant un travail commun d'apprivoisement (*Julia* 91). Et tout
comme entre Reine Sans Nom et Télumée l'échange se faisait entre deux
femmes qui en bénéficiaient (*Pluie* 52), ses petits-enfants mettent aussi
Man Ya à l'école de la vie, lui apprenant à écrire, à regarder la télévision
et à y apprécier ses idoles à la peau noire (*Julia* 133-34, 145).

Dans les deux romans, *Pluie et vent sur Télumée Miracle* et
L'Exil selon Julia, les grand-mères prennent leur rôle de représentantes
de la lignée familiale féminine avec grand sérieux. Elles ont ainsi à cœur
non seulement d'inculquer l'histoire du peuple, mais aussi les légendes
qui forment le passé et les traditions quotidiennes dont les gestes répétés
donneront à chaque femme sa « démarche de femme » (*Pluie* 170). Sur la
terre du colon, Man Ya semble par exemple suivre tant bien que mal une
culture qui n'est pas la sienne et qui va même jusqu'à sembler nier son
héritage antillais en murmurant des « Oui, oui, an kouprann... J'ai compris! » (*Julia* 112) plutôt soumis. Or, fière de son héritage et de son sa-
voir-faire, elle montre à chaque occasion que « en vérité, nos valeurs ne
sont pas les siennes » (*Julia* 113), espérant gagner à son bord ces enfants
qui forment sa descendance. Ainsi, avec l'arrivée du printemps, elle retourne à ce qui l'a toujours fait vivre en Guadeloupe, c'est-à-dire la terre
nourricière. Elle se démène, voulant gagner le temps perdu par un grand
nettoyage (*Julia* 88-89), refusant les cordes à linge qu'on lui propose et
leur préférant « le portail de bois » et « les branches des arbres » dans
l'espoir de « voir s'envoler chemises, robes et pantalons habités par le
vent » (*Julia* 89). Ce grand nettoyage prend valeur symbolique de créativité féminine telle qu'Alice Walker l'exprime dans « In Search of Our
Mothers' Gardens », mais aussi de l'espace de guérison dont parle

Brinda Mehta (Mehta 239), espace dans lequel Man Ya semble renaître abandonnant ouvertement la feinte soumission culturelle qu'elle avait jusque-là adoptée.

De même, elle se met à créer un jardin car « le travail de la terre lui donne la vie, la sustante » (*Julia* 90) et c'est cette vie, cette joie de vivre qu'elle veut inculquer à ses petits-enfants. Par l'intermédiaire de ce jardin créé dans le village français de la Sarthe, c'est en effet sa vie intérieure qu'elle cultive afin de pouvoir la partager avec d'autres: « L'arbre de vie qui croît au mitan de son estomac pour retenir son cœur comme un nid dans ses branches, sourit et fait des fleurs » (*Julia* 90). Bien qu'elle se trouve dans la position paradoxale d'une femme déracinée, elle essaie pourtant de transmettre héritage et traditions à la génération suivante.

Dans *Pluie et vent sur Télumée Miracle,* Reine Sans Nom lie aussi son enseignement aux tâches quotidiennes. Lors de la lessive par exemple, alors que Télumée est prête à succomber aux commentaires négatifs des commères, elle entend la voix de sa grand-mère murmurant à son oreille:

> [...] la voix de Reine Sans Nom se faisait entendre, chuchotante, tout contre mon oreille... Allons viens, Télumée, viens-t'en très vite car ce ne sont là que de grosses baleines échouées dont la mer ne veut plus, et si les petits poissons les écoutent, sais-tu? ils perdront leurs nageoires... (*Pluie* 50)

Ici donc, le langage, symbolisé par la voix, se lie aux gestes quotidiens pour éduquer et transmettre une certaine sagesse exposant ainsi ce que Kathleen Renk décrit comme une réalité du monde postcolonial: « Stories are told by women to other women as they work. Much like the weaving, baking, and gardening that are the daily concerns of many women in postcolonial societies, stories come out of the work of women's hands. Told and retold in conjunction with the life that is lived, stories become living things » (Renk 15). Le message transmis par ces femmes plus âgées n'est pas une énumération de faits, gestes et règles mais aussi et surtout l'expérience vécue d'êtres bien vivants.

Grâce à leur rôle éducatif, ces conteuses antillaises se rapprochent beaucoup de leurs ancêtres masculins, les griots traditionnels
africains, pour qui les contes et légendes, la narration même d'histoires,
permet aux membres du public de se découvrir eux-mêmes: « A griot has
special ways of telling these stories so that they are very entertaining,
even though the griot's main intention is not to entertain but to teach the
people to know themselves » (Kouyate 180). Cette éducation des femmes
par les femmes est destinée à guérir les femmes de leur oppression qui
les pousse éventuellement dans le silence, les isolant et les exilant
d'autant plus. Télumée par exemple est bien consciente de l'importance
éducative des histoires qui entourent son enfance, et elle insiste longuement sur le rituel du jeudi, jour sans école, qui s'achevait toujours dans le
chuchotement de contes (*Pluie* 76). C'est sa qualité de rite qui rend ce
souvenir mémorable: ici, le rituel ne consiste pas seulement à entendre
cinq contes chaque jeudi, il inclut l'importance de la communauté des
ancêtres. Ainsi, avec chaque jeudi et la narration de contes recommencée
semaine après semaine, Télumée est replacée par son aïeule dans la généalogie à laquelle elle appartient, celle qui inclut non seulement les
hommes, Jérémie et Xango, mais aussi les femmes comme Minerve et
Méranée. Dans l'histoire de Reine Sans Nom, ce n'est pas le Nom du
Père qui prédomine mais bien plus une généalogie plurielle, faisant la
part belle aux hommes *et* aux femmes[1].

Grâce aux histoires qu'elle raconte à ses petits enfants, Julia
devient elle aussi un personnage mythique, porte-parole d'un nouvel
évangile dont le principal acteur est féminin, et que les enfants croient
« comme on croit au Paradis, balançant sans cesse entre la suspicion et
l'intime conviction » (*Julia* 20-21). Dans les deux cas cependant, les récits racontés sont destinés à éduquer, et s'ils semblent sensiblement différents, c'est parce que les publics auxquels ils s'adressent ont eux aussi
des besoins différents. Julia par exemple s'adresse d'un lieu d'exil—la
France—à des enfants qui sont en exil. Elle devient donc les yeux des
enfants qui ne connaissent que très peu leur île d'origine, insistant sur la
description géographique du lieu, et le transformant par son récit en un
lieu féérique:

> Plus que sa case de Routhiers, son jardin lui manque infini-
> ment. Elle le dresse pour nous comme un lieu merveilleux où
> toutes espèces d'arbres, plantes et fleurs se multiplient dans
> une verdure accablante, quasi miraculeuse, argentée çà et là
> d'une lumière qui ne diffuse qu'au seul cœur de Routhiers.
> Elle évoque une eau de source éternelle, née d'une roche, pro-
> jetée sur ses terres par la grande Soufrière. Elle nous donne à
> voir sa rivière qui descend de la montagne pour traverser ses
> bois et lessiver son linge. Elle nous rapporte chaque parole des
> oiseaux, nommant après eux les feuillages et les fruits. Et puis
> elle nous hisse dans les branches de ses arbres, juste pour
> mieux nous montrer l'horizon tout bosselé par les petit[e]s îles
> qui ploient sous le poids de leurs volcans ventripotants, fu-
> mants, crachants. (*Julia* 20)

La description part du jardin de Julia et s'élargit à la Guadeloupe en
suivant le courant des rivières qui vont se jeter dans l'océan. Julia transforme ensuite son jardin en « *ses* terres », et ce qui le traverse devient
« *sa* rivière », « *ses* bois », « *ses* arbres » (c'est moi qui souligne), signe
qu'elle cherche à s'approprier activement son héritage. Apôtre de son île,
Julia rapporte aussi les paroles des oiseaux—dotant symboliquement du
pouvoir du langage ceux qui sont souvent poussés dans l'oubli—et elle
« nomme » les feuillages et les fruits donnant au langage une inflexion
féminine dans lequel on pourrait presque dire que le Nom n'est pas
donné par le Père, mais par la Mère.

Quant à Reine Sans Nom, son récit auprès de Télumée et d'Elie
prend une autre dimension. Tout d'abord, les deux enfants sont en Guadeloupe et le conte n'a pas pour but de les informer sur leur environnement. Au contraire, c'est sur la philosophie de la vie que la grand-mère
Toussine essaie de les éclairer. Le conte le plus mémorable qui est retranscrit dans le roman est celui de « L'Homme qui voulait vivre à
l'odeur »: il est non seulement raconté chaque jeudi par la grand-mère
mais il recouvre en plus certains aspects éducatifs cruciaux liés à la tradition orale. Le thème du conte est celui d'un homme insatisfait de ce qui

l'entoure, remettant sa destinée dans les mains de son cheval bien-aimé. Il finit par se faire mener contre son gré par ce dernier parce qu'il lui a abandonné son libre arbitre. Au cours de son récit, Reine Sans Nom insiste longuement sur le contraste frappant entre l'homme, ce qu'il a reçu de la vie, et ce dont il se plaint. On apprend ainsi qu'il s'agit d'« un très bel homme qui avait une couleur terre de Sienne, de longues jambes musclées, et une chevelure verte *que tout le monde lui enviait.* [...] Il avait des terres, une belle maison de pierre que les cyclones ne pouvaient renverser, et il jetait sur tout cela un regard de dégoût » (*Pluie* 77-78, c'est moi qui souligne). Il semble donc que par rapport à ses semblables, la nature lui ait déjà donné beaucoup. Ensuite, il apparaît que c'est sa propre vision du monde qui lui donne autant de préjugés négatifs sur les hommes. Ainsi, alors que la narration établit que « [certains hommes] devinrent lâches, malfaisants, corrupteurs », on apprend pourtant que « les autres continuaient la lignée humaine, pleuraient, trimaient, regardaient un ciel rose et riaient » (*Pluie* 77). Or, le conte lui-même insiste sur le fait que le héros se place de façon à ne voir que le côté négatif des hommes (*Pluie* 77). En remettant sa vie entre les mains de son animal préféré (*Pluie* 78), le héros du conte abandonne symboliquement tout pouvoir personnel de décision, si bien que lorsqu'il essaie de descendre de son cheval, il ne le peut plus.

Le conte de Reine Sans Nom est construit de façon traditionnelle comportant une introduction, ou présentation de la scène, ancrée dans les origines mythiques de l'humanité: « au commencement était la terre... » (*Pluie* 77), suivie d'une intrigue (l'histoire du héros insatisfait), et se terminant par une phrase représentant la leçon à apprendre: « [...] derrière une peine il y a une autre peine, la misère est une vague sans fin, mais le cheval ne doit pas te conduire, c'est toi qui dois conduire le cheval » (*Pluie* 79). En tant que conteuse, Reine Sans Nom utilise aussi les techniques traditionnelles du griot, et plus particulièrement celles du conteur antillais jouant sur l'interaction entre elle-même et son public. Elle lance ainsi au début et au milieu du conte une invective demandant une réponse, ce phénomène rappelant le « Cric » « Crac » de la tradition des Antilles:

A cet endroit, elle s'interrompait brusquement, disant:

—La cour dort?

—Non, non, la Reine, la cour écoute, elle ne dort pas, faisions-nous avec empressement.

[...]

Et s'interrompant une seconde fois, grand-mère disait d'une voix lente, pour nous faire sentir la gravité de la question:

—Mes petites braises, dites-moi, l'homme est-il un oignon?

—Non, non, disions-nous, fort savants dans ce domaine, l'homme n'est pas un oignon qui s'épluche, il n'est pas ça.

Et elle reprenait alors très vite, satisfaite... (*Pluie* 77-78)

Les noms employés pour les personnages sont aussi symboliques en ce qu'ils sont porteurs d'un message indirect. Le héros se nomme ainsi « Wvabor Hautes Jambes » montrant par là un avantage physique envié par d'autres à la carure moins avantageuse. Quant à la jument, elle s'appelle « Mes Deux Yeux », insistant sur l'abandon total de Wvabor à la volonté d'un animal: non seulement il se laisse mener par elle, mais en plus, il lui abandonne son regard choisissant alors la cécité et donc la nécessité de dépendre d'un autre être.

Je voudrais souligner ici un point qui me semble important dans mon propre argument visant à montrer la création de liens spécifiques entre femmes, entre grand-mère et petite-fille, par le biais du récit de contes traditionnels plaçant l'une des deux femmes en position d'initiatrice et l'autre en position d'initiée. Le conte de Reine Sans Nom s'ouvre face à un public pluriel composé de Télumée et de son camarade de jeu Elie. Or, vers la fin du conte soulignant la disparition—et donc l'errance symbolique—de Wvabor prêt à revenir hanter les vivants, Elie quitte la veillée: « [...] Elie nous saluait, l'air inquiet, regardait la nuit au-dehors, sur la route, et soudain prenait ses jambes à son cou pour s'engouffrer dans la boutique du père Abel » (*Pluie* 79). En quittant ainsi la scène presque à l'improviste, il ne bénéficie pas de la conclusion de Reine Sans Nom. Il me semble clair que cette leçon sur la vie est destinée uniquement aux oreilles de Télumée puisque la grand-mère ne fait pas un geste

pour essayer de retenir Elie. De plus, le ton lui-même de la voix de la
conteuse sous-entend l'exclusion de l'autre—des autres—puisque la conclusion est lancée au milieu de chuchotements, et cette intimité est
renforcée par la position physique qu'est obligée d'adopter Télumée afin
de pouvoir entendre sa grand-mère:

> Nous n'avions pas bougé grand-mère et moi, et sa voix se fai-
> sait insolite, dans l'ombre, tandis qu'elle commençait à me
> faire les nattes... si grand que soit le mal, l'homme doit se faire
> encore plus grand, dût-il s'ajuster des échasses. J'écoutais sans
> comprendre, venais sur ses genoux où elle me berçait comme
> une enfant, en ces anciens jeudis finissants... ma petite braise,
> chuchotait-elle, si tu enfourches un cheval, garde ses brides
> bien en main, afin qu'il ne te conduise pas. Et, tandis que je
> me serrai contre elle, respirant son odeur de muscade, Reine
> Sans Nom soupirait, me caressait et reprenait lentement, en
> détachant ses mots, comme pour les graver au fond de mon
> esprit... derrière une peine il y a une autre peine, la misère est
> une vague sans fin, mais le cheval ne doit pas te conduire,
> c'est toi qui dois conduire le cheval. (*Pluie* 79)

Le conte devient donc une expérience non seulement physique—lorsque
Télumée se rapproche de sa grand-mère—mais inclut aussi tous les sens.
La narratrice décrit Reine Sans Nom comme une conteuse qui « sentait
ses mots, ses phrases, possédait l'art de les arranger en images et en sons,
en musique pure, en exaltation » (*Pluie* 76), illustrant ainsi le processus
de la narration d'histoires évoqué par Trinh Minh-ha: « In the process of
storytelling, speaking and listening refer to realities that do not involve
just the imagination. The speech is seen, heard, smelled, tasted, and
touched. It destroys, brings into life, nurtures » (Minh-ha 121). Trinh
Minh-ha développe l'idée d'histoires de femmes non pas comme *faisant
partie* de la vie mais comme *étant* la vie. En incluant tous les sens dans la
transmission même de l'histoire, Trinh Minh-ha suggère que l'un des
nombreux rôles des femmes est de continuer à garder cet héritage vivant.

Elle présente du reste son idée sans aucun doute possible, en particulier quand elle dit: « The world's earliest archives or libraries were the memories of women », montrant par l'utilisation du verbe être l'absence complète de doute qui réside dans son affirmation. Par la narration d'histoires, Trinh Minh-ha suggère l'existence d'une renaissance (figurée) dont les membres du public feraient l'expérience, plaçant la conteuse dans le rôle de la mère symbolique car pour elle en effet: « Mother always has a mother. And Great Mothers are recalled as the goddesses of all waters, the sources of diseases and of healing. The protectresses of women and of childbearing » (Minh-ha 121). Il apparaît donc que le lien entre femmes est renforcé par le pouvoir du mot: le rôle traditionnel de la mère (par le biais de l'accouchement) est doublé de celui de la créatrice de langage, l'accoucheuse de mots. C'est bien une telle renaissance que l'on voit provoquée par Reine Sans Nom et qui se trouve illustrée dans le personnage de Télumée. Cette idée de la grand-mère conteuse comme mère symbolique est aussi reprise par Kathleen Renk qui suggère que « the story itself and the act of story telling make the womenchildren merge with the grandmother in a way that goes beyond the preoedipal bond associated with prelanguage and the rythms of the mother » (Renk 42). C'est donc par la narration de contes que sont créés et renforcés les liens entre femmes, et j'ajouterais ici, les liens entre grand-mère et petite-fille. Le lien qui rapproche Reine Sans Nom (la grand-mère) de Télumée (sa petite fille) est donc non seulement un lien qui célèbre la vie, mais surtout qui célèbre la vie des femmes.

Les contes, ou histoires, choisis par les grand-mères sont donc avant tout éducatifs, soit qu'ils renseignent sur les origines géographiques—l'île elle-même—ou sur le déroulement de la vie. Pourtant, il est un domaine de leur histoire dont les enfants n'obtiennent pas toujours les informations directes qu'ils recherchent, et ce domaine est celui de l'esclavage. Or, les fameux contes destinés à initier les jeunes protagonistes à la vie sont, et ce de façon plutôt ironique, teintés de la couleur de l'esclavage. En effet, la culture catholique imposée par le colon transparaît dans les tournures de phrases ou au milieu des héros mythiques traditionnels. Ainsi, le conte de Reine Sans Nom qui commence par « au commencement était la terre » rappelle étrangement l'amorce biblique: « au commencement était le Verbe ». De même, si Reine Sans Nom fait plusieurs références—directes ou indirectes—à Dieu, les créatures mythiques de Man Ya—soucougnans et autres personnages volants maléfiques—se trouvent placés côte à côte avec le « Bondieu, [...] son fils unique, [l]es saints apôtres et [...] l'ange Gabriel, les gentils » (*Julia* 68). Les contes les plus « traditionnels » du point de vue de la conteuse elle-même se trouvent ainsi emprunts de colonialisme. Il est donc presque surprenant que l'histoire de l'esclavage, qui est aussi l'histoire du colonialisme, reste racontée à demi-mots.

Dans *L'Exil selon Julia,* l'esclavage « c'est le mot honni des grandes personnes. Le seul fait de le prononcer les précipite dans une baille où blanchissent les os du temps d'avant » (*Julia* 154). Dans le contexte de cette famille antillaise achetée par les « douceurs de la France » (*Julia* 46), l'esclavage oblige la reconnaissance des racines, de son africanité, et est par là même un synonyme de honte:

> Interroger, c'est lever un embarras. Se questionner, c'est perdre pied dans les grandes eaux de l'Histoire du monde, tour à tour démontée et faussement ensommeillée. On nous demande seulement de vivre au jour présent, laisser reposer la lie du passé, ne pas découdre ces sacs miteux où l'on a enfermé la honte et l'humiliation d'être descendants d'esclaves nègres africains. (*Julia* 154)

Ainsi, tandis que le message des adultes aux enfants est un clair reniement de leurs origines et de la participation du colon dans leur oppression, Man Ya est la seule à prononcer les mots interdits qui cependant ouvrent l'esprit: « Seule, Man Ya ose nous instruire. Elle excelle en ce domaine » (*Julia* 154). Elle instruit du reste parfois même sans prononcer un seul mot, mais le regard accusateur de ses propres frères et sœurs de couleur semble vouloir la refouler dans la pénombre de l'arrière-fond lorsqu'elle parvient à étaler la pauvreté de sa liberté qu'elle contraste bien involontairement au débordement de leur servitude:

Et tous les gens instruits qui viennent à la maison [...] regardent Man Ya sans la voir, avec un brin de compassion. A leurs yeux, elle représente un état ancien [...]. Ils ne peuvent pas admettre qu'ils viennent de là aussi et mesurent, en se mirant les uns les autres, le chemin parcouru par le Nègre. Man Ya illustre à elle seule toutes ces pensées d'esclavage qui leur viennent parfois et qu'ils étouffent et refoulent comme le créole dans leur bouche. Ils sont infiniment redevables à la France. (*Julia* 114-15)

Dans *Pluie et Vent sur Télumée Miracle* au contraire, l'esclavage n'est pas associé à un sujet tabou, symbole de honte, mais bien plutôt à la tristesse, une infinie tristesse enveloppant tout de sa détresse. Cette période de l'histoire des Antillais est donc présente dans la bouche de Reine Sans Nom qui chante ces mélodies d'esclaves « atteignant des régions lointaines et étrangères à Fond-Zombi » (*Pluie* 52), touchant tous ceux qui l'entourent au plus profond de leur âme: « Et j'écoutais la voix déchirante, son appel mystérieux, et l'eau commençait à se troubler sérieusement dans ma tête » (*Pluie* 52).

Pourtant, dans le roman de Simone Schwarz-Bart, si Reine Sans Nom ne fait pas de l'esclavage un sujet tabou, ce n'est quand même pas elle qui répond aux questions directes de Télumée, c'est Man Cia. Ses réponses aux questions de Télumée sont des métaphores comparant les esclaves avec des « volailles ficelées dans les cages, avec leurs yeux d'épouvante » (*Pluie* 60), ou à des chiens attachés (*Pluie* 61). Le but de ces narrations imagées n'est jamais d'effrayer, mais bien d'éduquer au sens large du terme, et de lier l'histoire d'un peuple, l'environnement où cette histoire a eu lieu, et les acteurs qui ont joué un rôle dans l'histoire car les Antillais eux-mêmes sont écartelés entre un sentiment de honte provoqué par l'esclavage (la domination de l'autre sur le moi) et un sentiment de fidélité à leur propre histoire (malgré l'horreur qui y est attachée l'esclavage fait partie de leur histoire). Il semblerait que ce soit à cause du tiraillement entre ces deux sentiments que l'esclavage n'est abordé qu'à demi-mots. Pourtant, il faut souligner la présence constante de cette volonté de transformer un héritage négatif en une expérience positive dans la littérature antillaise de la deuxième génération. On peut ainsi penser à l'épisode des Desaragne dans *Pluie et vent sur Télumée Miracle* au cours duquel Télumée travaille pour une maison symbolisant les vestiges de l'Empire colonial, mais où elle est enjointe, selon l'expression de Man Cia, à être un « vrai tambour à deux peaux » (*Pluie* 94) afin de n'être ni dominée, ni assimilée: « je lui abandonnais la première face afin qu'elle s'amuse, la patronne, qu'elle cogne dessus, et moi-même par en-dessous je restais intacte, et plus intacte il n'y a pas » (*Pluie* 94). Ainsi, après qu'on lui ait parlé de l'esclavage, Télumée a non seulement une connaissance intellectuelle de son histoire—les faits à proprement parler—mais aussi une compréhension presque physique de ce que cette histoire signifie:

> Pour la première fois de ma vie, je sentais que l'esclavage n'était pas un pays étranger, une région lointaine d'où venaient certaines personnes très anciennes, comme il en existait encore deux ou trois, à Fond-Zombi. Tout cela s'était déroulé ici même, dans nos mornes et vallons, et peut-être à côté de cette touffe de bambou, peut-être dans l'air que je respirais. Et je songeai aux rires de certains hommes, de certaines femmes, leurs petites quintes de toux résonnaient en moi, cependant qu'une musique déchirante s'élevait dans ma poitrine. (*Pluie* 62)

Les effets des diverses réponses de Man Cia aux questions de Télumée sont donc multidimensionnels, ouvrant le chemin à une compréhension multidimensionnelle de la vie elle-même.

Dans les œuvres choisies pour ce travail, l'aspect multidimensionnel de la vie est suggéré par l'introduction du surnaturel, représenté par les guérisseuses et les sorcières. Cette tradition, tout comme les histoires de l'Afrique mythique, trouve ses origines en Afrique car, comme le rappelle Constance García-Barrio: « When Africans were forced into slaving ships, the creatures, invisible, slipped in with them. A witch's brew of supernatural beings, these creatures were remembered from stories from the homeland. When Africans reached the New World, the creatures stepped ashore with them » (García-Barrio 357). Pourtant, cette culture transplantée évolue sous les influences étrangères et s'adapte à son nouveau terrain.

Dans les œuvres de Simone Schwarz-Bart et de Maryse Condé, il existe deux personnages qui ont des liens proéminents avec le surnaturel: il s'agit de Man Cia dans *Pluie et vent sur Télumée Miracle* de Simone Schwarz-Bart, et Man Yaya dans *Moi, Tituba sorcière* de Maryse Condé. Bien qu'évoluant dans des contextes très différents, ces deux personnages ont beaucoup en commun: tout d'abord, toutes les deux sont femmes et connues sous le nom de « Man », impliquant leur influence maternelle sur autrui, et surtout sur la communauté qui les nomme ainsi. Ensuite, elles se distinguent clairement du personnage de la grand-mère, et ce, principalement pour deux raisons: la première est qu'elles n'ont aucun lien familial avec leurs jeunes initiées, la deuxième est qu'elles semblent s'inscrire dans le récit comme des personnages hors-temps, sans âge réel, ou du moins, sans âge défini. On apprend ainsi de Man Cia par exemple qu'elle est l'amie de Reine Sans Nom: « Grand-mère m'avait déjà parlé de cette femme, son amie, qui côtoyait les morts plus que les vivants » (*Pluie* 55), suggérant que Man Cia doit être de la même génération que Reine Sans Nom (qui était déjà un être mythique dans les yeux de Télumée). Elle est aussi cette « quelconque petite vieille » (*Pluie* 57) au « fin visage qui reflétait l'extase » (*Pluie* 57), et qui fait fermer les yeux à Télumée. Quant à Man Yaya, elle est simplement décrite comme « une vieille femme » (*Tituba* 21).

Contrairement aux grand-mères qui faisaient le lien entre leur petite-fille et la communauté décrite dans la narration (les habitants du village de Fond-Zombi dans *Pluie et vent sur Télumée Miracle* et l'île de la Guadeloupe dans *L'Exil selon Julia*), Man Cia et Man Yaya semblent être placées hors du monde, tout comme elles étaient déjà hors du temps. En effet, si l'on s'arrête un instant sur la description de leur environnement respectif, on remarquera que la narration suggère que Man Yaya vit sur la plantation de Darnell—puisque c'est elle, dans la tradition de la

« solidarité des esclaves qui se dément rarement » (*Tituba* 21), qui accueille Tituba—mais on ne peut trouver aucune information sur son lieu
d'habitation. Seule nous est décrite la case de Tituba, celle qu'elle se
construit après la mort de Man Yaya, éloignée du monde « dans un coin
de la rivière Ormonde où personne ne se rendait jamais » (*Tituba* 24).
Cet isolement contribue à la formation d'une légende autour de ces
personnages entre deux mondes. Car si l'habitation de Man Yaya n'est
pas détaillée, sa place dans la communauté l'est bien, faisant d'elle une
originale qui « avait à peine les pieds sur terre [...] ayant cultivé à
l'extrême le don de communiquer avec les invisibles » (*Tituba* 21).

Dans *Pluie et vent sur Télumée Miracle,* l'arrivée à la case de
Man Cia nous est présentée dans la narration comme un chemin à étapes.
Tout d'abord, Man Cia habite dans la montagne, lieu placé lui-même
symboliquement entre le monde des hommes et celui de l'au-delà, ensuite son domaine est situé dans ce qui se présente comme une forêt touffue, enfin sa case se trouve au centre d'un espace circulaire de terre
rouge dégagé de toute végétation (*Pluie* 56-57). Le chemin qui conduit
chez Man Cia révèle une nature changeante, préparant à l'inconnu, annonçant la possibilité du surnaturel. Au départ, Reine Sans Nom et Télumée quittent le village en suivant un sentier entouré d'« herbes folles »,
de « fougères » auxquelles se rajoute petit à petit une végétation plus
dense: malaccas, tamarins, pruniers de Chine (*Pluie* 57), pour devenir
ensuite « des grands arbres » qui « masquaient la voûte du ciel » (*Pluie*
57). Cette forêt touffue n'est pas sans rappeler les forêts merveilleuses
des récits du Moyen-Age, forêts dont l'inconnu invite la présence d'une
dimension magique.

Il faut pourtant souligner ici la grande différence qui sépare les
habitations des grand-mères (ou de la mère dans le cas de Tituba) de
celles de ces vieilles femmes sorcières et guérisseuses. La réalité du village avec ses cases et même son bar (sous la forme de la boutique du
Père Abel) dans *Pluie et vent sur Télumée Miracle,* et celle de la plantation sur laquelle vit Abena dans *Moi, Tituba sorcière* s'oppose en effet à
l'atmosphère d'irréalité qui flotte autour de tout ce qui touche à Man Cia
et à Man Yaya, et elle n'est pas sans rappeler le réalisme merveilleux

propre à la littérature latino-américaine. On peut ainsi penser à Man Cia qui *parle* à Télumée de se transformer en chien (*Pluie* 191), et qui ne revient jamais pour *prouver* que le grand chien noir qui rôde autour de sa case est elle-même. Ici, c'est Télumée qui choisit de reconnaître Man Cia dans le chien parce que les yeux « marron, d'une transparence spéciale, qui me fixaient avec droiture, sans sourciller » (*Pluie* 191), lui rappellent ceux de Man Cia. De même, lorsque Man Yaya semble ramener à la vie les personnages de Yao et d'Abena pour Tituba, cette première apparition est présentée comme un rêve qui pourtant, entre dans le monde des vivants (*Tituba* 23).

Essayant de définir le terme de réalisme merveilleux dans le contexte des Antilles, Jacques Stephen Alexis le rapproche du quotidien de la vie haïtienne: « [...] the Haitian, for instance, does not seek to grasp the whole of sensible reality, but what strikes him, what threatens him, what in Nature particularly touches and stirs his emotions » (Alexis 269). Pour lui, le réalisme merveilleux est véritablement l'instrument qui permet à une société telle que la société haïtienne de se raconter (Alexis 271-72) et il suggère ainsi qu'en « parlant le même langage que le peuple », les artistes haïtiens se sont trouvés dans la position de pouvoir découvrir et ensuite insister sur l'importance des voix du passé dans leur propre héritage. En effet, lorsque les légendes, mythes, et contes qui façonnent l'histoire d'un peuple se trouvent intégrés dans la littérature, cette dernière devient véritablement l'histoire officielle dans laquelle le peuple lui-même peut se reconnaître. Pour J. Michael Dash, le réalisme merveilleux se démarque clairement des récits des écrivains de la négritude, car dans le réalisme merveilleux: « [...] there is now no rejection of the past, no need for 'decolonization.' The composite of the past is accepted as a legitimate heritage, a cohesive cosmopolitan memory » (Dash 68). Ainsi, toutes les composantes de l'histoire des Caraïbes sont présentes: qu'il s'agisse de l'esclavage ou de Schoelcher, des évocations de la Guinée ancestrale ou des créatures magiques peuplant l'île, ce sont tous ces éléments qui sont revendiqués par les Antillais comme faisant partie de leur héritage.

Suivant cet héritage, le réalisme merveilleux dans la littérature antillaise féminine met en avant les qualités de compréhension globale du monde que possèdent certains membres de la communauté, et en particulier les sorcières et guérisseuses. Pour Diana Rebolledo, la sorcière ou la guérisseuse

> has a special relationship to and understanding of earth and nature—she understands the cycles of creation, development, and destruction, thus unifying the past, present, and future. [...] She can be seen as a cultural psychologist or psychiatrist because individual behavior is always weighed against behavior for the good of the community. And she understands community. (Rebolledo 88)

Ces femmes sont donc celles qui comprennent le monde comme un ensemble et non pas comme une série de fractures. Ainsi, loin de s'appesantir uniquement vis-à-vis de leurs jeunes initiées sur les tensions et les contradictions d'un monde tiraillé entre des opposés, elles insistent au contraire sur un monde dans lequel les contradictions, dualités et multiplicités prennent un nouveau sens. Je dirais même que ces femmes sont, pour utiliser la terminologie de Gloria Anzaldúa, « in the Coatlicue state » (Anzaldúa, *Borderlands* 46), c'est-à-dire décrivant des contradictions internes et une fusion d'opposés (Anzaldúa, *Borderlands* 47) [2].

Si je choisis de dire que des personnages comme Man Cia et Man Yaya sont « en état de Coatlicue », c'est principalement parce qu'elles font face à des oppositions et des dualités similaires sans pour autant choisir l'un ou l'autre extrême de ces dualités, mais bien plus en étant véritablement—comme l'est Coatlicue—une « fusion » de ces opposés. La revanche par exemple prend une toute autre dimension pour Tituba sous la direction de Man Yaya. En effet, lorsque Tituba se retrouve sous l'emprise de Susanna Endicott qui essaie de tout faire pour l'éloigner de John Indien, sa réaction initiale se traduit en termes de vengeance: « Je veux qu'elle meure à petit feu, dans les souffrances les plus horribles, en sachant que c'est à cause de moi » (*Tituba* 51). Or, la réponse de Man Yaya à cette réaction est celle de la guérisseuse, de la femme qui soupèse les conséquences de telles actions pour toute la communauté: « Ne te laisse pas aller à l'esprit de vengeance. Utilise ton art pour servir les tiens et les soulager » (*Tituba* 51). C'est donc Man Yaya qui offre une perspective globale, une vision d'ensemble quand Tituba lui présente une requête reflétant uniquement son intérêt.

L'« état de Coatlicue », la fusion des opposés, se retrouve aussi dans les couples d'oppositions binaires telles que le bien/le mal ou la vie/la mort par exemple. Il s'avère en effet que les barrières entre ces opposés ne sont pas fixes, formant ainsi une certaine globalité offerte par l'état de Coatlicue et empêchant alors la simplification par stéréotypes culturels tels que ceux qui associent le mal à la mort ou le bien à la vie. On retrouve cet état de Coatlicue dans le personnage de Man Yaya qui apprend à Tituba la fusion d'opposés régnant dans la nature même. Au moyen des plantes par exemple, elle explique celles qui soulagent mais aussi celles qui font avouer. De même, dans la nature, si elle professe le respect de tout (*Tituba* 22), elle apprend aussi que la nature n'est pas seulement bienfaisante mais peut aussi être destructrice (*Tituba* 22).

Man Cia évolue aussi dans cet état, et cela est exprimé par l'opposition entre son personnage véritable et le jugement porté sur ce personnage par le regard des autres. On voit ainsi que Télumée est intéressée par Man Cia avant même de la connaître parce qu'elle sait qu'il s'agit d'une amie de sa grand-mère. Or, le premier récit qu'elle apprend sur Man Cia sort de la bouche du père Abel qui raconte une attaque entre Man Cia sous forme de « négresse volante » (*Pluie* 55) et lui-même. Il exhibe même une cicatrice à l'avant bras, preuve concrète de son aventure. Face à la question sous entendue de Télumée—comment sa grand-mère peut-elle être l'amie d'une telle personne?—c'est Reine Sans Nom qui replace Man Cia dans un état de Coatlicue, insistant sur la dualité inhérente à chaque personne:

> Il ne faut pas juger Man Cia, car ce n'est pas l'homme qui a inventé le malheur, et avant que le pian ne vienne sur terre pour nous ronger la plante des pieds, les mouches vivaient. Le

> plaisir des hommes c'est de prendre Man Cia sous leur langue
> et de la faire voltiger à la façon du linge qu'on lance sur les
> roches de la rivière pour en faire tomber la crasse. C'est vrai
> que les gens en parlent avec crainte, car il y a toujours un ris-
> que à prononcer ce nom: Man Cia. Mais te disent-ils ce qu'ils
> font lorsque leurs os se déplacent, lorsque leurs muscles se
> nouent, lorsqu'ils n'arrivent plus à reprendre souffle dans la
> vie? (*Pluie* 56)

Tout en justifiant la fusion des opposés chez Man Cia, Reine Sans Nom
suggère aussi l'existence d'opposés dans les hommes qui la critiquent,
expliquant la peur qu'elle fait naître en eux, mais aussi le bien qu'elle
leur prodigue par ses soins.

Dans ces romans, la possibilité de transformation des humains en
animaux est suggérée, ouvrant là encore un espace multidimensionnel,
voire hybride. Cet espace commun rassemblant différents opposés ouvre
aussi le débat quant à la définition même de ces vieilles femmes sorcières
et guérisseuses. J'ai jusqu'ici volontairement utilisé le terme sorcière
avec le terme guérisseuse, car en français, la sorcière est principalement
associée au pouvoir du mal, à une connotation négative. Pour Catherine
Clément en effet, la sorcière est une « anomalie » dans le système social.
Elle part du principe que « les sociétés ne parviennent pas à offrir à tous
la même insertion dans l'ordre symbolique; ceux qui sont, si l'on peut
dire, entre les systèmes symboliques, dans les interstices, hors-jeu, ceux-
là sont affligés d'une dangereuse mobilité symbolique » (Clément 17).
Pour elle, les femmes en général représentent « l'anomalie » en ce
qu'elles sont « doubles: du côté de *la* règle, puisqu'elles sont épouses et
mères, et du côté *des* règles, perturbations naturelles, comble du paradoxe, ordre et désordre » (Clément 18). La sorcière est donc la femme à
craindre puisqu'elle évolue dans cet espace hybride existant entre les
systèmes symboliques, et qu'elle maîtrise en quelque sorte ce que la société patriarcale ne peut maîtriser: le pouvoir de création. L'espace dans
lequel elle évolue représente l'imaginaire d'autrui où elle se trouve
« juchée sur le bouc noir qui l'enlève, empalée par le balai qui la fait

s'envoler. Elle va du côté de l'animalité, des plantes, du non-humain »
(Clément 19).

Or, dans la fiction qui nous intéresse ici, la sorcière représente
clairement un personnage qui évolue dans l'espace hybride présent entre
les systèmes symboliques puisqu'elle est à la fois la sorcière qui maîtrise
les pouvoirs que les autres ne comprennent pas, et aussi la guérisseuse,
celle dont le but est d'aider son frère d'infortune. C'est la raison pour
laquelle je n'utilise pas ici sorcière ou guérisseuse séparément, mais au
contraire ensemble, symbole de la fusion d'opposés à l'œuvre ici. Tituba
aussi remet en question l'attitude d'autrui vis-à-vis de guérisseuses
comme elle-même ainsi que l'appellation de « sorcière » utilisée par la
société:

> On semblait me craindre. Pourquoi? Fille d'une pendue, re-
> cluse au bord d'une mare, n'aurait-on pas dû plutôt me plain-
> dre? Je compris qu'on pensait surtout à mon association avec
> Man Yaya et qu'on la redoutait. Pourquoi? Man Yaya n'avait-
> elle pas employé son don à faire le bien. Sans cesse et encore
> le bien? Cette terreur me paraissait une injustice. Ah! C'est
> par des cris de joie et de bonne arrivée qu'on aurait dû
> m'accueillir! C'est par l'exposé de maux que j'aurais de mon
> mieux tenté de guérir. J'étais faite pour panser et non pour ef-
> frayer. (*Tituba* 26)
> Qu'est-ce qu'une sorcière?
> Je m'apercevais que dans sa bouche [John Indien], le mot était
> entaché d'opprobre. Comment cela? Comment? La faculté de
> communiquer avec les invisibles, de garder un lien constant
> avec les disparus, de soigner, de guérir n'est-elle pas une grâce
> supérieure de nature à inspirer respect, admiration et grati-
> tude? En conséquence, la sorcière, si on veut nommer ainsi
> celle qui possède cette grâce, ne devrait-elle pas être choyée et
> révérée au lieu d'être crainte? (*Tituba* 34).

La remise en cause du terme de sorcière par Tituba elle-même soulève le décalage qui existe entre le rôle double des sorcières/ guérisseuses et la façon unique dont elles sont perçues par la communauté. Pourtant, c'est à cause du décalage entre l'interprétation de ce terme et ce qu'il représente vraiment que se créent un lien spécial entre l'initiateur—les sorcières/ guérisseuses—et l'initiée—les jeunes protagonistes. Ce lien vise à familiariser les jeunes initiées à différents rites, à les éduquer sur les conséquences de certaines décisions.

Dans le cas de Tituba comme dans celui de Télumée, l'intervention de leurs mentors n'advient que lorsque le personnage de la mère (Abena pour Tituba), ou celui qui jouait le rôle de la mère (Reine Sans Nom pour Télumée), s'est éclipsé dans la mort. Ceci a son importance parce qu'il semble ainsi que le lien maternel soit renforcé, ne permettant au protagoniste de n'avoir qu'une seule mère à la fois. Le symbole maternel est confirmé par le rite des bains que Man Cia et Man Yaya font prendre à leurs jeunes protégées. Pour Tituba, ce rite a lieu juste après la mort de sa mère: « Elle commença par me donner un bain dans lequel flottaient des racines fétides, laissant l'eau ruisseler le long de mes membres. Ensuite, elle me fit boire une potion de son cru et me noua autour du cou un collier fait de petites pierres rouges » (*Tituba* 21). L'expérience ne semble pas spécialement agréable comme en atteste le choix du vocabulaire (« racines fétides »), mais il est perçu comme un rituel salvateur destiné à laver (au sens figuré plutôt que propre) l'esprit de Tituba. Quant à Télumée, elle subit ce rituel des bains bien après la mort de Reine Sans Nom, au moment où elle vit seule et mène sa vie de « femme libre » (*Pluie* 186):

> Je ne la [Man Cia] trouvais jamais dans la clairière, mais une grande terrine de terre cuite m'attendait devant sa case, au soleil, emplie d'une eau violacée par toutes sortes de feuillages magiques, paoca, baume du commandeur, rose à la mariée et puissance de satan. Aussitôt j'entrai dans le bain, j'y lâchais toutes mes fatigues de la semaine, prenant bien soin de réunir

mes mains en creux, comme un bol, pour en déverser neuf fois
le contenu au milieu de ma tête. (*Pluie* 189)

Ici, Télumée se prépare à la transition entre le monde des humains dans
lequel elle vit et celui de Man Cia qu'elle vient rejoindre dans les hauteurs et qui est elle-même en quelque sorte un esprit. Là aussi, cette transition demande un bain purificateur.

Pour Tituba comme pour Télumée, le rite du bain rappelle la
plongée dans un liquide amniotique, scellant le lien maternel entre elles-
mêmes et leur mentor. Clarisse Zimra souligne, elle, un autre moment
maternel dans *Pluie et vent sur Télumée Miracle,* insistant sur le rôle des
véritables conteuses de cette histoire (Reine Sans Nom et Man Cia): « In
Télumée [...] the legitimacy of discourse is never in doubt; the matricial
moment, wherein Toussine brings Télumée to Cia for the first time un-
folds with great physical and spiritual peace: « Tout était clair, serein, au
ciel et sur la terre. Reine-sans-Nom et son amie Man Cia se tenaient ap-
puyées l'une contre l'autre, les traits paisibles et assurés » (*Pluie* 70).
Zimra voit clairement dans ce premier lien aux vieilles femmes, dans le
récit qu'elles font à Télumée, la possibilité de retrouver la généalogie
féminine, jusque dans le mythe de Solitude: « It is thus through the folk-
tale that Télumée, under the old women's tutelage, shall find her way
back, across the « Bridge of Beyond », up into the Matouba hills of collective memory, to claim Solitude as her primal mother » (Zimra 113).
Par le partage du mythe, le lien maternel est non seulement renforcé, il
s'étend aussi à la généalogie.

L'étape qui favorise l'éducation se passe dans le cas de Tituba et
de Télumée, loin de l'influence et de la vie des autres humains. Pour Tituba, cet enseignement reflète non seulement des connaissances pratiques
(plantes, vent, montagnes) mais aussi philosophiques (*Tituba* 22). Grâce
à cet enseignement complet, c'est l'image de Man Yaya qui se reflète sur
Tituba. Quant à Télumée, son initiation a lieu dans la forêt qui entoure la
case de Man Cia:

> [...] nous nous promenions dans la forêt où Man Cia m'initiait
> aux secrets des plantes. Elle m'apprenait également le corps
> humain, ses nœuds et ses faiblesses, comment le frotter, chas-
> ser malaises et crispations, démissures. Je sus délivrer bêtes et
> gens, lever les envoûtements, renvoyer tous leurs maléfices à
> ceux-là mêmes qui les avaient largués. (*Pluie* 190).

La forêt devient ici le symbole d'une enveloppe protectrice—le ventre de
la mère enceinte—et son centre (la case de Man Cia au centre d'un cercle
de terre rouge) le symbole de ce qui est à naître—le fœtus d'un nouvel
être.

On peut donc voir dans ce symbolisme un essai de réponse à la
question posée au début de cette section: quel est le véritable rôle de ces
femmes dans la vie des jeunes protagonistes? Car ces vieilles femmes
offrent plus qu'une simple initiation: elles éduquent sans aucun doute et
initient leurs protégées à une vie de service auprès des membres de leur
communauté; mais elles jouent aussi un rôle de mères de substitution,
favorisant la re-naissance, et par là même les liens pré-œdipiens symboles d'une union et d'une intimité sans bornes entre mères et filles dont
parle Chodorow. Ronnie Scharfman reprend cette idée dans son analyse
de *Pluie et vent sur Télumée Miracle* et voit clairement la continuation
symbolique de ces liens pré-œdipiens entre Reine sans Nom et Télumée,
quand la vieille femme soigne les blessures de Télumée: « [...] Reine
sans Nom is completely faithful, literally and figuratively soothing her
wounds, agreeing to resort to sorcery in an effort to rekindle love. This
attests to the enduring quality of the pre-Oedipal bond which Chodorow
emphasizes » (Scharfman 97).

Par leurs contes et leurs récits, ces femmes d'expérience permettent à l'histoire de rejoindre l'Histoire, celle d'un peuple dépossédé
non seulement de son territoire mais aussi de ses mots par une culture
coloniale globalisante et étouffante. Ensuite, elles offrent une vision
élargie de la communauté grâce à l'intervention du surnaturel: les liens
entre femmes s'avèrent ainsi non seulement possibles, mais ils sont éter-
nels puisqu'ils existent même dans l'au-delà. De plus, le surnaturel

utilisé par ces femmes à la sagesse reconnue permet le lien dans le continuum de l'histoire entre passé et présent puisque ce sont elles, ces guides spirituels « [that] remember the past while they marginally transform the present » (Renk 18). Ainsi, grâce à cette vision élargie de la communauté, le sens même de l'exil évolue pour perdre son côté isolant, aliénant. En effet, l'importance de guides spirituels féminins dans la vie des jeunes femmes leur permet d'envisager l'existence d'une généalogie féminine dont elles feraient partie. Les femmes opprimées et exilées criant leur aliénation du fin fond de leur solitude peuvent alors espérer opérer un retour (psychologique ou réel) qui se superpose à l'exil et grâce auquel elles peuvent recréer le lien au maternel qui avait été brisé[3].

Finalement, je voudrais renforcer ici l'importance du lien à la mère. Comme je l'ai montré dans le premier chapitre c'est la mère, ou le lien à la mère, qui permet l'accès aux autres femmes (si l'on prend même l'exemple de Télumée dont on a parlé ici, on peut noter que c'est Victoire, la mère de Télumée qui la confie à Reine Sans Nom, et que c'est ensuite Reine Sans Nom qui favorise le lien entre Télumée et Man Cia): sans la mère, ou un lien symbolique à la mère (comme c'est le cas dans *Juletane* par exemple), il ne peut y avoir d'accès à la généalogie féminine. Dans les œuvres des Antilles étudiées ici, le lien de la mère au texte est visible dans le conte même. Signe visible du féminin s'exprimant, il est le témoin du lien intime qui rapproche les femmes, et il est à la fois a-mort et amor [amour] (Kristeva, « Stabat » 185), rappelant la fusion d'opposés de l'état de Coatlicue, puisque la vie continue grâce à l'inscription, au signe écrit, révélant un rapprochement entre femmes et la possibilité d'une histoire d'amour.

Pourtant, il faut nuancer ce jugement en rajoutant un élément: en effet, ce mouvement, qui permet de souligner l'importance de certaines femmes par rapport à d'autres, évolue dans les deux sens ce qui signifie qu'ils s'équilibrent éventuellement. En effet, si les mères insistent sur l'importance de la généalogie féminine, l'inverse est aussi vrai car je viens de montrer par exemple que les « autres » femmes (celles qui se distinguent par leur expérience et leur compréhension de la communauté), membres elles-mêmes de cette généalogie, soulignent l'importance des mères par le biais de toute une symbolique maternelle. Pourtant, que la mère soit biologique ou de substitution, la relation mère-fille se distingue dans toute sa complexité renforçant l'importance même de l'histoire maternelle dans la constitution de l'identité de la jeune protagoniste.

2. Transmission de l'histoire des femmes chez Gisèle Pineau

Par touches subtiles, la littérature féminine antillaise rappelle le lien de son peuple à l'esclavage que ce soit grâce à des contes et des histoires de personnages comme Reine Sans Nom ou Man Cia dans *Pluie et vent sur Télumée Miracle* ou encore grâce au courage de femmes comme Julia dans *L'Exil selon Julia* qui brisent le silence imposé par leurs propres enfants afin de transmettre l'héritage qui leur est dû à leurs petits enfants. Cette histoire n'est cependant que l'histoire collective d'un peuple abîmé par la colonisation, et elle n'insiste pas sur la spécificité du féminin si ce n'est en présentant le dilemme auquel font face les femmes esclaves qui mettent des enfants au monde—comme c'est le cas de Tituba qui tue son enfant non né parce qu'elle ne peut supporter l'idée de mettre au monde un esclave (*Tituba* 83).

Pourtant, si l'histoire du quotidien des femmes pendant l'esclavage n'est encore que peu contée[4], c'est une histoire des femmes antillaises contemporaines qui apparaît dans *L'Espérance macadam* de Gisèle Pineau, suggérant les trajectoires possibles de la vie d'êtres féminins aux destinées variées. L'histoire se présente comme une symphonie de voix féminines multiples, au cœur de laquelle se distingue celle d'Eliette, presque malgré elle, puisqu'elle ne « cherchait rien d'autre sur cette terre que la paix dans sa case » (*Espérance* 10). Eliette commence à partager ses pensées sur la communauté de Savane Mulet après avoir rencontré le regard de Rosan, son voisin, dénoncé d'inceste par sa propre fille Angela et attendant son sort assis dans une voiture de police. Ce coup d'œil qu'Eliette jette parce qu'« [elle] savai[t] plus où poser les yeux » (*Espérance* 24), la plonge dans un enfer déterminé par son histoire personnelle (*Espérance* 24). Dans son article « Nostalgia,

Amnesia, and Grandmothers: The Uses of Memory in Albert Murray, Sabine Ulibarry, Paula Gunn Allen, and Alice Walker », Wolfgang Karrer explique que « the adult rewrites the experiences of the child » (129). Il décrit les différents codes qui font partie de l'expérience de la remémoration comme étant les suivants: « experience—> encoding—> memory trace—> decoding—> recall » (130). Ainsi, le coup d'œil d'Eliette dans les yeux de Rosan s'avère être une remémoration (« recall »). Pourtant, comme le souligne Karrer lui-même la reconstruction qui suit la remémoration (qu'il appelle « recoding ») permet au personnage de revivre, et j'ajouterais même de revivre différemment puisque la reconstruction après la remémoration tente de faire disparaître le laps de temps qui s'est écoulé entre l'encodage (« encoding ») et le recodage (« recoding »). Le coup d'œil d'Eliette la ramène en arrière au moment de son premier viol, survolant sa vie (période entre encodage et recodage) et la frappant « pis qu'un tison ardent » (*Espérance* 24) soulignant la non résolution de ce premier acte de violence.

Ecartelée entre lâcheté—symbolisée par la (toute relative) « paix » de sa case—et la voix de sa conscience qui la pousse à mettre de l'ordre dans les bruits qu'elle entend (*Espérance* 25), Eliette répond finalement à sa destinée: féminin du prénom Elie—prophète, élu pour propager la bonne nouvelle—Eliette devient la femme prophète, élue, qui va donner sens à l'histoire des femmes en même temps qu'elle se met à la raconter. C'est cette histoire sur laquelle on se penchera tout d'abord: son articulation, ses actrices et surtout sa portée, avant de se demander si on peut y voir un exemple d'une histoire universelle de la femme antillaise.

Arrivée à soixante-huit ans, deux fois veuve sans jamais avoir enfanté, Eliette ne cesse de mentionner cette absence de descendance comme un fléau duquel elle s'accommode pourtant sans trop rechigner, remettant en cause les visions d'une voyante la décrivant mère: « Une enfant, une fille, jurait l'Haïtienne. Une parente que j'aurais recueillie, une nièce tirée de je ne sais quel chapeau de malice… » (*Espérance* 11). De ce manque s'organise toute une série de pensées et regrets concernant tous les enfants qu'elle aurait pu avoir, poussant au premier plan la problématique de la mère de substitution: « Chaque fois qu'un malheur piétait dans une case de Savane, je trouvais une bougresse terbolisée qu'aurait pu être ma fille » (*Espérance* 14). Eliette choisira finalement Angela, enfant de l'inceste comme elle, comme fille de la dernière heure. Pourtant, contrairement aux cas de substitution classiques dans lesquels la mère est absente—disparue ou morte—dans le cas d'Angela, la mère existe bel et bien. Elle est même la voisine d'Eliette. Le rôle de la mère de substitution prend donc ici une place centrale dans le récit.

A travers la symphonie de voix féminines qui se fait entendre dans le roman, on peut distinguer un cri perçant, une longue lamentation, un regret profond concernant le malheur qu'ont les Antillais à continuer à mettre au monde une descendance vouée au malheur, à la vie scélérate comme le dirait Maryse Condé elle-même. Eliette se fait la porte-parole de ce regret général en racontant l'arrivée à Savane de « bougresses qui comptaient plus leur marmaille » (*Espérance* 18), et qui voient dans leur homologue masculin ce qu'elles croient être leur délivrance. Pour Eliette, désillusion et vie scélérate s'en vont main dans la main, comme si les rêves de bonheur existaient autre part qu'à Savane. La description qui est donnée des femmes fertiles du petit bourg présage de la narration du malheur individuel de chaque femme:

> A Savane, y avait des manmans aveugles, muettes et sourdes. Bougresses bancroches un quart déboussolées, courant derrière la destinée pour réclamer un dû. Tristes créatures effarées. Femelles à cheveux ferrés. Chairs sapotille bâtardes en jactance perpétuelle. Madones à sac et souliers vernis les dimanches de Je crois en Dieu, et puis sacrées injurieuses les jours sans Jésus-Christ, sans foi ni loi. Dans la nuit, des femmes, sous l'emprise de l'écho que faisait le tambour en leurs corps, dansaient saoules, et tombaient à genoux en remuant les reins devant les bougres montés à cheval sur les tambours-kas enflammés. Y en avait des pas méchantes aussi. Comme Hortense, pauvre... Et Rosette, avec tous ses rêves et

les contes qu'elle disait pour adoucir la vie. Comme Esabelle
qui aimait l'or et gagna que tourment... (*Espérance* 20-21)

Partant d'une considération générale sur le destin des femmes émise par
Eliette, l'histoire des femmes se présente ensuite sous une forme biblique
dans laquelle les malheurs détaillés de sept femmes riment avec les sept
plaies du peuple juif en Egypte. Ces femmes aux destins différents sont
liées par le malheur qui les frappe, sans autre raison apparente que le fait
qu'elles sont femmes et promises à une vie de misère dans le village de
Savane.

Chacune de ces femmes essaie d'échapper à ces plaies qui les
frappent utilisant différents subterfuges qui les lient dans le malheur sans
pour autant les en éloigner. Hortense et Hermancia par exemple sont
liées par l'échappatoire artistique qu'elles choisissent pour oublier ce
qu'elles subissent: Hortense est constamment battue par Régis, l'homme
avec qui elle vit, si bien qu'elle en devient « toute démontée et décousue
par les coups de conque à lambi » (*Espérance* 89). Or, quand Zébio
« surprit [en elle] le feu d'une couleur jamais vue brûler dans ses yeux
saufs » (*Espérance* 89), il la convainc de la peindre afin d'essayer de
retrouver l'essence originelle de la femme (*Espérance* 90).

Zébio se présente donc en quelque sorte comme un sauveur,
mais ses intentions sont mal dirigées puisqu'elles sont centrées sur lui-
même plutôt que sur Hortense. Ainsi, dans leur complot destiné à trom-
per Régis, Zébio se distingue clairement comme le seul bénéficiaire de
l'affaire: « Il serait reconnu de par le monde entier. Les gens diraient:
'Un Nègre! rendez-vous compte! un Nègre!' S'il parvenait à immorta-
liser cette couleur rétive, il tirerait ses pieds des godillots qui le rame-
naient toujours à Savane. Il pourrait larguer une fois pour toutes cette
misère » (*Espérance* 90). L'emploi du pronom personnel sujet masculin
dans la description du rêve de Zébio, insiste sur le caractère individuel de
l'éventuel changement de situation. Hortense se laisse donc entraîner
dans un malheur plus grand que celui qu'elle ne vit déjà dans l'illusion
que l'art pourrait éventuellement transfigurer et ainsi changer sa vie. Elle

ne récolte que la mort sous le couteau d'un Régis jaloux qui la découpe en morceaux.

On peut voir dans la volonté d'Hortense de se laisser peindre par Zébio—bien qu'elle n'ait plus aucune illusion sur sa beauté physique— une certaine envie d'inscrire son malheur pour la postérité comme une façon détournée de témoigner face au monde du malheur de la femme. Or, ironiquement les conséquences de son accord à Zébio sont doubles: non seulement elle perd la vie sous les coups de sabre de Régis, mais en plus le message qu'elle aurait voulu laisser derrière elle—l'inscription picturale, symbole de sa vie de femme—s'avère être mal comprise par le masculin, celui-là même qui essayait de la reproduire: « [...] elle avança la bougie au plus près, inspecta la toile qui ne montrait ni son corps, ni ses yeux, seulement une chamarrure ébouriffante qui laissait l'homme coi, émerveillé » (*Espérance* 98). La transfiguration n'a pas lieu, et Hortense meurt perdue dans ce qui n'est plus qu'une illusion de bonheur, « un sourire de bienheureuse sur la figure » (*Espérance* 101), symbolisant ainsi, selon le parallèle biblique, la première plaie de Savane Mulet.

Hermancia, contrairement à Hortense, n'essaie pas d'exprimer son malheur par la peinture, mais par la voix et le chant. Née simple d'esprit et orpheline de mère, elle se fait élever par un père célibataire pêcheur de crabes. Au-delà de sa simplicité d'esprit, c'est sa pureté qui frappe: « Quand son chant montait, soleil d'innocence saluant l'ordinaire des jours, on s'arrêtait pour attraper un brin de son histoire couchée sur une aile de vent. L'air pesait moins lourd. Les doigts couraient plus légers dans les nattes des filles » (*Espérance* 55). Or Hermancia, enceinte car violée par sept garçons bouchers, représente aux yeux de tous la femme humiliée et bafouée poussant devant elle son ventre ballonné. Elle aussi, tout comme avait voulu le faire Hortense avant elle par le biais d'une toile de peintre, veut laisser derrière elle une trace de son malheur qu'elle chante telle la sirène séduisant Ulysse:

> Les paroles ne changeaient guère, et des femmes se taisaient
> soudain, les bras pétrifiés dans l'étendage d'un linge, sentant
> monter en elles comme la chaleur d'un onguent qui délivrait

leurs âmes tourmentées et les soulevait dans les airs, hors de la chair. D'autres femmes, ramollies un moment, secouaient leurs corps avec des gestes brusques pour pas donner prise à l'enchantement. (*Espérance* 59)

Les vies de malheur d'Hortense et d'Hermancia se déroulent lentement au gré des coups de pinceau et des couplets de chansons « lanc[és] en serpentins tout autour de Savane » (*Espérance* 58-59). Pourtant, contrairement à Hortense qui meurt sans laisser derrière elle l'inscription dont elle rêvait, Hermancia donne naissance à une enfant sur le macadam de l'espérance. Elle-même incarnation de la deuxième plaie du village de Savane Mulet, elle disparaît telle une prophète, ayant laissé derrière elle une descendance. Départ prophétique en effet, et souligné par la narration qui décrit la disparition d'Hermancia trois jours après la mort naturelle du mari d'Eliette (*Espérance* 60). Hermancia apparaît donc d'après la symbolique biblique, comme un Christ féminin ressuscité, laissant derrière elle l'histoire d'une femme comme partie intégrante à une Histoire de femmes.

Or, ce nouveau-né de sexe féminin, Glawdys, présenté comme l'espoir d'un peuple à la dérive, voit sa propre existence transformée en une troisième plaie à Savane Mulet. Adoptée par une femme dont les mauvais traitements physiques sont connus mais ignorés de tous, la fillette perd rapidement sa « beauté étrange et merveilleuse » (*Espérance* 61) pour ne devenir que « des yeux gris amarrés au bout d'une corde » (*Espérance* 11). Sauvée par une représentante de l'assistance publique, Glawdys quitte Savane Mulet pour n'en revenir qu'adulte. Enceinte elle-aussi, elle jettera son enfant du pont des Nèfles, le tuant volontairement pour lui éviter la vie de malheur qu'elle a elle-même subie, et rappelant ainsi les infanticides fréquents des femmes privées de liberté sous l'esclavage.

Outre le fait que ce meurtre représente en lui-même la quatrième plaie du village de Savane Mulet, le parallèle avec les infanticides perpétrés pendant la période de l'esclavage symbolise le paradoxe que vivent souvent les femmes antillaises au jour le jour: libres aux yeux de la société car elles ne sont plus considérées comme un titre de propriété, elles ne sont pourtant libres ni de l'emprise que se donne cette société— patriarcale—sur leurs actions, ni de la façon dont les membres de la société agissent à leur égard, déterminant leur futur (comme cela est clairement montré par le cas de Glawdys). Puisque l'importance de la narration d'une histoire des femmes dans le développement de jeunes protagonistes est ici mise en exergue, il faut souligner que dans le cas de Glawdys, tout ce que je décris comme étant indispensable—un sens des origines, un mentor sous la forme de mère ou de mère de substitution, un lien à la communauté des femmes—est absent. En effet, la mère biologique de Glawdys a disparu juste après sa naissance lui enlevant littéralement la possibilité de se découvrir un passé. De plus, elle est maltraitée durant toute son enfance, initiée au malheur et au côté négatif de la vie, par cette même femme qui devrait au contraire être un mentor positif. Enfin, elle est isolée de toute la communauté des femmes qui l'observe lâchement sans jamais lui offrir la possibilité de s'identifier ou de s'intégrer dans une généalogie féminine. Glawdys est ainsi poussée au meurtre par les actions de la communauté à son égard, et forme un parallèle surprenant avec Esabelle, meurtrière elle-aussi, et symbole de la cinquième plaie du village de Savane.

Menant une vie de misère à Savane, Esabelle est attirée par ce qui lui manque mais continue d'être exhibé sous ses yeux: des bijoux en or. Poussée à croire les paroles de Marius, son compagnon de case qui lui promet une jarre d'or enfouie par des ancêtres et dont l'emplacement doit lui être révélé en rêve, elle attend perdue dans des rêves de grandeur. Ne voyant rien venir, elle commence une aventure avec Christophe qui l'a séduite en lui offrant les bijoux en or dont elle rêvait. Christophe refuse finalement de la partager avec un rêveur, et tous les deux tuent Marius, réussissant à faire passer ce meurtre pour un suicide. Loin de pouvoir profiter de son crime, Esabelle tombe dans la folie et annonce au village le complot meurtrier dont elle a fait partie. Esabelle et Glawdys sont donc rapprochées dans cette histoire se déroulant selon les plaies d'Egypte par leur rôle de meurtrières: l'une s'étant vue refuser tout accueil par la communauté qui l'entoure, l'autre s'étant vue écrasée par le matérialisme d'une société tentatrice qui lui refuse la possibilité de jamais pouvoir réaliser ses rêves, comme si, là encore, le bonheur pour les femmes existait autre part qu'à Savane.

Rosette, la voisine d'Eliette, symbolise la sixième plaie de Savane Mulet, devenant après le bébé de Glawdys jeté du pont des Nèfles, la deuxième victime du malheur d'une autre femme. Inconsciente de l'inceste qui se passait sous son toit nuit après nuit depuis six ans entre son mari Rosan et sa fille Angela, elle est écrasée par les révélations publiques d'Angela qui conduisent à l'arrestation de Rosan, condamnant tout d'abord sa fille pour ce qui lui semble être un mensonge (*Espérance* 80), puis se condamnant ensuite, coupable de n'avoir « rien vu, rien entendu » (*Espérance* 247). Ainsi, alors que le bébé de Glawdys avait été la victime de sa propre mère, victime elle-même d'une communauté qui l'a toujours ignoré, Rosette, elle, semble être la victime de sa fille Angela qui lui reproche son aveuglement alors qu'elle est elle-même victime du viol de son père[5]. Cette sixième plaie qui tombe sur les épaules de Rosette détruit la vie de rêves qu'elle s'était construite dans les dictées qu'elle imposait à Angela sous la forme de contes, illusions d'une vie meilleure.

Eliette et Angela sont à elles deux l'incarnation de la septième plaie au village de Savane par le viol incestueux qu'elles ont subi l'une et l'autre et par la mise au silence qui leur a été appliquée, ironiquement, par des femmes. Dans le cas d'Eliette, son viol connu de sa mère Séraphine est assimilé au cyclone de 1928 qui a ravagé l'île. Il devient « Le Passage de la Bête », « la poutre » qui l'a mutilée. Pourtant, Séraphine ne lui apprend jamais explicitement ce qui s'est passé, la dépossédant ainsi de sa propre histoire, et la faisant en conséquence tomber dans un silence qu'Eliette extériorise en ne se mêlant que de la « paix » de sa case... Angela est aussi réduite au silence par sa propre mère, pour avoir expliqué à son père que Rosette avait rencontré une femme rastafarienne pendant la journée: « On appelle Judas les gens qui trahissent une parole. Est-ce que tu as vu comment ton papa est fâché? Il a de la peine. Par ta faute. Et moi aussi j'ai de la peine. A présent, va chercher la ceinture, pour apprendre à fermer ta bouche quand on te demande rien » (*Espérance* 202). Cette scène lui reviendra au moment où son père lui demandera de ne pas par-

ler du viol à sa mère, et dans la peur d'être à nouveau traitée de Judas et
battue, elle s'enfoncera dans un silence et un mutisme profond.

On remarque ici, tout comme dans *Traversée de la mangrove* de
Maryse Condé dans le cas de Rosa et de Vilma, une absence de complicité entre mère et fille. Les mères semblent aussi se plier aux règles de
la société patriarcale qui les opprime elles et leurs filles. A ce propos, et
dans son étude sur l'inceste et en particulier sur la condamnation de la
mère dans les cas d'inceste, Janet Jacobs explique qu'une majorité de
filles violées exprime une haine sans bornes pour cette mère coupable à
leurs yeux, et la considèrent comme une véritable traîtresse qui n'est pas
venue les sauver, tandis qu'une majorité de ces mêmes filles serait plus
prête à pardonner le père (violeur) que la mère des violences subies. Pour
Jacobs, ce sont les liens pré-œdipiens développés uniquement avec la
mère qui permettent en quelque sorte d'expliquer cette attitude de haine
entre mère et fille. En effet, durant les liens pré-œdipiens, la mère est
placée sur un piédestal, devenant omnipotente dans les yeux de sa fille
puisque c'est elle qui répond à ses besoins immédiats (Jacobs 511). Il me
semble que cette colère et haine que l'on peut voir clairement exprimée
par Angela, se retrouve aussi dans la relation Rosa/Vilma, et ceci malgré
l'absence d'inceste. L'argument de Janet Jacobs offre ainsi, à mon avis,
un essai d'explication à la haine mère/fille issue du sentiment de trahison
ressenti par l'une face à l'attitude de l'autre. Pourtant, il faut noter que
dans le cas d'Eliette et d'Angela, c'est moins la différence d'âge (Eliette
a soixante-huit ans et Angela en a seize) que la connaissance d'une expérience commune qui permet le lien: Eliette reconnaît en Angela la fille
qu'elle avait toujours attendue alors qu'elle fait face par ailleurs à son
propre viol. Ceci semble donc suggérer que la maternité de substitution
ne peut se réaliser que lorsque la mère de substitution maîtrise l'histoire
qu'elle doit transmettre.

L'histoire des femmes qu'est *L'Espérance macadam* s'ouvre
donc sur ce que j'ai choisi de nommer les sept plaies de Savane Mulet,
exposant ainsi les réalités auxquelles doivent faire face les femmes antillaises, mais il me semble que certains aspects du récit peuvent se lire
comme une mise à l'épreuve biblique que l'on retrouve dans le *Livre de*

Job tiré de l'Ancien Testament. Les parallèles entre Eliette et Job—bien que d'époques et de genres sexuels différents—sont frappants. Le principal trait de ressemblance se situe dans la foi dont ils font tous les deux preuve. Si Job croit en Dieu, Eliette ne cesse de montrer la foi qu'elle a en la maternité, et plus particulièrement l'importance qu'elle met dans *l'idée* de devenir mère. Et tout comme Job est éprouvé par le Dieu en qui il a confiance, Eliette et ses « qualités » de mère sont mises à l'épreuve. Elle se raccroche ainsi au départ à l'idée d'une maternité biologique, et quand celle-ci s'avère impossible à cause de son âge avancé, elle ne se raccroche plus qu'à *l'idée* d'une maternité. Sa concentration sur *l'idée* de la maternité plutôt que sur la maternité elle-même est malencontreuse dans le sens où la maternité de substitution frappe à sa porte plusieurs fois sans qu'elle ne puisse se décider. Pourtant, tout comme Job, sa foi ne vacille pas, et lorsqu'elle se décide finalement à rattraper Angela, leurs points communs—dans le malheur de l'inceste—font alors qu'elles sont complémentaires. A la fin de *L'Espérance macadam*, Eliette est, comme Job lui-même, mieux lotie qu'au début puisqu'elle a maintenant une fille adoptive.

   Pourtant, il faudrait se garder de forcer le parallèle, car cela ne servirait qu'à le simplifier à outrance. Il est vrai qu'Eliette est soumise, et que sa soumission l'entraîne dans la lâcheté, la rendant sourde et aveugle au malheur d'autres femmes parce qu'elle ne choisit de se concentrer que sur la « paix » de sa case. Néanmoins, il faut quand même noter que ni sa case ni sa conscience ne sont très paisibles, toutes deux en proie à « un grand tourbillon » (*Espérance* 25), « empli[es] de toutes les clameurs de Savane Mulet » (*Espérance* 37). Le doute est constamment présent dans la vie d'Eliette, comme l'autre côté d'un masque derrière lequel on n'ose regarder mais dont on n'ose pourtant renier l'existence. Cette idée du masque à deux faces—celle que l'on voit et celle qui est cachée mais laisse pourtant sous-entendre sa présence—revient de façon lancinante dans le roman et est présente dans l'histoire de deux femmes: celle d'Eliette et celle de Rosette. Ces deux femmes représentent la maternité autour d'une même jeune femme, Angela, l'une symbolisant la maternité biologique et l'autre celle de substitution suggérant véritablement que leurs rôles peuvent être différents en particulier en ce qui concerne la transmission d'un héritage féminin indépendant d'une construction patricarcale.

  L'Espérance macadam est donc un récit se déroulant sur sept jours mais aux nombreux retours en arrière permettant en fait de reconstituer les soixante-huit ans de la vie d'Eliette. Plusieurs voix apparaissent dans le roman, et elles sont mêlées répondant plus à un enchaînement thématique que chronologique. Au départ, ce sont les voix de la narratrice et d'Eliette qui sont jointes, l'une exprimée à la troisième personne du singulier et l'autre à la première personne du singulier. Rapidement, c'est la voix de Rosette qui se fait entendre à la première personne du singulier, et finalement celle d'Angela, presque marginale puisqu'elle ne témoigne que de l'inceste.

  Le point commun qui lie les histoires d'Eliette et de Rosette se trouve dans la dualité vérité/mensonge qu'elles expriment. Ainsi, chacune des deux histoires semble avoir deux versions ou encore deux faces, l'une symbole de la femme opprimée par la structure patriarcale, l'autre représentant la femme se libérant en replaçant l'Histoire (la réalité avec ses événements et ses faits) dans l'histoire (le récit de la vie de la femme). A aucun moment de la narration de Gisèle Pineau n'est remise en cause la structure qui donne au récit un semblant de légitimité puisque ce dernier s'inscrit dans l'Histoire au rythme des cyclones qui ont frappé la Guadeloupe: celui de 1928 tout d'abord, puis celui de 1981, et enfin le cyclone Hugo de 1989. Cette Histoire est même légitimée et prouvée en quelque sorte par le texte écrit officiel venant du journal, autorité reconnue de tous:

> Pour attester ses paroles et aussi pour que l'oubli du Cyclone ne vienne pas tout corrompre et défigurer, sa manman garda longtemps dans une vieille malle un lot de journaux secs et jaunes qui dénombraient les morts, blessés, disparus, perclus, victimes de fièvres et du tétanos. Tout le restant de son existence, jusqu'à la veille de sa mort, des années plus tard, Séraphine s'asseyait chaque après-midi devant la case, sur un

ti-banc. Un *Nouvelliste* de l'époque ouvert sur les genoux, la pauvre femme devenue folle, sans doute à force de revoir éternellement les mêmes séquences de la nuit du Cyclone, fixait un endroit pas de ce monde, loin derrière l'horizon. On eût dit qu'elle se tenait toujours aux aguets, parée à affronter La Bête encore une fois. (*Espérance* 125-26)

Ce cyclone dévastateur s'inscrit donc dans l'Histoire par le biais de récits et de photos irréfutables. Pourtant, on ne lui donne qu'un seul visage, celui de la réalité journalistique.

Du reste, le lien Histoire/histoire ne se fait pas d'un mouvement qui de l'Histoire engloberait l'histoire. Dans *L'Espérance macadam,* l'Histoire est celle de l'historien, celle de l'homme qui la raconte par faits et événements secs et sans âme. Or, lorsque l'histoire rejoint finalement l'Histoire, cela se fait grâce aux mots des femmes qui s'approprient ainsi le discours et avec lui, leur passé. Ainsi, après le cyclone de 1928, l'Histoire garde dans ses pages jaunies le voyage de Paul Claudel à la Guadeloupe:

L'homme avait débarqué en grande diligence, sur le croiseur-cuirassier navire de la Marine française. Ambassadeur de la tendresse maternelle de la France, il s'était agenouillé à même les dalles de la cathédrale et chacun avait reconnu en lui un chrétien de première classe. Las, ses mains blêmes demeurèrent vides, et sa bouche, pâteuse d'une charge de promesses et douces condoléances, ne secourut quiconque. Partout aux alentours, la ruine et la misère, ma fi. La faim-valle, la maladie, les fièvres... (*Espérance* 128)

Dans cet extrait, c'est Séraphine, la mère d'Eliette, qui prend la parole, et ici le clin d'œil au lecteur est clair: ce personnage dont l'Histoire a gardé la mémoire—Paul Claudel—n'a en aucune manière influencé l'histoire des guadeloupéens, et encore moins l'histoire des femmes. Il faut noter en effet qu'Eliette—femme qui aurait pu raconter sa version du cyclone—perd symboliquement la parole au lendemain du cyclone et attendra trois longues années avant qu'elle ne puisse revenir. Ainsi, c'est l'Histoire officielle, celle de l'homme, qui se fait entendre puisque le féminin est poussé dans le silence.

Pourtant, il ne s'agit pas ici d'une Histoire qui serait jalousement gardée et déformée par le masculin visant à aliéner ainsi le féminin. En effet, il est plutôt ironique de constater que ce sont les mères elles-mêmes qui déforment l'histoire en essayant de se cacher derrière l'Histoire légitimée aux yeux de tous. Ceci est vrai non seulement dans le cas Séraphine/ Eliette, mais aussi dans celui de Rosette/Angela. Si l'on prend l'exemple de Séraphine/Eliette, on remarque que Séraphine s'exprime vis-à-vis de sa fille grâce à un double langage: non seulement elle se réfère au soi-disant cyclone de 1928 par l'appellation « La Bête », « Le Passage de la Bête », mais en plus elle ne cesse d'expliquer la mutilation physique d'Eliette par la tombée d'une « grosse poutre [...] qui avait manqué fendre Eliette en deux parts » (*Espérance* 125). L'inceste et le viol qu'a subis Eliette ne sont donc jamais exprimés clairement par la bouche de sa mère, tout à fait consciente de cette réalité. L'histoire d'Eliette lui est donc volée, cachée par l'Histoire que Séraphine essaie de lui « embobiner [...] dans la mémoire » (*Espérance* 125):

> Non, en vérité, Eliette ne se souvenait de rien. C'était sa manman qui lui racontait toujours la nuit où le Cyclone avait chaviré et pilé la Guadeloupe. Elle criait ce cauchemar: « Le Passage de La Bête ». Et, pour mieux embobiner l'histoire dans la mémoire d'Eliette, elle ne cessait de faire défiler le souvenir de la blessure à la tête et au ventre, le sang dans les draps, la grosse poutre tombée qui avait manqué fendre Eliette en deux parts, le vent entrant méchant, bourrant, calottant.
>
> De par ces récits effroyables, Eliette connaissait toutes les misères et avanies qu'avaient subies la Guadeloupe, ses dé-pendances, ses îles proches et lointaines: Haïti, Puerto Rico, les Bahamas... (*Espérance* 125)

Avec le récit de Séraphine, l'histoire d'Eliette devient donc l'Histoire des Caraïbes, et son individu se trouve symboliquement effacé pour entrer dans le collectif, ce qui est du reste exprimé par la métaphore du silence: « A cause du Cyclone de 1928, tellement mauvais qu'il lui avait fait perdre la parole pendant trois ans pleins, l'avait blessée à la tête et au ventre, l'avait dépossédée de toute foi en elle-même » (*Espérance* 124). Eliette est donc réduite au silence, englobée dans une réalité qui n'est pas la sienne mais qu'on plaque sur son être. On la force ainsi à troquer son histoire pour celle des Caraïbes, prenant sur ses épaules un poids énorme qui la fait se réfugier dans la « paix » de sa case, symbole d'un masque protecteur d'une réalité qu'elle ne veut (peut?) pas voir.

Eliette grandit donc à l'ombre réconfortante d'un masque. Elle évolue dans le récit, apparemment intacte, parce qu'elle ne s'échappe pas des limites d'un monde illusoire. Dès son adolescence, son apparence ne reflète pas son être, ce qui conduit le regard de l'autre à se méprendre sur sa personne. En effet, si sa peur inconsciente des hommes due à la blessure oubliée de son viol l'incite à les fuir, sa distance vis-à-vis de ses courtisans est interprétée comme un mépris pour les Antillais, la légende voulant qu'elle leur préfère les « Noir[s] cent pour cent » (*Espérance* 140). De même, elle se modèle une autre elle-même grâce à l'éducation « à la française » de Mademoiselle Mérédith:

> Par sa discipline, sa morale d'acier et son esprit corseté dans un lot de principes, elle coula une chape de silences sur les peurs anciennes d'Eliette qui perdit encore un brin de sauvagerie derrière des gestes-macaques, sourires et salutations commandés, comment-vas-tu forcés et simagrées tirées à quatre épingles. (*Espérance* 143)

Ces masques consécutifs renforcent le silence, agrandissant encore la distance entre Eliette et son histoire.

Dans le cas Rosette/Angela, c'est Rosette qui vit dans un monde illusoire symbolisé par les « rêves et les contes qu'elle disait pour adoucir sa vie » (*Espérance* 21). Tout comme pour Eliette, la vie semble insupportable à Rosette et c'est la raison pour laquelle elle choisit de la réécrire dans les dictées qu'elle déclame à sa fille. Ces contes deviennent l'histoire que la mère raconte à sa fille, histoire de mensonges et d'illusions qui se cache là aussi derrière une vision officielle de l'Histoire, celle de la société patriarcale. En effet, malgré ses désillusions, Rosette ne cesse de se convaincre de sa chance (*Espérance* 164). Son semblant de bonheur se résume à une vie sans désordre apparent, un mari travailleur et qui ne la bat ni elle ni les enfants. L'espoir de faire partie d'une histoire dans laquelle la vie ne serait pas subie mais bien plutôt vécue n'existe pas et seul l'imaginaire du conte lui offre la dimension pour recréer cela.

Rosette est une femme perdue, exilée de son lieu maternel des-Ramiers par un homme qui ne veut rien entendre d'autre que de rester à Savane. Incapable d'évoluer dans un espace familier, Rosette se crée donc un espace intérieur grâce à des récits tendants à raconter l'histoire des Antillais. Pour elle, l'histoire des femmes est déterminée d'avance et divisée en trois: celle des femmes perdues, traînant leur corps d'homme en homme, celle des femmes soumises obéissant à des hommes qui les martyrisent, et enfin celle des femmes élevées au rang de saintes pour leur force de caractère face à l'adversité. Elle n'aime ni les unes ni les autres, les voyant toutes clairement victimes de l'homme et de ses humeurs: « Comme quoi le Bon Dieu avait mis la femme sur terre juste pour que les hommes trouvent quelqu'un à battre quand y avait pas moyen de tuer son voisin. Comme quoi, nous les femmes, on portait une malédiction que rien n'effacerait jamais » (*Espérance* 164).

Outre les contes qu'elle dicte à Angela, et auxquels elle essaie de croire comme à une réécriture de l'Histoire, Rosette se laisse bercer par la musique reggae qui lui offre non seulement l'espoir d'une histoire féminine positive, mais surtout celle d'un peuple antillais non maudit à cause de sa couleur et de son passé:

> Elle basculait dans un autre temps. Autour d'elle, surgissaient
> des Nègres d'Afrique morts dans les cales des bateaux d'escla-
> vage, sous le fouet, déchirés par les chiens, vomis par les soi-

disant seigneurs du monde. Elle entendait gémir les femmes et crier les orphelins mais aussi gronder les Nègres-Marrons échappés dans les hauteurs des mornes. Et la musique lui déchirait les entrailles. (*Espérance* 166)

Ironiquement, parce qu'elle est toute à recréer une Histoire de son peuple qui inclurait aussi non pas son histoire réelle, mais celle qu'elle voudrait voir se développer sous ses yeux, Rosette est aveugle à l'histoire réelle qui se passe sous son toit, c'est-à-dire à l'inceste et au viol de sa propre fille. Tout comme Séraphine se perdait dans la folie et les dédales de sa propre histoire mensongère derrière l'Histoire officielle, Rosette se perd dans la sienne et dans la version que lui offre le groupe des Rastafariens et les rythmes des chansons de Bob Marley.

Symboliquement, le groupe rastafarien qui s'installe à Savane permet à Rosette de renaître grâce à un baptême où elle est renommée « Rose », image de la fleur elle-même et non pas d'un petit succédané insignifiant diminué par le suffixe -ette: Rose-ette. Elle est aussi purifiée par Sister Beloved dans un bain de plantes spéciales, où Beloved « la serra dans ses bras comme une mère » (*Espérance* 178), rappelant ainsi les plongées dans un liquide amniotique symbolique déjà rencontrées dans *Pluie et vent sur Télumée Miracle* et *Moi, Tituba sorcière*. Cette renaissance explique le passage de Rosette de l'état de mère passive, opprimée par la société patriarcale à l'état de femme ayant la possibilité d'avoir sa propre histoire qui évolue autour d'elle. En renaissant comme femme dénuée de la composante mère, elle perd le lien à sa fille, ce qui est illustré par la mise au silence d'Angela *par sa propre mère* (*Espérance* 202). Cette perte du qualificatif de mère dans le cas de Rosette afin qu'elle puisse devenir femme peut cependant se présenter comme problématique mais le cas de Rosette se détache clairement d'autres situations où le lien entre femmes, entre mère et fille, est recréé. Le lien entre Rosette et sa mère a été brisé par cette dernière qui l'a mise à la porte lorsqu'elle s'est trouvée enceinte de Rosan. Le retour à la mère, au village maternel, à l'histoire de sa généalogie féminine, n'a jamais été entrepris. En se rapprochant de Beloved, Rosette ne retrouve pas son histoire, elle tombe au contraire dans l'illusion et s'isole de la communauté. Ainsi, contrairement à Eliette qui recherche sa propre histoire pour la dépasser et devenir mère, Rosette perd tout moyen d'être mère, et en jetant sa fille à la rue, elle coupe elle-même le dernier lien qui l'attachait encore à la communauté des femmes.

Dans le même temps, l'histoire d'Eliette fait surface, et la vision de son enfance violée lui permet de franchir le pas qui la séparait de son rôle de mère: forte des événements qui forment son histoire, elle peut alors écouter celle des autres puisqu'elle n'a plus à essayer d'écouter la sienne. La renaissance symbolique de Rosette à l'état de femme faisant face à une histoire personnelle ouverte qu'elle semble vouloir réécrire sans sa fille (elle rend visite à la communauté rastafarienne seule), libère l'espace maternel et offre la possibilité de l'expression d'une mère de substitution par l'intermédiaire d'Eliette.

Tout comme l'histoire d'Eliette lui avait été volée par sa mère qui lui en a toujours refusé le récit, l'histoire de Rosette lui est volée en quelque sorte par son mari dont la simple présence dans la vie de Rosette entraîne sa querelle avec sa propre mère et la coupure du lien originel, non seulement humain—la mère chasse sa fille—mais aussi géographique—la fille s'exile du village des Ramiers (le lieu maternel)—et ne peut jamais y retourner car son mari s'y oppose fermement (*Espérance* 162). Rosette se trouve donc dans un espace de dérive identitaire, et tout comme Séraphine avait choisi de plaquer l'Histoire et ses traces journalistiques sur l'histoire de sa fille Eliette, Rosette choisit les contes et, pendant un instant du moins, l'interprétation rastafarienne de l'histoire du peuple noir qu'elle plaque à son tour sur sa propre fille Angela. Elle essaie donc de recréer une Histoire officielle dans laquelle elle pourrait retrouver et reconnaître son histoire. Or, un tel essai s'avère être futile dans la mesure où il est créé de toutes pièces, et loin de célébrer le féminin et les liens à la généalogie féminine, l'opprime et l'aliène.

Au contraire de Rosette, qui suit le chemin faussé de Beloved, Eliette choisit de son côté la voix prophétique d'Anoncia, sa marraine, détentrice de son histoire, et enfin prête après une vie de silence à laisser l'histoire d'Eliette rejoindre l'Histoire. Ainsi, grâce à la vision d'Anoncia qui promet un futur dans lequel l'espérance ne se serait pas noyée, Eliette peut non seulement réécrire son histoire et l'inclure dans l'Histoire des femmes, mais elle peut aussi commencer une nouvelle histoire avec Angela, ces deux démarches insistant sur la double symbolique de sa maternité, pour reprendre l'idée de Trinh Minh-ha, mère d'une fille et mère d'une histoire.

Les personnages de Sister Beloved, membre de la communauté rastafarienne, et d'Anoncia, au nom révélateur d'annonciatrice féminisé par la terminaison « a », se présentent comme les deux côtés opposés de l'histoire des femmes: l'un, mensonger et manipulé par le masculin par le biais de mots sortant d'un féminin soumis; l'autre, véritablement prophétique et porteur d'espoir car enfin sorti de son enveloppe empreinte d'illusion et de fausseté. Le premier côté est représenté par le personnage de Sister Beloved, femme forte, se battant pour ses semblables mais avec les armes créées par le masculin. Or, la réécriture d'une histoire des femmes non teintée de paternalisme s'avère impossible si la structure utilisée est pensée par ceux qui oppriment celle-là même qui veut s'émanciper. Le deuxième côté est illustré par Anoncia, la marraine d'Eliette, femme dont—symboliquement—la mort ne veut pas avant qu'elle n'ait raconté son histoire à Eliette, libérant les maux créés par le masculin afin qu'ils deviennent les mots du féminin.

Sister Beloved, anciennement Edith, est une femme qui habitait elle aussi à Des-Ramiers avant de venir avec son groupe de Rastafariens à Savane. Elle partage donc le même village maternel que Rosette, et les mêmes rêves d'un futur meilleur pour le peuple noir. Pourtant, comme le fait judicieusement remarquer Obiagele Lake dans son étude sur les femmes dans le mouvement rastafarien, « Rastafarian men have dominated leadership positions within the organization and consider women to be secondary in all matters pertaining to RastafarI » (Lake 3). Elle insiste particulièrement sur la contradiction qui semble exister entre les thèmes contemporains repris par les Rastafariens comme base de leur lutte ("freedom from colonial, capitalist hegemony and self-determination for African Diaspora people » [Lake 4]), et leur reniement complet de l'existence du paramètre féminin: « As adamant as many

Rastas are in these beliefs, they have not seen liberation as a right of women » (Lake 4). Pour Obiagele Lake:

> women are respected if they maintain the rules that suppress them. [...]Women's relegation to second class status is demonstrated in the minutia (sic) of everyday life with their menfolk where deference to men is the rule. [...]Women are also considered polluted because of their capacity to menstruate and bear children. [...]Language which refers to women as « daughters » also diminishes women in relationship to men. In addition, reggae music, which has become a vehicle for the spread of RastafarI to almost all continents, acts as a fifth column in its derogation of women as sex objects and as dependents of men. (Lake 4)

Cette « dépendance subtile » à laquelle fait allusion Obiagele Lake se retrouve non seulement dans le personnage de Sister Beloved, mais aussi et surtout dans celui de Rosette. Dans le village de Savane, Rosette est une femme au foyer s'occupant de ses enfants pendant que son mari travaille et ramène seul un salaire. Rosette ne peut s'élever à aucun moment contre la volonté de Rosan de ne pas vouloir déménager à Des-Ramiers, et après les premiers moments idylliques de leur union, Rosette doit se résigner au fait qu'« on avait fini de rire tous les deux » (*Espérance* 172).

L'arrivée de Sister Beloved à Savane ne change véritablement rien à la situation de Rosette, elle ne fait que lui offrir un miroir de sa propre situation mais dans une enveloppe quelque peu « exotique ». En effet, l'apparence physique de Beloved « [...] avec son paquet de cheveux pas peignés sous son bonnet, son tricot troué, sa jupe toute chiffonnée » (*Espérance* 171-72), ses repas « Ital végétal arrosés de cette huile coco-rance qui [...] donnaient mal au ventre » (*Espérance* 185) ne sont qu'un miroir de la triste vie de Rosette à Savane placé de l'autre côté du pont. Les histoires de Sister Beloved (*Espérance* 181-82) ne sont pas sans rappeler les contes que s'invente Rosette et qu'elle dicte à sa fille. De même, la violence domestique que doit subir Beloved

(*Espérance* 186) présente un parallèle frappant avec la soumission subtile que Rosette, terrorisée par un chantage psychologique, doit à son
mari. Quant à l'annônement continu de psaumes « qui rapiéçaient gros-
sièrement des grands pans d'ignorance » (*Espérance* 185), ils rappellent,
eux, les paroles de reggae « debilitating to women, homosexuals, and
others holding already weakened physical and political positions within
society » (Lake 117) que glane Rosette dans les chansons de Bob
Marley.

La phrase « No woman no cry » par exemple, tirée de la chanson
du même titre et qui revient comme un leitmotiv dans le roman tout au
long de l'histoire de Rosette, peut être ainsi interprétée comme illustrant
cet état de faits. Les spécialistes s'accordent à dire que le langage rastafarien est une variante du créole jamaïcain, et qu'il se distingue par une
structure s'accordant aux croyances rastafariennes. Or, dans une phrase
comme « No woman no cry », qui rappelle la syntaxe typique des proverbes et dictons d'autres langues (dans laquelle on ne garde que les termes essentiels), le message peut clairement apparaître comme sexiste.
Ainsi, au lieu de la phrase qu'un adulte utiliserait dans un tout autre contexte que celui de la musique reggae (« Woman, do not cry »), le manque
de verbe ou d'auxiliaire verbal réduit le langage à sa forme la plus primi-
tive, celle parlée par les enfants qui commencent à parler[6]. Répétée non
moins de quatorze fois dans la chanson de Bob Marley, cette phrase joue
en quelque sorte un rôle de stance envoûtante dans laquelle le rythme
devient plus important que les mots. Pourtant, dans le reste de la chanson, les apostrophes faites aux femmes sous forme de « *little* darling »,
« *little* sister », « *my little* darlin' » (Marley, c'est moi qui souligne)
contribuent, elles aussi, à renforcer le ton paternaliste du « No woman no
cry »[7]. Rosette utilise ainsi la musique reggae pensant qu'elle lui permettra de raconter l'Histoire de son peuple:

> Mais elle n'était plus seule dans la noirceur de sa case, une
> foule l'entourait. Nègres infirmes, aveugles, perclus, zombis
> de l'univers marchaient aussi, ressuscités dans la musique
> de Bob Marley. Elle marchait, Seigneur, en cadence, et des

> hommes et des femmes se levaient derrière elle, les uns après
> les autres, même les criminels qui halaient une conscience
> souillée de haine, les assassinés de Savane dont on lui avait
> cinquante fois narré les histoires. (*Espérance* 167)

Or l'utilisation de la musique reggae s'avère en fait être une base illusoire pour Rosette. La recréation de l'Histoire du peuple caribéen—qui
serait l'Histoire des hommes *et* des femmes—grâce à ce médium est impossible puisque le féminin y est opprimé. Sous ses airs de prophète
illuminé, Beloved n'est autre que le miroir de Rosette, une Rosette
« aveugle » car n'ayant pas su lire son histoire dans des paramètres
féminins. Les deux femmes s'étant coupées de leur communauté féminine tentent donc de recréer l'Histoire de leur peuple en en excluant le
paramètre féminin. C'est en cela que leur démarche est illusoire. Dans *Je
tu nous*, Luce Irigaray affirme que: « [...] chaque individu ne peut réinventer toute l'Histoire. Mais je pense que tout individu, femme ou
homme, peut et doit réinventer son histoire, individuelle et collective »
(Irigaray, *Je* 29). Cependant, elle soutient que les structures mises en
place par la société favorisent le masculin, et elle suggère la création
d'« une législation valable pour les deux sexes comme élément de base
de la culture humaine » (Irigaray, *Je* 95). Elle insiste sur le fait que cette
législation n'a pas encore été créée, ni même pensée, mais elle la voit
comme une évolution nécessaire pour que le féminin puisse sortir du silence patriarcal. C'est dans cette direction qu'auraient dû se diriger Beloved et Rosette, et non pas dans une structure rastafarienne qui honore
le peuple noir mais continue d'aliéner le féminin.

Je voudrais proposer ici l'idée que la malencontreuse aventure
du groupe rastafarien racontée dans *L'Espérance macadam* peut être lue
comme la nécessité de devoir changer les paramètres de la narration elle-
même si le féminin veut pouvoir ouvrir un espace dans lequel il pourra se
raconter. En effet, on apprend dans la narration que le lendemain de la
mort de Bob Marley, Sister Beloved essaie d'encourager Rosette à la
suivre avec les autres Rastafariens dans la montagne car « la maison de
l'Eternel va ouvrir ses portes à un petit nombre d'élus » (*Espérance* 187).

Or, leur expédition se termine tragiquement puisque « seuls Ras Eddy et Ras Moïse survécurent à la purification d'avant le Grand Retour. Ils revinrent à genoux, étiques, pelés, le cœur s'emballant sitôt qu'on évoquait le destin de la Tribu » (*Espérance* 189). La mort de toutes les femmes, et en particulier celle de Sister Beloved, symbolise le fait qu'une femme ne peut se raconter et encore moins survivre si elle essaie de changer son rôle, de s'émanciper, dans une structure qui ne la célèbre pas.

On peut même voir dans la catastrophe de l'expédition rastafarienne cette même idée mais élargie au peuple caribéen dans son ensemble. En effet, si l'on considère que le texte sur lequel sont fondés tous les principes de liberté et de retour aux origines mythiques des Rastafariens est la Bible, l'outil du colon blanc par excellence, on pourra en déduire que la perversion d'un système d'oppression pour en faire un système d'accueil à la population jusque-là opprimée est vouée à l'échec. Il me semble donc que la relecture de la Bible en y plaçant un Christ noir et en insistant sur une terre des origines en Ethiopie—comme l'a fait Marcus Garvey en voulant faire renaître une certaine fierté pour l'identité africaine (Lake 30)—n'est pas suffisante. Le renversement des acteurs dans un système fondé sur l'oppression n'est qu'une perversion de ce système, et ne permet pas la possibilité de la réécriture d'une Histoire. Au contraire, le personnage d'Anoncia présente dans la narration l'ouverture d'un espace qui évolue selon les termes et les mots (maux) du féminin sans pour autant nier le masculin, mais permettant pourtant une réécriture de l'Histoire grâce au récit de l'histoire (des femmes).

Anoncia est présente dans tout le roman de sa maison de La Pointe, mais l'importance de son rôle se fait sentir à la fin du récit. C'est en effet un entretien entre Anoncia et Eliette qui clos le roman, et avec lui l'annonce d'une prophétie expliquant la longue vie de la vieille femme: « Une sainte avait prédit qu'elle vivrait centenaire. [...] Mais, avait assuré la prophétesse, il y aurait toujours en dedans même de son corps un rongement dû à une peine infinie qui ne s'éteindrait qu'avec la décharge du secret » (*Espérance* 272). Anoncia habite symboliquement à La Pointe, extrémité, fin de ce qui a été et annonçant ce qui sera, « dans une rue [...] qui débouchait sur la Place de la Victoire » (*Espérance* 287), image de la victoire éventuelle du féminin sur ses propres mots/maux.

La mise en mots de l'histoire d'Eliette lie irrémédiablement Eliette à Angela sa fille adoptive puisque l'on apprend que Rosan, le père d'Angela, et Eliette ont le même père, cet homme à l'oreille coupée par Séraphine, la mère d'Eliette. Ainsi, ce sont des ancêtres et un viol incestueux qu'ont en commun les deux femmes. Assise au chevet d'Anoncia, Eliette veut entendre les mots de son histoire de la bouche d'Anoncia afin qu'ils fassent écho aux maux qui ont resurgi en elle depuis qu'elle a accueilli Angela. Pourtant, la vieille femme lui refuse le parallèle des maux en mots, et au contraire lui annonce le futur, l'espérance qu'elle peut enfin se souhaiter sur le macadam de la vie qui lui reste: « Laisse aller ce cyclone et comprends que la vie n'est pas une rumination éternelle. [...] Si le Bon Dieu pouvait me donner une seule rallonge de vie, je resterais pas engeôlée ici-dans à mettre du ti-bois pour garder vif le feu de ma douleur. [...] J'ouvrirais mes ailes pour voir du pays, les autres faces du monde et ses peuples dispersés... » (*Espérance* 297-98).

Anoncia s'ancre alors véritablement dans son rôle de prophète mais aussi d'ancienne de la communauté quand elle place elle-même Eliette et Angela dans l'histoire des femmes qui vient d'être racontée: « La petite qui t'accompagne te ressemble, tu sais, quand tu avais quinze ans, après que la parole t'a été rendue. En ce jour, elle n'a plus ni manman ni papa et c'est bien désolant. Mais tu es là... Tu espérais une fille si je me souviens bien... » (*Espérance* 300). Par ces quelques mots, Anoncia légitime ainsi le lien mère-fille entre Eliette et Angela, leur ouvrant la porte de la généalogie féminine. Elle les accepte en effet non pas selon leur Histoire patriarcale—leurs ancêtres masculins communs et leur expérience de l'inceste—mais au contraire selon les liens qu'elles se sont choisis, et les liens de leurs histoires respectives à une Histoire des femmes.

On peut donc voir dans les différentes histoires des femmes de Savane-Mulet (que j'ai mises en parallèle au récit biblique des sept plaies d'Egypte) un essai de raconter l'Histoire des femmes. En effet, la mise en commun de ces récits permet de mettre en mots une généalogie féminine dont les différentes parties sont exprimées par plusieurs femmes, et dont la légitimité est rendue par une « ancienne » de la communauté, Anoncia, « une négresse à peau raide, née du siècle d'avant » (*Espérance* 288). Cette volonté de créer une structure favorable au féminin sans qu'elle ne désavoue pour autant le masculin montre bien la nécessité qu'ont les femmes à explorer les liens qui les rapprochent avant de pouvoir être capables de se raconter pleinement. Ainsi, dans *L'Espérance macadam,* ce n'est qu'une fois qu'Eliette a accueilli Angela que l'une *comme l'autre* a commencé à esquisser son histoire, c'est-à-dire l'histoire commune de leur inceste. Le personnage de mère de substitution—que devient éventuellement Eliette—se présente alors comme indispensable malgré la présence de Rosette, la mère biologique, car il se définit comme complémentaire aux besoins spécifiques d'Angela.

Les histoires de femmes qui formeront éventuellement l'Histoire des femmes sont donc des récits de liens enrichissants entre initiatrice et initiée, entre grand-mère et petite-fille ou mère (de substitution) et fille (adoptive). Pourtant, dans les œuvres sélectionnées pour ce travail, on trouve aussi le récit de deux relations entre femmes de même génération dans lesquelles le rôle d'initiatrice et d'initiée effectue des allers et retours entre les deux femmes, ne plaçant ainsi aucun des personnages féminins clairement dans l'une ou l'autre position. La relation entre Tituba et Hester dans *Moi, Tituba Sorcière* de Maryse Condé, et celle entre Juletane et Hélène dans *Juletane* de Myriam Warner-Vieyra offre ainsi une nouvelle série de questions tout en suggérant que les frontières entre initiatrice et initiée sont non seulement mobiles mais aussi parfois interchangeables: quel est le rôle de l'amitié féminine dans l'Histoire des femmes? Si l'on prend en compte la perversion volontaire de l'Histoire (officielle, des hommes) par l'auteur de *Moi, Tituba sorcière*, qu'est-ce que cela semble suggérer sur la possibilité d'inscrire par le signe écrit non seulement une histoire d'amitié féminine, mais aussi peut-être, celle d'un amour possible entre femmes?

3. Amitiés et identifications féminines chez Maryse Condé et Myriam Warner-Vieyra

Le thème de l'amitié féminine, des relations amicales entre femmes est récurrent dans la littérature francophone contemporaine. Renée Larrier explique du reste que ce thème dans la littérature ne fait que refléter une réalité dans laquelle les relations amicales intimes entre femmes sont très présentes. Elle explique en effet par exemple que les Hausa en Afrique de l'Ouest possèdent même un mot spécifique dans leur vocabulaire (« kawaye ») qui décrit « a woman's best friend » (Larrier, *Francophone* 70). Pourtant, les différents récits d'amitié ne sont pas uniformes et au contraire s'expriment sous des natures variées soulevant même certaines questions propres à la littérature postcoloniale. En effet, si l'on s'en tient au corpus d'œuvres étudiées pour ce travail, on pourra noter l'amitié entre femmes blanches et noires comme par exemple la relation fugace qui lie Abena et sa maîtresse Jennifer mais aussi Tituba et la femme du pasteur, Elizabeth, dans *Moi, Tituba Sorcière.* Ces relations entre femmes, décrites de façon très rapide par l'auteur, semblent pourtant représenter une distortion postcoloniale d'une réalité inexistante. Ainsi, répondant à une question sur ce propos dans une interview, Maryse Condé affirme elle-même: « Je ne crois pas que le climat de l'esclavage permettait les amitiés entre femmes noires et femmes blanches, entre maîtresses et esclaves » (Pfaff 95). On peut donc imaginer que dans l'introduction presque timide, de tels liens soient pourtant un moyen d'insister sur l'importance des relations entre femmes. Le fait que ces amitiés ne soient pas développées semble montrer que l'auteur ne veuille pas prendre en considération la problématique du lien de maître à esclave qui ne ferait que compliquer la relation entre femmes.

Un autre cas de figure en amitié féminine qui se présente dans la littérature francophone est celui de la relation entre une femme plus âgée et plus expérimentée et une femme plus jeune et plus innocente comme dans le cas de Télumée dans *Pluie et vent sur Télumée Miracle,* qu'il s'agisse de la relation entre Télumée et Reine Sans Nom ou bien Télumée et Man Cia. Ici, comme nous l'avons vu précédemment, se présente une relation amicale entre initiatrice et initiée, établissant dès le départ une relation d'inégalité, car si Télumée apporte beaucoup à sa grand-mère (*Pluie* 52), elle est pourtant plus souvent dans la position de celle qui apprend de ces femmes plus âgées.

Les relations d'amitié entre femmes de différents statuts sociaux sont aussi exprimées, en particulier dans *La Récolte douce des larmes* d'Edwidge Danticat. Dans ce récit, Amabelle, une jeune orpheline haï-tienne est accueillie par une famille dominicaine et devient la compagne de jeux de la fille de la famille, Señora Valencia. Les relations d'amitié qui se développent entre les deux fillettes reflètent pourtant clairement leurs différences de statuts sociaux et exposent une relation inégalitaire dont l'inégalité est renforcée par la société: « […] elle [était] supposée dormir dans son lit à baldaquin et moi en face dans un lit d'enfant » (*Récolte* 16). Ici, les deux fillettes étant d'origines différentes, c'est le grand-père—représentant de l'étiquette imposée par la société—qui fait respecter cette inégalité dans la chambre d'enfant.

Ainsi, lorsque les relations amicales entre deux femmes sont ex-primées dans les différents récits, elles reflètent une certaine inégalité (une femme donnant plus que l'autre sans pour autant être consciente de cet état de faits). Les liens qui unissent ces femmes restent donc à la merci d'une crise d'autorité de l'une sur l'autre comme le reflète par ex-emple la réaction d'Elizabeth contre Tituba lorsqu'on accuse cette dernière de sorcellerie (la réaction d'Elizabeth est du reste perçue par Tituba comme une véritable trahison).

Pourtant, toutes les relations amicales entre femmes ne mettent pas à jour cette inégalité, et si l'on pense par exemple aux liens qui rap-prochent Man Cia et Reine Sans Nom dans *Pluie et vent sur Télumée Miracle,* ou encore Abena et Man Yaya dans *Moi, Tituba sorcière*, on se rendra compte qu'ils reflètent la réunion de femmes qui se retrouvent pour partager leurs connaissances, leur expérience commune, ou encore leur intérêt pour un personnage plus jeune. La littérature antillaise com-porte aussi d'autres exemples de ces liens amicaux entre femmes. Dans *La dot de Sara,* par exemple, Marie-Célie Agnant met en scène l'amitié de deux grand-mères originaires d'Haïti et immigrées au Québec. Dans ce cas précis, et contrairement au domaine des connaissances magiques que partagent les femmes de *Pluie et vent sur Télumée Miracle* et *Moi, Tituba sorcière*, les grand-mères du roman de Marie-Célie Agnant partagent la nostalgie de leurs origines et l'expérience d'adaptation à leur terre d'exil. Ces relations sont soulignées dans la littérature sans pour autant être le centre de la narration, l'intérêt principal étant au contraire porté sur les jeunes protagonistes féminins.

Je veux m'intéresser ici à des récits de relations entre femmes qui ont ce que j'appelle une base commune. En effet, c'est en général la condition qui les rapproche qui va permettre la création d'une profonde intimité, mais aussi le fait qu'elles appartiennent sensiblement à la même génération. Janice Raymond, quant à elle, définit cette relation intime entre femmes sous le terme de « Gyn/affection », expliquant qu'il s'agit d'une « woman-to-woman attraction, influence, and movement. [...] Gyn/affection connotes the passion that women feel for women, that is, the experience of profound attraction for the original vital Self and the movement toward other vital women. [...] Gyn/affection [also] means personal and political movement of women towards each other » (Raymond 7-8). On verra du reste que ce terme s'applique particulièrement bien à la relation entre Tituba et Hester. Les rapprochements qui se développent entre Hélène et Juletane dans *Juletane* et Tituba et Hester dans *Moi, Tituba sorcière* constitueront le centre de mon étude en particulier parce que la narration est centrée sur ces jeunes protagonistes plutôt que sur leurs ancêtres. Bien que ces femmes partagent une base commune, ou qui pourrait être perçue comme telle, leurs relations se présentent sous différents angles, le lien Hélène/Juletane découvrant un rapprochement à sens unique tandis que le lien Tituba/Hester met à jour une relation symbiotique laissant la place au développement d'une dimension réciproque.

Hélène et Juletane partagent ainsi non seulement la même origine—elles viennent toutes deux des Antilles françaises—mais aussi un exil physique, tout d'abord en France, puis dans la même ville d'Afrique. Leur relation est pourtant ambiguë puisqu'elles ne se rencontrent qu'une fois, sans grands épanchements de part et d'autre, et qu'elles ne sont mises en contact que grâce à un journal, celui de Juletane, après la mort de cette dernière. De plus, le journal étant écrit pour Mamadou, le mari de Juletane, Hélène change les règles du jeu lorsqu'elle le lit, subvertissant ainsi le rapport supposé Mamadou/Juletane, et faisant une triade de la relation de couple voulue par Juletane. Pourtant, c'est ce même journal qui paradoxalement les fait véritablement rentrer en contact et les rapproche, même si, dans les limites du récit, ce rapprochement n'a lieu qu'à sens unique.

L'autre relation entre femmes sur laquelle je voudrais me pencher est celle entre Tituba et Hester. Bien que ces deux femmes soient l'une blanche, l'autre noire, et que le récit ait lieu pendant la période de l'esclavage, elles sont toutes deux rapprochées par leur manque de liberté étant en prison. La prison les pose sur un pied d'égalité, effaçant les relations maître-esclave dans les limites de la cellule, et favorisant leur appellation respective par leur prénom:

—Maîtresse...
—Ne m'appelle pas « maîtresse ».
—Comment vous nommerai-je alors?
—Mais par mon nom: Hester! Et toi quel est le tien?
—Tituba. (*Tituba* 151)

Entre Tituba et Hester, il s'agit en effet d'une relation potentiellement plus égalitaire car elle dépasse l'espace symbiotique qui favorise la recréation du lien intime mère-fille pour ouvrir une dimension de réciprocité dans laquelle la position d'initiée et d'initiatrice est redéfinie en termes mobiles, évoluant d'une personne à l'autre.

Ces histoires d'amitié se présentent donc de façon sensiblement différente des relations précédentes entre Reine Sans Nom et Télumée par exemple ou encore Eliette et Angela, et contrairement à la relation initiatrice/ initiée qui unissait les femmes dans les romans étudiés précédemment, c'est un autre type de lien qui se développe ici. Si les différentes protagonistes ont diverses choses à s'offrir, elles jouent toutes le rôle d'initiée et d'initiatrice. On verra tout d'abord que les amitiés féminines développées par les protagonistes leur permettent de recréer dans certains cas un lien à la mère mettant en scène le rapprochement préœdipien entre mère et fille (Tituba/Hester), tandis que dans d'autres cas, la relation prend plus la forme d'une identification d'une femme à l'autre (Juletane/Hélène). Le lien développé entre les protagonistes et d'autres femmes apparaîtra comme différent de celui qu'elles avaient avec un mentor plus âgé, et que ce lien leur donne accès à l'histoire d'autres femmes. Enfin, c'est la connaissance globale de toutes ces histoires féminines qui permettra aux jeunes protagonistes de pouvoir comprendre, et ensuite raconter, la leur.

On verra aussi que le roman de Maryse Condé, *Moi, Tituba sorcière,* illustre une double perversion: tout d'abord une perversion de l'Histoire, en dotant le personnage d'Hester d'idées et de terminologie anachroniques, mais aussi une perversion de la littérature, en replaçant dans un nouveau récit et en transformant le personnage d'Hester Prynne de *La Lettre écarlate* de Nathaniel Hawthorne. Cette double perversion de l'Histoire et de la littérature est réalisée afin de pouvoir écrire l'histoire d'une amitié, d'une relation entre femmes, une perversion qui aide à la construction d'une généalogie féminine[8].

Dans son article « (E)Merging Identities: The Dynamics of Female Friendship in Contemporary Fiction by Women », Elizabeth Abel se concentre sur les relations entre femmes et en particulier la dynamique qui régit les liens amicaux entre femmes. Pour elle, la littérature américaine contemporaine et certains films récents—qu'elle utilise comme exemples—reflètent des cas de figure dans lesquels « women seek complementarity rather than commonality in their friends » (Abel 415). Elle explique que l'intimité découverte entre femmes amène à une certaine connaissance, et que l'amitié devient alors un moyen que les femmes utilisent pour se définir elles-mêmes « clarifying identity through relation to an other who embodies and reflects an essential aspect of the self » (Abel 416).

Si les relations d'amitié entre femmes sont donc un fait relevé par Elizabeth Abel dans la fiction sélectionnée pour son étude, elle se donne la tâche d'essayer d'en trouver les raisons et les origines, s'appuyant tout d'abord sur la théorie de la maternité de Nancy Chodorow. Elle rappelle en effet que selon Chodorow, les nouveaux-nés (garçons et filles) créent un lien spécial avec leur mère, mais il s'avère que la mère s'identifie plus fortement à sa fille, la considérant comme une extension d'elle-même (Abel 417). Abel explique que la fillette a alors de plus en plus de mal à établir des frontières claires entre son moi et celui de sa mère, et la fille développe alors ce qu'Abel nomme « a self-in-relationship » (Abel 417) insistant sur l'osmose de la relation à l'autre femme, à la mère.

Par la suite, la fillette se trouve prise entre deux objets à aimer: son père et sa mère, tandis que le garçon, lui, réprime les sentiments qu'il éprouve pour sa mère et s'identifie à son père. Pour Chodorow, la répression opérée par le garçon vis-à-vis des sentiments à l'égard de sa mère le conduit à ne pas savoir répondre aux besoins relationnels complexes éprouvés par les femmes. Pour elle, la solution se trouve dans la relation à une autre femme, et c'est ce qui expliquerait que les femmes éprouvent le besoin d'être mères: afin de pouvoir recréer cette intimité ressentie avec leur propre mère au moyen d'une relation très proche avec leur enfant (Abel 418). Abel pousse l'argument de Chodorow plus loin en suggérant qu'une relation amicale entre femmes permet de recréer le lien intime à la mère. Or, ce qui sépare le masculin du féminin dans les cultures européennes n'est pas simplement illustré par la qualité des liens entre deux corps (car si les filles ont un lien privilégié à la mère, les garçons aussi) mais aussi et surtout par l'influence historique et culturelle de la structure basée sur le complexe d'Œdipe. Pour Freud en effet, l'image paternelle intervient dans l'amour et l'identification du garçon à sa mère, cet amour impossible étant redirigé dans la voie d'une identification avec le père tandis que le garçon continue à rechercher sa mère dans des relations amoureuses avec d'autres femmes qui lui ressemblent. Contrairement au garçon qui garde donc symboliquement un lien à son premier amour—à sa mère—la fille à la fois s'identifie à sa mère et l'aime, donnant à sa relation avec cette dernière une dimension homosexuelle non résolue, tout en étant par ailleurs censée transposer son amour sur les hommes.

J'ai pris le temps d'expliquer ici la démarche d'Elizabeth Abel car je voudrais montrer combien la présence inconsciente de la mère est importante dans les relations amicales qui m'intéressent (Tituba/Hester, Juletane/Hélène). Il ne s'agit donc pas simplement d'une hypothèse, mais bien plutôt d'une théorie qui a des applications directes dans la littérature francophone que j'ai choisie. Je voudrais suggérer ici, à la lumière de l'étude d'Elizabeth Abel, que les relations amicales entre femmes ne sont pas seulement le résultat dû au hasard d'une rencontre, mais qu'elles répondent à un besoin inconscient beaucoup plus primaire: celui de retrouver le lien à la mère, lien qui ouvre lui-même l'accès à une généalogie plus large de femmes. A ce propos, dans *Bodies That Matter,* Judith Butler entre dans les lectures possibles des paratextes introduits par la position du féminin dans le complexe d'Œdipe (homosexualité, relation mère-fille). En suggérant l'idée de l'existence d'un « lesbian phallus », elle donne au tout-puissant phallus de la société patriarcale « the occasion [...] to signify differently, and in so signifying, to resignify, unwittingly, its own masculinist and heterosexist privilege » (Butler 90). En narrant leurs histoires, il ne s'agit pas pour les conteuses antillaises de réinventer une nouvelle Histoire, mais simplement d'avoir comme le dit si bien Judith Butler « the occasion to signify differently » afin d'exposer une généalogie de femmes oubliées dont certains membres n'expriment pas forcément leurs liens dans les limites normatives d'une société hétérosexuelle.

Le chapitre de *Moi, Tituba sorcière* qui relate le rapprochement amical entre Hester et Tituba (*Tituba* 150-62) insiste tout d'abord sur le sentiment de compassion qu'éprouve Hester (seule dans sa cellule) pour une autre femme laissée enchaînée dans le couloir de la prison ouvert aux quatre vents: « Ici, il y a place pour deux. Fais entrer cette pauvre créature! » (*Tituba* 150). Cette compassion initiale se transforme en une admiration réciproque des qualités physiques de l'une et de l'autre femme. Ainsi, Tituba trouve Hester « belle », montrant « une luxuriante chevelure » et avec des « yeux [...] noirs » qui rappelaient « l'ombre bienfaisante de la nuit » (*Tituba* 150). Pour Hester, Tituba est un être à soigner, quelqu'un dont il faut s'occuper: « Elle alla chercher l'eau d'une

cruche et s'agenouillant, s'efforça de laver les tumeurs de mon visage »
(*Tituba* 150-51). La couleur de sa peau qui la condamne aux yeux de la
société de Salem devient dans les yeux d'Hester une caractéristique de sa
beauté: « Quelle couleur magnifique a sa peau » (*Tituba* 151). Enfin,
l'attirance résolument physique dès le départ, donne lieu—à cause du
lieu fermé dans lequel évoluent Tituba et Hester—à la mention de relations prénatales symboliques qui lient les deux femmes. La peur de Tituba prend ainsi l'image d'« un enfant dans le ventre de sa mère »
(*Tituba* 160) dont les mouvements parfois violents forcent la mère à
vivre en symbiose avec lui. C'est une peur intérieure des réactions et des
émotions d'un autre en soi, et ressentie de façon intime par Tituba, qui
pousse Hester à se rapprocher d'elle et à « [glisser] entre mes lèvres un
peu de rhum, don d'un des hommes de police » (*Tituba* 161).

La relation de compassion d'Hester pour Tituba rappelle celle
d'une mère qui prendrait soin de son enfant. Or, la relation intellectuelle
qui se développe aussi entre les deux femmes permet de montrer que,
dans les romans de Condé, les personnages peuvent difficilement être
placés dans des catégories rigides. En effet, même si Hester essaie de se
présenter sous les couleurs de la femme éduquée, les remarques à l'apparence naïve de Tituba déstabilisent parfois un système trop bien huilé.
Ainsi, lorsque Hester s'exclame:

> Je voudrais écrire un livre, mais hélas! les femmes n'écrivent
> pas! Ce sont seulement les hommes qui nous assomment de
> leur prose. [...] Oui, je voudrais écrire un livre où j'exposerais
> le modèle d'une société gouvernée, administrée par les fem-
> mes! Nous donnerions notre nom à nos enfants, nous les élè-
> verions seules... (*Tituba* 159-60)

Tituba lui répond:

> —Nous ne pourrions les faire seules, tout de même! (*Tituba*
> 160)

Les relations amicales entre Hester et Tituba suggèrent qu'en rencontrant son amie, Tituba se trouve à l'état de fœtus symbolique représentant en fait la naissance à venir de son identité de femme. Avec la mort d'Hester, l'échange symbiotique s'arrête menant Tituba à invoquer sa mère, ou peut-être la mère universelle des origines, et à refuser de naître:

> Mère, notre supplice n'aura-t-il pas de fin? Puisqu'il en est ainsi, je ne viendrai jamais au jour. Je resterai tapie dans ton eau, sourde, muette aveugle, laminaire sur ta paroi. Je m'y accrocherai si bien que tu ne pourras jamais m'expulser et que je retournerai en terre avec toi sans avoir connu la malédiction du jour. Mère, aide-moi! (*Tituba* 175)

A cause de la mort de sa mère puis de la mort d'Hester, Tituba se voit refuser, par ce biais du moins, l'accès à une généalogie plus large de femmes.

Pourtant, à la relation intime Hester/Tituba se développant dans l'espace clos de la cellule, se substitue alors une relation maternelle triangulaire Abena/Man Yaya/Tituba dans l'espace ouvert de l'imaginaire: « Man Yaya et Abena ma mère venaient alors se relayer dans mon esprit » (*Tituba* 161). Ainsi, aux discussions amicales entre Tituba et Hester, succédané de la relation à la mère, succède la relation désirée à la mère (Abena) et à la mère de substitution (Man Yaya). La cellule de la prison peut ici être vue comme symbolisant l'espace pré-œdipien dans lequel se développent les liens intimes entre mère et fille. Cet espace pré-œdipien permet la formation d'une base identitaire ancrée dans le féminin et favorise la (re)naissance de l'individu. Ainsi, c'est en sortant de la prison que Tituba parlera de renaissance (*Tituba* 190), comme si le temps qu'elle y avait passé n'avait été qu'un passage renforçant ses liens aux autres.

Il faut cependant noter que la relation entre Tituba et Hester évolue d'une relation symbiotique tentant de recréer l'intimité de liens pré-œdipiens mère-fille à une relation qui offre la possibilité d'un échange entre femmes. En répondant à l'article d'Elizabeth Abel, Judith

Gardiner insiste particulièrement sur la qualité de la relation qui unit deux femmes rapprochées au départ par un sentiment amical. Pour elle, et s'appuyant dans sa démonstration sur l'étude de romans de Doris Lessing, Christa Wolf, Ruth Prawer Jhabvala et Toni Morrison, la relation se pose dans l'inégalité: « One woman in each pair is more of a knower; the other one is to be known. The knower also seeks the love of the other woman. This loving contains elements of both freedom and constraints » (Gardiner 441). Si cette idée peut être, on le verra, appliquée dans une certaine mesure à la relation Juletane/Hélène, elle s'oppose à la relation amicale qui lie Tituba et Hester. En effet, comme je l'ai rappelé précédemment, la prison permet le rapprochement de deux femmes que la société non-incarcérée sépare. Ici, au lieu d'avoir les deux femmes bloquées dans le rôle d'une initiée et d'une initiatrice (suggérée par l'idée du fœtus et de la mère), on voit au contraire évoluer ces rôles de façon mobile d'une personne à l'autre. Ainsi par exemple, alors qu'Hester apprend à Tituba à jouer dans le jeu des hommes en retournant leurs propres armes contre eux-mêmes (*Tituba* 158), Tituba, elle, ébranle les idées toutes faites d'Hester contre les hommes en se présentant fièrement sous le nom de Tituba, nom qu'elle a reçu d'un homme, son père adoptif (*Tituba* 151).

Dans la relation Tituba/Hester, l'intellect de l'une ne s'oppose pas à l'expérience de l'autre, mais ils se complètent au contraire. En fait, cette communion d'idées et d'êtres est possible même après la mort. Ainsi, lorsque Tituba rejoint le monde alors qu'Hester s'est déjà donné la mort, elle ne cesse de se rappeler les paroles d'Hester qui influencent sa vision du monde malgré elle: qu'il s'agisse de jugement sévère sur les hommes (*Tituba* 202), ou bien de doute quant à l'importance de la maternité dans la vie d'une femme (*Tituba* 234), le lien Tituba/Hester reste immortel. Tituba consacre aussi ce lien en nommant elle-même une fleur: « Un jour, je découvris une orchidée dans la racine mousseuse d'une fougère. Je la baptisais 'Hester' » (*Tituba* 241). Dans *Moi, Tituba sorcière*, l'interdépendance entre femmes est infinie et défie les limites temporelles.

Dans *Juletane,* c'est le journal de Juletane qui favorise le rapprochement entre femmes et la (re)naissance de l'individu avec Hélène naissant symboliquement de l'histoire de Juletane. Juletane et Hélène sont deux femmes que le hasard des déplacements a fait se rencontrer. La rencontre est brève et a lieu dans l'espace clos d'un hôpital et en particulier d'une chambre: « Après l'indépendance, une compatriote assistante sociale, ayant eu connaissance de mes difficultés d'adaptation à la vie du pays était venue me voir pour me proposer de me faire rapatrier en France » (*Juletane* 77). Les liens qui unissent les deux femmes sont ceux des origines, de la terre maternelle, de la Guadeloupe. Or, elles entrent en contact au moment où elles se refusent à toute relation avec leurs véritables origines. Tandis que Juletane ne souhaite pas établir de lien plus proche avec Hélène (*Juletane* 77) et refuse tout départ de ce pays d'Afrique qui pourtant l'isole, Hélène, quant à elle, a fui non seulement son île, mais aussi la France, pour l'Afrique où elle espère se détacher de son moi profond.

Pour Hélène, cette rencontre initiale avec Juletane tombe dans l'oubli, perdue dans le tourbillon des occupations professionnelles: « A sa deuxième visite, la jeune épouse de Mamadou avait refusé de la recevoir et s'était enfermée dans sa chambre. Débordée de travail, elle n'y était pas retournée et l'avait oubliée » (*Juletane* 81). Ce n'est que quatre ans plus tard qu'elle reçoit d'une collègue le dossier de Juletane contenant le journal de cette dernière. Pourtant, centrée principalement sur sa vie, elle met le dossier de côté et l'oublie à nouveau. Le lien Juletane/ Hélène par le journal ne se fait donc que par hasard lors du déménagement d'Hélène qui s'apprête à épouser un homme en tous points inférieur à elle-même dans le seul but d'avoir un enfant.

Le lien Juletane/Hélène est donc virtuel dans le sens où il a lieu par le biais d'un texte écrit et après la mort d'une des intéressées (Juletane). De plus, si Juletane écrit pour son mari, Mamadou (Juletane 130), elle ne participe pas activement au lien d'amitié que lui porte Hélène à la lecture de son journal. Le lien Juletane/Hélène est compliqué par l'intervention d'une narratrice omnisciente qui nous rapporte les réactions d'Hélène à la troisième personne du singulier. On pourrait donc mettre en doute la légitimité d'une relation amicale réelle entre les deux femmes.

Ce sont en effet les complications de la narration qui me poussent à analyser ce lien comme un lien d'identification d'une femme à l'autre plutôt que comme un lien réellement amical puisqu'il n'évolue qu'à sens unique. Il faut en effet noter que le journal favorise le lien entre femmes, poussant ainsi Hélène à s'investir dans l'écriture de Juletane (alors qu'elle avait facilement abandonné la relation réelle). Renée Larrier utilise elle-même l'exemple du journal comme moyen permettant de focaliser les relations amicales entre femmes. A propos d'*Une si longue lettre* de Mariama Bâ, elle dit: « The locus of this friendship is the paper on which Ramatoulaye writes. The page substitutes for a face-to-face conversation, which will have to wait until Aïssatou's next visit to Dakar » (Larrier, *Francophone* 72). Le journal de Juletane semble ici jouer un rôle similaire, se « substituant à une conversation en face à face », et on pourrait même ajouter « remplaçant » une conversation en face à face puisque cette dernière n'est plus possible après la mort de Juletane. Or, l'identification à l'histoire du journal prend place lorsqu'Hélène s'investit dans une relation qui ne la concerne pas au départ— le journal est écrit pour Mamadou—et qui est elle-même faussée puisque Juletane meurt pratiquement au moment où Hélène s'identifie à son histoire. L'identification est mise en scène par la narration qui souligne qu'Hélène s'insurge contre le traitement de Juletane par l'intermédiaire de l'écriture de cette dernière: « [...] la lecture du journal de sa compatriote la rendait encore plus déterminée. Elle était prête à la venger. Elle aurait voulu faire souffrir tous les hommes de la terre, les humilier, les châtrer » (*Juletane* 85). Elle essaie aussi de retrouver un lien auditif à cette femme qu'elle n'a pas assez écoutée, et, dépassant le lien physique du journal, elle choisit d'écouter à son tour « la Neuvième Symphonie de Beethoven en souvenir de cette jeune femme venue en terre africaine souffrir un exil plus atroce que celui qu'elle avait connu en Europe » (*Juletane* 101), puisque ce morceau de Beethoven était le préféré de Juletane dont « le chœur final [...], généralement, [la] gonfl[ait] d'espérance » (*Juletane* 90). La relation d'identification entre femmes existe bien dans la narration, même si elle n'est exprimée que de façon virtuelle.

Tout comme dans *Moi, Tituba sorcière* où Hester utilisait sa connaissance du masculin pour faire répéter à Tituba sa déposition devant le jury, là aussi Juletane influence—sans pourtant le vouloir—le futur d'Hélène par son récit:

> A-t-elle commencé la lecture de ce journal au moment oppor-
> tun? Elle sent confusément que cette lecture changera sa vie.
> Elle se trouve à un tournant important. Pour la première fois
> depuis de longues années, elle a sans contrainte cessé de brûler
> les étapes, de gagner du temps. Lire simplement une histoire
> vraie. Réfléchir, regarder en arrière, remettre en question son
> attitude habituelle. Elle découvre aussi qu'elle a une vie bien
> vide. Volontairement elle fermait son cœur à l'amour, à la pi-
> tié, par peur de la souffrance morale et de ce fait vivait à côté
> de la vie. (*Juletane* 102)

La narration ne fait que suggérer que le futur d'Hélène pourra être transformé par le récit de Juletane: Hélène se pose des questions sur le bien-fondé de ses choix, et elle sympathise (au sens grec du terme) pour la première fois avec les émotions de Juletane.

Dans les deux cas choisis ici, les relations qui unissent les femmes sont donc de nature très différentes: dans le premier cas (Tituba/ Hester), on fait plutôt face à un lien symbiotique mère-fille qui évolue en une relation d'interdépendance dans laquelle il n'y a pas d'initiatrice ni d'initiée, mais où au contraire, les deux femmes apprennent l'une de l'autre; dans le deuxième cas (Juletane/Hélène), on voit plutôt Hélène profiter en quelque sorte de la relation par le biais d'un phénomène complexe d'identification. Pourtant, on peut dire que la création artificielle et même forcée de ces relations met à jour une perversion dans le discours narratif.

Dans *Juletane,* la perversion narrative remet en cause la relation traditionnelle narrateur/ lecteur, évinçant le destinataire réel du journal—

Mamadou—pour lui substituer une femme pratiquement inconnue de la narratrice. Juletane devient donc un être essentiellement passif dans la relation d'identification que met en place Hélène, utilisant l'expérience de sa compatriote pour être prête à prendre finalement en main sa propre histoire. De plus, alors que l'histoire de Juletane était destinée à un homme, elle se trouve subtilisée par une femme. Ce vol, légitimé par l'auteur qui y participe, offre une réécriture à trois voix de l'expérience d'une femme lue par d'autres femmes. Cette symphonie de voix féminines est tout à fait originale dans la mesure où elle mélange la voix de l'auteur—par une narration omnisciente—celle d'Hélène—par des dialogues rapportés—et enfin celle de Juletane—par l'intermédiaire de son propre journal. Contrairement aux autres exemples utilisés dans ce chapitre, l'expérience d'Hélène n'est pas orale mais bien plutôt écrite. Hélène est l'exemple d'une femme lisant l'histoire d'une autre femme et créant avec cette dernière une relation virtuelle grâce au signe écrit.

Dans le roman de Maryse Condé, c'est le phénomène de la perversion de l'Histoire et de la littérature qui permet clairement de raconter l'histoire d'une amitié entre deux femmes. Hester Prynne, l'héroïne du roman de Nathaniel Hawthorne est non seulement recréée par Maryse Condé dans *Moi, Tituba sorcière,* mais elle est en plus dotée d'une personnalité anachronique, parlant de féminisme et remettant en cause le nom du père, deux thèmes sortis de conflits idéologiques de siècles futurs (*Tituba* 151 et 160). De même, la réécriture du personnage d'Hester transforme la protagoniste soumise et somme toute achetée par la société puritaine du dix-septième siècle d'Hawthorne en une femme indépendante qui prend sa vie en main—même si ce n'est que pour la mener à la mort—et surtout qui dépasse les conventions sociales de l'époque en devenant l'amie d'une femme noire et qui plus est, accusée de sorcellerie.

Tout comme dans la multiplicité d'intervenants et d'interlocuteurs que l'on retrouvait chez Juletane (Juletane, Hélène, la narratrice, Mamadou), la relation binaire Tituba/Hester se complique avec la présence de l'auteur: « Tituba et moi, nous avons vécu en étroite intimité pendant un an. C'est au cours de nos interminables conversations qu'elle m'a dit ces choses qu'elle n'avait confiées à personne » (*Tituba* n.p.).

Pour Kathleen Balutansky, Maryse Condé, en insistant sur son lien avec
Tituba, « both asserts her authorial powers and affirms Tituba's ontological presence, beyond death—and beyond the boundaries of the narrative » (Balutansky 42). Il me semble que la direction dans laquelle
s'engage Kathleen Balutansky est la bonne, mais je voudrais pousser sa
pensée légèrement plus loin en rajoutant qu'avec ce lien à Tituba qu'elle
proclame avant même de commencer son récit, Maryse Condé entre ainsi
dans une relation amicale triangulaire dans laquelle Maryse Condé-
auteur se distingue clairement de Tituba la narratrice.

La réécriture du personnage d'Hester Prynne doublée de la perversion de l'Histoire témoigne de la volonté de faire surgir la voix féminine dans l'Histoire. Tituba est en effet cette femme qui restera connue
dans l'Histoire sous l'appellation « une esclave originaire des Antilles et
pratiquant vraisemblablement le 'hodoo' » (*Tituba* 173), ayant ainsi perdu toute identité personnelle. L'effort d'écriture de Maryse Condé rend
non seulement son identité légitime, mais il replace Tituba dans une généalogie insistant sur ses liens aux autres femmes (Abena, Man Yaya et
Hester).

Pourtant, dans la relation avec le personnage d'Hester, c'est
aussi le désir du féminin qui est exprimé puisqu'aux remarques presque
sensuelles d'Hester pour Tituba (*Tituba* 152) suit un rêve érotique entre
Hester et Tituba et développé dans l'imaginaire de cette dernière:

> Cette nuit-là, Hester vint s'étendre à côté de moi, comme elle
> le faisait parfois. J'appuyais ma tête sur le nénuphar tranquille
> de sa joue et me serrai contre elle. Doucement le plaisir
> m'envahit, ce qui m'étonna. Peut-on éprouver du plaisir à se
> serrer contre un corps semblable au sien? Le plaisir avait tou-
> jours eu pour moi la forme d'un autre corps dont les creux
> épousaient mes bosses et dont les bosses se nichaient dans les
> tendres plaines de ma chair. Hester m'indiquait-elle le chemin
> d'une autre jouissance? (*Tituba* 190)

Ici, la relation amicale initiale suggère une autre dimension pouvant exister dans les relations entre femmes, dimension qui permet à Tituba de
s'éveiller à d'autres réalités. Cette incursion homosexuelle semble

montrer que si la voix de Tituba symbolise bien la voix du féminin se faisant entendre dans l'Histoire, cette voix serait donc là peut-être aussi pour faire place au désir sexuel entre femmes, désir sexuel—souvent oublié ou mis au silence par le masculin—dans l'Histoire.

Ainsi, comme le rappelle Trinh Minh-Ha, l'important n'est pas tant de dire si les histoires sont vraies (Minh-ha 120), et par là même de légitimer une version (l'Histoire par exemple) aux dépens d'une autre (l'histoire), mais plutôt de recréer des liens entre les histoires de femmes pour recréer une structure qui permettra l'éclosion du moi et la possibilité d'aller au-delà de l'histoire des autres pour dire enfin *son* histoire. Pourtant, la prise de conscience d'une généalogie féminine est indispensable au bon équilibre d'une jeune protagoniste qui veut se placer comme sujet dans son propre récit et déstabiliser le roman traditionnel ne laissant au féminin que la place d'objet. A ce propos, Trinh Minh-Ha utilise la métaphore du lien pour exprimer le fait que la femme qui (se) raconte fait véritablement partie d'une généalogie: « In this chain and continuum, I am but one link. The story is me, neither me nor mine. It does not really belong to me, and while I feel greatly responsible for it, I also enjoy the irresponsability of the pleasure obtained through the process of transferring » (Minh-Ha 122). Ainsi, la connaissance d'une histoire féminine (comme celle que raconte Reine Sans Nom à Télumée sur les Lougandor dans *Pluie et vent sur Télumée Miracle*), la narration d'une histoire au féminin (comme la nouvelle version du livre de Job raconté au féminin par Eliette dans *L'Espérance macadam*), et l'ouverture à la possibilité d'une amitié entre femmes dans laquelle est partagée « the long conversation [of] [...] one's past with one's emerging friend » (Larrier, *Francophone* 78) comme c'est le cas par exemple dans *Moi, Tituba sorcière,* sont à la base des nouveaux récits du féminin qui se raconte. Des femmes telles qu'Hélène, Tituba, Télumée ou Gisèle ont besoin de l'histoire d'autres femmes pour prendre conscience de l'existence de la leur, et il semble qu'il faille dépasser l'histoire des autres pour comprendre la sienne, et surtout pour pouvoir la raconter dans une structure nouvelle qui honore le féminin.

Chapitre 3
Retour d'exil et célébration du maternel

Pour les femmes en exil, coupées de leur terre maternelle et de leur structure initiale, l'importance de renouer au passé est cruciale. En effet, les histoires qui leur sont racontées par des membres de leur communauté d'origine leur permettent d'inclure ce passé jusque-là inconnu à leur identité en devenir. L'envie de connaître ces histoires ouvre la possibilité de (re)former un lien à la communauté des femmes des origines et en particulier à la mère. Ce besoin de relier à la mère, de mieux la connaître afin de l'accepter non pas comme corps étranger—cet Autre hostile dont on fuit la présence—mais plutôt comme faisant partie du même, comme entité extérieure qui influence cependant de façon irréversible l'identité du moi, ce besoin, donc, d'honorer le lien maternel revient comme une constante dans les romans des Caraïbes, et en particulier dans ceux choisis pour cette étude. Connaître l'histoire d'autres femmes avant de pouvoir comprendre et dire la sienne, renouer le lien au maternel qui permet d'entrebâiller la porte qui s'ouvre à la communauté des femmes, tout cela s'avère donc être comme une étape obligatoire pour le jeune personnage féminin dans sa découverte d'identité.

Je parle bien d'un « besoin de relier à la mère » car je pars du principe, en m'appuyant sur la théorie de Luce Irigaray, que ce lien a en effet été coupé. Dans *Le Corps-à-corps avec la mère,* Irigaray soutient en effet que le lien entre les femmes et la société a été irrémédiablement brisé faisant respecter par ailleurs la toute puissance du masculin. S'appuyant sur l'exemple du meurtre de Clytemnestre dans *L'Orestie,* Irigaray explique qu'après le meurtre d'Agamemnon, son mari, l'ordre veut que Clytemnestre soit tuée. C'est Oreste, le fils, qui se charge de cette tâche étant condamné à devenir ensuite fou avec sa sœur Electre. Or, Irigaray insiste sur le fait qu'Oreste est sauvé de la folie afin qu'il puisse « instaurer l'ordre patriarcal » (Irigaray, *Corps* 17) tandis qu'« Electre, la fille, restera folle » (Irigaray, *Corps* 17). Irigaray poursuit en disant que « le meurtre de la mère se solde donc par l'impunité du fils, l'enterrement de la folie des femmes—ou l'enterrement des femmes dans la folie—l'accès à l'image de la déesse vierge, obéissante à la loi du père » (Irigaray, *Corps* 18). Selon elle, le fait d'avoir poussé les femmes/mères dans la folie justifie « [l'interdiction du] corps-à-corps avec la mère » (Irigaray, *Corps* 21), interdiction perpétrée par la société patriarcale qui, renforçant l'aliénation des mères, les fragmente et les sépare de leur identité de femme.

Or, plus que simples procréatrices d'êtres, les femmes sont créatrices dans un sens plus large et en particulier créatrices de langage. Leur mise au silence par la société patriarcale a donc une influence cruciale sur l'évolution de cette même société. Trinh Minh-ha rappelle en effet la légende que l'on trouve chez les Dogons en Afrique et qui renforce l'idée du pouvoir fécondateur du mot:

> the first Word had been pronounced [read « scanned »] in front of the genitalia of a woman... The Word finally came from the ant-hill, that is, from the mouth of the seventh Nummo [the seventh ancestor and master of speech], which is to say from a woman's genitalia.
>
> The second Word, contained in the craft of weaving, emerged from a mouth, which was also the primordial sex organ, in which the first childbirths took place. (Minh-ha 127)

Parlant de la création du langage, cette « autre » création, Irigaray souligne qu'elle a été « séculairement interdite » (Irigaray, *Corps* 28) aux femmes, et c'est bien elle qu'il faut, selon elle, que les femmes se réapproprient (Irigaray, *Corps* 28).

C'est le langage, la création féminine par le mot, et en particulier la façon dont les femmes racontent leurs histoires que je voudrais aborder dans ce chapitre. Or, mon corpus étant concentré sur des œuvres des Antilles, je voudrais insister sur la spécificité de ces îles. Femmes créatrices, filles, mères, redécouvrant leurs origines maternelles, les femmes antillaises font face, comme le rappellent Annie Morris et Margaret Dunn, à une double problématique: celle du corps maternel est en effet aussi liée à celle de la terre maternelle:

> For the Caribbean woman, the notion of a motherland is especially complex, encompassing in its connotations her island home and its unique culture as well as the body of tropes, talismans, and female bonding that is a woman's heritage through her own and other mothers. The land and one's mothers, then, are co-joined. (Morris and Dunn 219)

Le caractère insulaire des Antilles offre ainsi un concept surprenant, et dans le cas des Antilles françaises par exemple, la terre d'origine (Guadeloupe ou Martinique) ne fait pas directement référence à la patrie—ce que les Anglais appellent « Motherland »—puisque pour ces départements d'outremer, la patrie n'est autre que la France métropolitaine. Ainsi, tout comme les histoires de femmes sont longtemps restées cantonnées à l'arrière-plan du discours narratif traditionnel, l'histoire même de la terre d'origine, cette terre symboliquement maternelle puisque c'est elle qui a nourri et donné la vie, est elle aussi laissée dans le silence au profit de l'Histoire métropolitaine qui ne laisse aucune place au subalterne.

Renouer avec les voix du passé pour les jeunes personnages féminins des Caraïbes devient donc un moyen de prendre conscience de l'existence du maternel (qu'il soit corps de femme ou terre d'origine et nourricière). Ensuite, il s'avère qu'en reconnaissant l'existence d'une généalogie féminine par l'intermédiaire des voix de femmes qui se font entendre, les jeunes personnages féminins voient alors les liens qui les rapprochent des autres femmes mais aussi et surtout de leur mère—

qu'elle soit femme ou terre insulaire. Cela explique donc que le retour
d'exil, le retour à l'île, revienne comme un leitmotiv dans la littérature
antillaise car il fait partie de l'expression de l'identité du jeune personnage féminin et aide à la narration de sa propre histoire. Car en effet, il
faut vouloir se replacer dans son île et dans sa généalogie féminine avant
de pouvoir raconter l'île, raconter la généalogie et surtout se raconter soi-
même.

Pour Elaine Savory, le départ de l'île joue un très grand rôle dans
la constitution et donc ensuite dans l'expression d'une nouvelle identité.
Jouant sur le terme « exile » mais tout en l'appliquant à la réalité des
Caraïbes, elle invente le terme « ex/isle » insistant non seulement sur le
caractère insulaire du mot « île » mais lui ouvrant aussi la complexité
culturelle du monde antillais:

> In my latter Caribbean-centered meaning, ex/isle, *isle* is not
> the literal island but original cultural identity and connection,
> an identity which is based complexly in first self-definitions
> in terms of ethnicity, class, gender, nationality, generation.
> Ex/isle is the condition of separation from that identity, a sepa-
> ration in which, however, a new identity is reconstituted. (Sa-
> vory 170)

Ainsi, contrairement à l'ex-île dont parle Renée Larrier (Larrier, « Poetics » 59) qui est synonyme de déplacement, séparation et isolement,
l'« ex/isle » d'Elaine Savory sous-entend une identité culturelle multiple
et évoque tout d'abord la prise de conscience d'une aliénation qui
n'offrait que la lecture d'un monde métropolitain, blanc, masculin (on
n'est plus simplement en exil—coupé de sa terre d'origine—mais au
contraire en « ex/isle »—non seulement coupé géographiquement de sa
terre mais aussi de sa culture, tout en étant paradoxalement conscient de
l'importance qu'elle a dans la constitution de son identité). Or, comme je
l'ai montré dans le premier chapitre de cette étude, c'est le départ, la
mise en exil, qui renforce l'aliénation, cette imposition de l'autre masculin sur le moi féminin, et qui plus est féminin *et* antillais (rappelons-nous

par exemple Julia à laquelle son fils vend les douceurs de la France, ou encore Juletane doublement déplacée et aliénée: une première fois après la mort de ses parents, et une seconde répondant aux obligations de l'institution du mariage). La prise de conscience, l'expression du désir de retour à l'île ne peut se faire que suivant un départ, et bien souvent suivant une aliénation. Il faut cependant souligner que le désir du retour et le retour lui-même ne se font pas nécessairement dans une île différente—au sens propre—de celle que l'on a quittée. Pourtant, la prise de conscience fait apparaître un nouveau regard, qui lui, peut rendre l'île vers laquelle on retourne sensiblement différente de celle que l'on a quittée.

Le terme « ex/isle » (que l'on pourrait traduire par « ex/île ») contient le mot « île », rappelant ainsi l'importance de l'île dans la constitution du moi. Ainsi, on ne s'étonne pas que selon Elaine Savory, « [w]omen writers who have fundamentally and formatively known the Caribbean region but for whatever reason do not live there now revisit it in their work » (Savory 170). Le seul fait de nommer l'endroit où l'on ne peut pas être lui confère une certaine importance et en particulier une reconnaissance. Il en va de même pour le lien au maternel, souligné de façon métaphorique par le lien « between island and the creative condition of ex/isle » (Savory 175): le seul fait de mentionner l'île suggère une attache à la mère, à celle qui donne la vie (car elle s'apparente à la métaphore des origines). Or, être en ex/île selon la définition de Savory sous-entend une réconciliation avec les origines, la réalité d'un moi féminin placé dans une généalogie qui l'honore.

Si l'on considère maintenant les personnages féminins que l'on trouve dans les œuvres des auteurs choisis pour ce travail, on remarque qu'ils souhaitent le retour, et même que ce retour devient un élément important dans la constitution de leur identité. Il faut remarquer ici que l'exil initial—au moins psychologique—est indispensable pour pouvoir être éventuellement en situation d'ex/île (hors de son île, peut-être, mais conscient de ses origines). Le retour d'exil se présente donc souvent comme la suite logique à la situation d'exil principalement parce qu'il suggère la volonté du retour vers le maternel (symbolique, sous forme d'île-mère faisant ensuite le lien à la femme-mère). En lui-même, le retour d'exil peut donc s'analyser comme un mouvement au sein même de la narration, mouvement dans lequel le jeune personnage féminin se place clairement en position de sujet dans sa propre narration puisqu'en souhaitant le retour à l'île, il exprime un désir singulier.

Il est cependant important de préciser ici certaines notions afin de ne pas faire de généralisation à outrance. Si l'on se penche sur ce schéma d'exil et de retour, on remarque que l'exil se présente comme la première étape puisque c'est cela qui déclenche la prise de conscience du sujet féminin de son aliénation. Le retour apparaît chronologiquement après même s'il n'est pas indispensable (il peut rester dans l'ordre du symbolique comme pour Juletane). De même, il y a parfois plusieurs retours avant la véritable prise de conscience d'identité comme c'est le cas dans *Le Cri de l'oiseau rouge*. Enfin, le retour réel à l'île pour quelqu'un en situation d'ex/île n'est pas nécessaire (même s'il peut exister) puisque c'est en prenant conscience de son appartenance à l'île et en l'intégrant à son moi que la constitution d'une nouvelle identité a lieu. La symbolique du retour à l'île suggère donc une double thématique, celle du lien à la terre natale (île-mère) mais aussi celle du lien à la mère (femme-mère). Ainsi, dans son article « Gender Construction and Neocolonialism », Gerise Herndon paraphrase Françoise Lionnet pour expliquer l'écriture au féminin en période postcoloniale: « She [Lionnet] claims that women rewrite the « feminine » by valorizing it, by showing the arbitrary nature of the values and images feminized by patriarchal culture which constructs, distorts, and encodes them as inferior and thus « feminine ». Mais elle rajoute, et c'est sur cela que je voudrais insister ici: « Of course, the writers' identity comes not solely from cultural or ethnic groups, but also from their mothers or other women; thus, the matrifocal emphasis is particular to women writers » (Herndon 732). Il me semble que le lien à la mère est d'autant plus marqué dans la littérature antillaise que la symbolique est double (terre et femme).

Même si on peut être d'accord avec la remarque d'Elaine Savory: « This creative space which we call Caribbean women's writing is not and should not be predictable or easily definable » (Savory 169), on peut néanmoins remarquer, dans les œuvres choisies ici, certains points communs et certaines différences ainsi qu'un schéma témoin d'une évolution spécifique. Ce sont les différentes histoires de femmes et leurs schémas d'écriture qui vont m'intéresser dans ce chapitre, alors que les jeunes protagonistes racontent leur histoire, fortes d'avoir exprimé leur volonté de retour. Je me pencherai tout d'abord sur le phénomène du *Bildungsroman* au féminin. J'utiliserai principalement les exemples de *Pluie et vent sur Télumée Miracle* de Simone Schwarz-Bart et de *Moi, Tituba sorcière* de Maryse Condé car ils représentent tous deux des récits racontés par une narratrice omnisciente et qui se place délibérément au centre de sa narration. Ces deux œuvres se distinguent d'autres romans d'initiation, même féminins, car ils font part du principe d'insularité spécifique aux Antilles et appelant à l'exil. On verra que ces romans antillais suivent une tradition d'écriture féminine visant à pervertir le récit patriarcal traditionnel et à exprimer non seulement une histoire féminine grâce à une voix féminine nouvellement trouvée, mais aussi que cette nouvelle tradition d'écriture célèbre l'île antillaise et le retour au maternel dans les deux sens du terme (île-mère, femme-mère). Dans mon étude, j'indiquerai particulièrement que Tituba et Télumée restaurent non seulement le lien à la mère, mais qu'en plus, et selon l'expression de Luce Irigaray, elles « redonn[ent] la vie, à cette mère-là, à [leur] mère en [elles], et entre [elles] » (Irigaray, *Corps* 28).

C'est la façon dont l'île est décrite à la veille du retour qui nous intéressera ensuite: que les allusions soient faites d'un point de vue géographique extérieur (comme au moyen de la plume du personnage de Gisèle dans *L'Exil selon Julia* de Gisèle Pineau) ou d'une position nostalgique onirique (comme dans les rêves de Juletane dans *Juletane* de Myriam Warner-Vieyra), elles suggèrent que chaque femme se place ainsi clairement au centre d'un pays dont elle décrit les contrastes et les différences afin que celui-ci la représente pleinement. En exprimant par écrit le processus qui leur permet une reconnaissance de l'île natale, les jeunes protagonistes donnent une nouvelle définition de leur pays qui se présente alors selon des paramètres féminins, évoluant de la patrie (la terre du père) à ce qui pourrait être la « *matrie* » (non seulement la terre de la *m*ère mais aussi la terre du *m*oi retrouvé).

En redéfinissant leur rôle, et en affirmant leur lien au maternel tout en lui donnant une définition aussi large que celle de l'île-mère ou de la femme-mère, les personnages féminins fondent leur identité sur des expériences qui transcendent les frontières géographiques et qui ne sont attachées à aucun endroit spécifique (qu'il s'agisse de la Guadeloupe, de la Martinique ou d'Haïti). Où qu'elles soient, ces femmes créent ce qu'Elaine Savory décrit comme un espace antillais (Savory 170), et elles se présentent véritablement comme la *mestiza* dont parle Gloria Anzaldúa, femme sans territoire mais appartenant à tous les territoires car elle participe activement à la création d'une nouvelle culture grâce à la construction de communautés inclusives (Anzaldúa 81). Dans cette section, j'utiliserai principalement l'exemple d'Amabelle dans *La Récolte douce des larmes* d'Edwidge Danticat. Les allers et retours de la jeune femme entre la République dominicaine et Haïti, en font un être de « l'entre-deux » qui pourtant réaffirme symboliquement son lien au maternel en retournant à la rivière entre les deux pays où sa mère s'était noyée plusieurs années auparavant. Pourtant, que ce soit grâce à un *Bildungsroman* incluant la dimension antillaise et féminine, à une réécriture de l'île qui lui donne une couleur féminine en la faisant devenir « matrie », ou encore au moyen d'un espace déstabilisant toute frontière géographique car situé dans chaque communauté de femmes, les personnages féminins de ces romans des Antilles réaffirment leur lien à la généalogie féminine et suggèrent qu'une véritable « matrie » se doit d'adopter l'idée d'une communauté de femmes inclusive de toutes les différences et existant au-delà de toutes frontières.

1. Le Défi de la tradition à travers l'écriture

Le discours antillais au féminin qui avait commencé à se développer en marge du discours antillais au masculin par le biais d'auteurs femmes comme, entre autres, Mayotte Capécia, Michèle Lacrosil, Françoise Ega, ou encore Suzanne Lacascade, s'est trouvé amplifié et recentré grâce à une kyrielle de plus jeunes auteurs prolifiques. Avec des œuvres comme celles de Maryse Condé, Simone Schwarz-Bart, Myriam Warner-Vieyra, ou encore plus récemment de Gisèle Pineau et d'Edwidge Danticat, le thème du féminin transparaît dans la narration. Pour Ida Eve Heckenbach, « le discours antillais féminin est composé des voix de plusieurs écrivaines, voix éparpillées dans des textes créatifs et théoriques, des romans, des articles. Cette nouvelle voix remet en question le discours dominant » (Heckenbach 38). Cette idée de voix du féminin dans la littérature comme voix subversive car se démarquant du discours masculin n'est pas nouvelle puisqu'elle avait déjà été soulignée par Hélène Cixous dans *La Jeune Née* qui y voit un signe de « féminité dans l'écriture » (Cixous, *Jeune Née* 170).

Lorsque le féminin s'exprime dans la narration, il opère beaucoup plus qu'une simple prise de conscience de son aliénation, il change la dynamique du roman traditionnel, et selon Ida Eve Heckenbach, « la prise de parole de la femme devient le refus de l'exploitation » (Heckenbach 38). Dans la narration même, personnages, objets ou lieux deviennent symbole de différence. Ainsi, pour Margaret Willen par exemple, la case de Télumée dans *Pluie et vent sur Télumée Miracle* est elle-même « site de résistance » (Willen 85-99) car Télumée choisit un espace (« liminal, à la frontière d'une société déjà marginalisée » [Willen 85]) dans lequel « elle forge une nouvelle conscience, elle refait les rapports humains et la moralité, et, selon la tradition créée par les femmes presque mythiques qui l'ont éduquée, elle revendique son île » (Willen 85).

Dans les romans centrés sur des personnages féminins, on remarque que ce sont les éléments narratifs qui, selon Ida Eve Heckenbach, remettent en question, « directement ou indirectement, [le] discours masculin » (Heckenbach 40). Heckenbach souligne particulièrement « l'espace mental occupé par la femme » comme « un espace marginal » (Heckenbach 40). Elle fait là aussi, tout comme Elizabeth Willen, référence à la case de Télumée, mais aussi aux personnages de *Traversée de la mangrove* qui « échappent à l'espace physique qu'ils occupent [pendant la veillée funéraire] en « volant » dans l'espace mental à travers le souvenir » (Heckenbach 41).

L'espace mental est aussi le lieu dans lequel se situe *Juletane* de Myriam Warner-Vieyra. Là aussi, dans ce roman qui se présente comme un journal, aux entrées datées se mêlent des entrées sans aucune indication temporelle, et encore moins spatiale. La folie dans laquelle sombre Juletane permet de rationaliser ce manque de repères traditionnels, mais on peut aussi analyser cela comme une représentation de la différence, un essai d'exprimer la voix féminine dans le discours antillais. *L'Espérance macadam* reflète aussi ce manque de structure temporelle et spatiale en insistant particulièrement sur la multiplicité des voix qui se retrouvent non seulement dans la case mais aussi dans la tête d'Eliette, multiplicité de voix dont l'origine devient floue. Enfin, dans un roman comme *Le Cri de l'oiseau rouge,* les ellipses dans la narration suspendent le temps, ne le rendant qu'accessoire à l'intrigue au lieu d'en faire un élément central.

En étudiant les œuvres de Maryse Condé, Simone Schwarz-Bart et Marie Chauvet, Ida Eve Heckenbach remarque: « L'intérêt [de ces romans] ne réside pas dans « ce qui se passe » mais « comment ça se passe ». La transformation des personnages motive les textes plutôt que leurs « actions ». Par l'« action », le personnage modifie les autres, ou la nature, autrement dit s'impose » (Heckenbach 41). Cette réflexion peut être justement appliquée à certaines des œuvres étudiées dans ce travail. Le personnage féminin est effectivement placé clairement au centre de la narration, « s'impose », mais plutôt que d'offrir le schéma traditionnel d'un personnage évoluant à cause de l'influence d'événements extérieurs, il se présente au contraire comme évoluant avec son environnement, en véritable symbiose, rendant le personnage et son environnement interdépendants. Ainsi, le roman d'initiation traditionnel, ou *Bildungsroman*, se voit lui-même perverti car le but n'en est plus de retourner à l'origine comme le suggère du reste Hélène Cixous: « Pas l'origine: elle n'y revient pas. Trajet du garçon: retour au pays natal, *Heimweh* dont parle Freud, nostalgie qui fait de l'homme un être qui a tendance à revenir au point de départ, afin de se l'approprier et d'y mourir. Trajet de la fille: plus loin, à l'inconnu, à inventer » (Cixous, *Jeune Née* 173)[1]. Ce trajet « plus loin, à l'inconnu, à inventer » rentre difficilement dans un schéma rigide car il tient compte de la dynamique qui existe entre le personnage féminin et les éléments socio-culturels qui le forment. En parlant par exemple des écrivains afro-américains, Geta LeSeur affirme que « [the African-American woman writer] is an exile in her 'own' country, and her motive for writing a *Bildungsroman* is not to rediscover a 'lost domain' or to recapture an 'experience,' but to expose those conditions which robbed her of a memorable and happy childhood » (LeSeur 27). Si l'on s'arrête sur les écrivains des Antilles, on devra remarquer que les éléments à prendre en compte recouvrent non seulement ceux que mentionne Geta LeSeur, mais aussi par exemple le principe insulaire (appelant à l'exil).

Avant même d'inclure la composante antillaise à la question du *Bildungsroman,* on peut donc voir que la définition évolue tout d'abord quand le héros s'avère être en fait une héroïne. Si l'on revient auparavant à la définition du *Bildungsroman,* on remarquera que c'est un genre qui, tel qu'il apparaît dans la littérature, inclut un héros masculin, et comme le rappelle Annie Esturoy, le personnage féminin est poussé dans l'invisibilité du second plan, voire du décor en général, ou quand il est mentionné, est stéréotypé et retombe dans la description dichotomique habituelle de la femme comme vierge ou prostituée (Esturoy 14-15). La voix féminine est niée en étant adaptée de force à l'analyse masculine: le roman d'initiation féminin doit donc s'étudier grâce à un appareil critique qui inclut le féminin, c'est-à-dire qui inclut les problèmes et les questions qui lui sont propres (oppression, invisibilité, affirmation de soi).

Les romans d'initiation masculins posent le personnage masculin au centre de la narration et se concentrent sur son évolution dès qu'un élément extérieur vient déstabiliser son innocence initiale. Dans le cas du personnage masculin, l'évolution en question sous-entend généralement que l'expérience gagnée lui fera suivre les pas de son propre père pour éventuellement le remplacer[2]. Les romans francophones féminins des Antilles adoptent, eux, une perspective légèrement différente. En effet, les études contemporaines sur le *Bildungsroman* au féminin traitent bien souvent de romans dont les héroïnes sont blanches. Pour la femme antillaise, à la question du genre sexuel se rajoute celle de la couleur de la peau, mais aussi la question de l'île et d'un éventuel voyage initiatique en exil. Ainsi, par rapport au *Bildungsroman* traditionnel, le trajet de la protagoniste (point de départ/point d'arrivée) mais aussi l'utilisation de l'espace géographique se présentent différemment. En effet, le point d'arrivée devient bien souvent non pas l'unique possibilité de découverte d'identité, mais s'élargit au contraire à la capacité de pouvoir replacer cette nouvelle identité dans une généalogie féminine dans laquelle, comme on le verra pour Télumée et pour Tituba, la jeune protagoniste ne joue pas le rôle d'héroïne mais plutôt de simple partie intégrée au tout (dont la généalogie).

De même, alors que le *Bildungsroman* traditionnel évoluait le long d'une route[3], le roman d'initiation féminin des Antilles inclut la problématique de l'île avec les allers et retours qui y sont liés. Enfin, dans bien des cas, le personnage féminin prend la narration de son histoire en main, utilisant délibérément la première personne du singulier. Ainsi, non seulement le personnage féminin sort de l'invisibilité en étant placé au centre du récit, mais en plus il se distingue dans la narration par l'utilisation de la première personne du singulier, car une narration plus traditionnelle à la troisième personne du singulier aurait tendance à mettre ce personnage féminin sur le même plan que le reste des personnages, voire des personnages masculins. Cela est particulièrement clair dans le roman de Maryse Condé (*Moi, Tituba sorcière noire de Salem*) dont le titre même présente le personnage féminin tout en mettant en relief le double sujet (Moi/Tituba) pour souligner encore plus l'importance de la protagoniste.

Le roman de Simone Schwarz-Bart, s'il est légèrement plus subtil à ce sujet, se découpe cependant clairement en deux parties très inégales (« Présentation des miens », et « Histoire de ma vie ») dans lesquelles l'emploi de l'adjectif possessif de la première personne du singulier place la protagoniste au centre du récit. *Pluie et vent sur Télumée Miracle* de Simone Schwarz-Bart est du reste clairement considéré comme un roman d'initiation au féminin, celui d'une quête « version antillaise » (McKinney 650), et comme un récit qui raconte la vie des femmes de la famille Lougandor. Je voudrais tout d'abord analyser ici la construction et le développement de l'identité féminine de Telumée au travers de tableaux dont la transparence picturale découvre parfois une opacité figurative. *Pluie et Vent sur Télumée Miracle* est en effet peint sur un mode binaire dont l'eau devient la représentation privilégiée. J'indiquerai que *Pluie et Vent* est un *Bildungsroman au féminin* en ce que la construction de l'identité de la protagoniste n'est pas influencée par la route, mais au contraire par l'utilisation du langage et en particulier des métaphores d'opacité et de transparence qui, loin de ramener Télumée à son point de départ, la transforment et la transfigurent.

Dans *Pluie et vent,* ce sont les femmes qui observent et analysent, s'entraidant afin de choisir la marche à suivre. Narratrice, Télumée devient l'œil, la voix et la mémoire de toute une génération de Lougandor dont elle raconte l'histoire par touches impressionnistes: d'abord celle de son arrière grand-mère Toussine, puis sa propre histoire. *Pluie et vent* se présente ainsi comme une œuvre dont les jeux de lumière font ressortir les contrastes entre opacité et transparence: à la transparence picturale exprimée dans les différents tableaux qui constituent l'œuvre est bien souvent rattachée une opacité figurative qui donne au roman sa construction binaire. C'est entre les deux pôles de cette association de termes contraires qu'évolue Télumée, personnage qui se pose en devenir dans la narration. Analysant avec précision dans le roman la notion de transparence, j'étudierai la façon dont Simone Schwarz-Bart déconstruit les oppositions apparentes, suggérant ainsi que dans les limites d'une identité féminine, la binarité n'est pas symbole d'écartèlement mais de complémentarité, et que, pour reprendre les métaphores utilisées par l'auteur, dans les cathédrales se trouvent les petites chapelles. En racontant son histoire et celle des siens, Télumée s'ancre dans son île, son antillanité et son identité féminine reconquise.

La binarité de l'eau (transparence/opacité) est étudiée par Gaston Bachelard qui s'arrête sur les relations complexes la rattachant aux rêves dans l'imaginaire du poète. Il dépasse cependant la superficialité de ces derniers, « plus amusés que séduits par les jeux superficiels des eaux », afin de voir l'eau comme « destin essentiel qui métamorphose sans cesse la substance de l'être » (Bachelard, *Eau* 8). C'est cette eau changeante à laquelle Télumée se trouve en contact. Dans *Pluie et vent,* l'identité du féminin est transformée par la réalité aquatique de la nature guadeloupéenne aux couleurs vives sous le soleil et foncées à l'ombre de la végétation luxuriante (clair/obscur). Cette transparence est représentée dans *Pluie et vent* par le petit verre de cristal, métaphore du personnage de Télumée, être qui se découvre à qui peut la voir pour ce qu'elle est.

Pour Jean Starobinski, la transparence est « l'invisibilité parfaite » qui permet « de ne plus être (pour un moment) une transparence cernée, mais de devenir un regard qui ne connaît pas d'interdit ». Quant à l'opacité, elle est le regard d'autrui « l'obstacle le plus redoutable, le plus immobilisant [...] cette fausse image [...] qui se forme dans les consciences étrangères et qui dénient [au sujet] sa transparence » (Starobinski 302). Dans *Pluie et vent,* la transparence est plus qu'une « invisibilité parfaite » et l'opacité plus que « l'obstacle le plus redoutable ». Transparence et opacité s'expriment en effet par le regard qui met en exergue la dialectique d'écartèlement évoquée par Gaston Bachelard (Bachelard, *Eau* 191) et décrite par Jean Starobinski comme une opposition entre le regard du moi et celui d'autrui. Dans *Pluie et vent,* d'opposés ces éléments deviennent complémentaires.

Cependant, c'est grâce au langage que les contraires sont inscrits sur une même toile, et dans ce cadre la métaphore devient un « lien nécessaire » (de Man 14) entre le langage et l'identité, un lien grâce auquel apparaît ici le féminin. Dans la scène discursive, d'observée, Télumée devient observatrice, de sujet peint, elle devient spectatrice, mais elle transcende cet état lorsqu'en brossant les contours de sa propre histoire, elle redéfinit les limites d'une identité féminine sous le signe de la complémentarité. Cette complémentarité s'exprime par la coexistence d'intérieurs et d'extérieurs ou de surfaces et de profondeurs apparaissant dans la narration sous forme de métaphores évoquant la transparence (le regard, les bassins et les rivières). Contrairement à un simple reflet qui ne serait que superficialité, la transparence de *Pluie et vent* est synonyme de profondeur et de complexité, symbole de l'identité féminine en mouvance. En effet, la transparence suppose un au-delà toujours à atteindre derrière des murs de cristal: qui est donc Télumée? Vue à travers la transparence du cristal, l'identité de cette femme devient-elle l'emboîtement délicat des étapes de la vie d'une antillaise qui de Télumée devient Miracle?

Dans *Pluie et vent,* la transparence et l'opacité se trouvent tout d'abord dans les tableaux aquatiques avant de se trouver dans le regard. L'eau apparaît de façon complexe dans cette géographie de l'imaginaire, où la lumière et le mouvement lui donnent des nuances subtiles: eaux claires/eaux troubles, eaux vives/eaux calmes, jaillissantes symbole de vie, stagnantes symbole de mort[4]. Pour être eau de vie, l'eau doit être eau vive, et pour Gaston Bachelard fraîche, claire et bruyante (Bachelard, *Eau* 47)—non seulement celle qui emporte dans le courant (*Pluie* 126), mais aussi celle qui diffuse son message dans l'eau claire (*Pluie* 131). Enfin, loin d'être une eau silencieuse, elle est l'eau qui réveille Télumée après sa première rencontre sexuelle avec Elie, son ami d'enfance (*Pluie* 118), union symbole de vie par excellence. Pour Télumée, l'eau vive est la vie, mais la vie au quotidien symbolisée par la lessive. En effet, refusant de se servir de l'eau des jarres—eau calme, prisonnière, enclose— elle descend à la rivière « pour le moindre petit linge sale » (*Pluie* 135) afin d'avoir le plaisir de voir la vie en pleine action (*Pluie* 135-36).

Pourtant, selon Gaston Bachelard, « toute eau vive est une eau dont le destin est de s'alentir, de s'alourdir. Toute eau vivante est une eau qui est sur le point de mourir » (Bachelard, *Eau* 66). S'agit-il ici d'une interprétation de la métaphore de Reine Sans Nom, la grand-mère de Télumée, respectée pour sa sagesse et ses contes au message souvent indirect: « Toutes les rivières, même les plus éclatantes, celles qui prennent le soleil dans leur courant, toutes les rivières descendent dans la mer et se noient » (*Pluie* 81)? L'eau apparaît en effet comme associée à la mort, le contraire de la vie, mais pour le masculin (Elie) et non pour le féminin (Télumée) qui la transforme en élément de renaissance, de renouvellement. Elie est la première victime de l'eau—victime des « trombes d'eau » (*Pluie* 144) qui s'abattent sur le village, victime de sa tristesse et des pleurs qui l'accompagnent (*Pluie* 150), victime enfin de sa propre

« noyade » symbolique dans la vie puisqu'il ne parviendra jamais à retrouver le bonheur ni auprès de Télumée, ni auprès de quiconque (*Pluie* 145).

Contrairement à Elie, Télumée ne se noie pas. Même si elle y est prête: « Et puis je me dis que la rivière a beau chanter et faire ses méandres, il faut qu'elle descende à la mer et se noie » (*Pluie* 115), elle parvient à se séparer de cette eau lourde qui tue. Séparation symbolique puisqu'elle prend forme du chagrin que Télumée lâche au fond de la rivière (*Pluie* 167), mais séparation qui oppose à nouveau le masculin au féminin. Elie est en effet associé à l'eau—dès sa plus tendre enfance, il pêche des écrevisses dans le Bassin bleu—et plus encore qu'une association avec l'eau, il s'agit ici d'une association à l'eau stagnante du Bassin. Quant à Télumée, elle reste une rivière lorsqu'elle est associée au masculin, mais elle garde un lien à la terre lorsqu'elle est associée au féminin: « S'il n'y avait eu qu'Elie, je serais une rivière, s'il n'y avait eu que la Reine, je serais la montagne Balata » (*Pluie* 73). C'est ce lien au féminin qui lui permet de se séparer de l'eau afin de n'y jeter que son chagrin et non pas son être entier tandis qu'Elie, qui lui, est associé à l'eau, ne peut que s'y noyer.

Si l'on peut voir se dégager dans l'eau une « dialectique d'écartèlement » (Bachelard, *Poétique* 191) qui se présente en termes de vie/mort, eau stagnante/eau vive, féminin/masculin, il semble que le féminin transforme cette dialectique d'éléments opposés afin de créer une dimension liée à la renaissance. L'eau est en effet aussi pour Télumée eau de la fontaine de Jouvence. Pour Gaston Bachelard: « C'est le rêve de rénovation que suggère une eau fraîche. On plonge dans l'eau pour paraître rénové » (Bachelard, *Eau* 197). Cette eau symbole de renaissance est l'eau du Bassin bleu dans laquelle se plonge Télumée afin de se rafraîchir (*Pluie* 74), mais elle est aussi l'eau violacée du bain que lui prépare Man Cia (*Pluie* 189), l'eau des larmes régénératrices provoquées par Amboise (*Pluie* 204-5), l'eau dans la bouche qui permet de laver les songeries de la nuit (*Pluie* 245), et enfin l'eau parfumée à la citronnelle de la toilette d'Amboise (*Pluie* 214).

Eau régénératrice donc, mais eau révélatrice qui pose par le regard qu'on y porte le problème de son opacité et de sa transparence. Pour Gérard Genette en effet « la surface aquatique la plus innocente recouvre un abîme: transparente, elle le laisse voir, opaque, elle le suggère d'autant plus dangereux qu'elle le cache » (Genette, *Figures* 24). Ainsi, dans *Pluie et vent,* que l'eau soit opaque (*Pluie* 244) ou transparente (*Pluie* 154) c'est le regard qui en devient le reflet. Les yeux d'Elie progressent en crescendo de la vie à l'absence de vie: ils sont au départ « deux marigots d'eau douce » (*Pluie* 69) qui retiennent « une larme sous les lourdes paupières aux courts paquets de cils » (*Pluie* 72), dans les deux cas eau stagnante, eau qui se meurt déjà. Ils évoluent ensuite pour lancer un « long regard amer » (*Pluie* 99) et devenir les « yeux du malheur » (*Pluie* 105). Enfin, ils deviennent hors d'atteinte lorsqu'ils sont décrits comme « des yeux égarés » (*Pluie* 145), « rougis » (*Pluie* 147), lançant un « regard mystérieux » (*Pluie* 146).

Ici encore, le regard s'analyse comme une dialectique d'éléments opposés et son invisibilité s'exprime en termes de masculin et de féminin. L'invisibilité est néant pour le masculin: il suffit de penser à Elie qui bat Télumée « sans regard » (*Pluie* 150) et à Amboise qui éprouve une non-existence forcée lors de son séjour en France (*Pluie* 216). Tout comme c'était le cas pour l'homme invisible de Ralph Ellison, l'invisibilité est néant si elle est imposée au sujet par le regard d'autrui. Pour le féminin, elle semble plutôt être transparence: pensons ici aux yeux de Reine Sans Nom qui « semblaient avoir balayé la surface des choses visibles et invisibles » (*Pluie* 156) les rendant non pas comme un miroir plat mais comme un abîme profond, ou encore à la possibilité d'invisibilité évoquée par Reine Sans Nom après sa mort, symbole non pas de disparition mais de vie éternelle (*Pluie* 174-75). Dans le cas du féminin, l'invisibilité suggère donc un lien pour les femmes entre elles, une autre dimension, une autre sorte de regard.

Cette autre dimension, qui s'exprime grâce à la transparence du regard (puisque c'est grâce à la transparence que le féminin peut voir 'au-delà'), permet au regard d'évoluer ici dans les deux sens: sa transparence peut tout d'abord donner accès à l'intérieur d'un être, ou s'inverser avec le regard d'un sujet qui laisse transparaître des images intérieures. Cette idée est illustrée par la métaphore du verre de cristal utilisée dans la narration pour décrire Télumée. Le verre de cristal est double à tous points de vue: contenant et laissant voir son contenu mais aussi transparent et pourtant réfléchissant plus qu'il ne le laisse à première vue croire. Dans tous les cas, il est actif et passif: pensons en effet aux yeux de Man Cia « immenses, transparents, [...] ces yeux dont on dit qu'ils peuvent tout voir, tout supporter, car ils ne se ferment pas même en sommeil » (*Pluie* 58), image répétée même quand Man Cia est transformée en chien: « ...ses yeux m'ont frappée... marron, d'une transparence spéciale, qui me fixaient avec droiture, sans sourciller [...] » (*Pluie* 191). Quant aux yeux de Reine Sans Nom, ils sont clignotants, et ce sont des yeux qui parlent: « ...ses yeux émettaient un petit clignotement, et semblaient se détacher de son visage, pour me toucher, me questionner, me dire ce qu'il en était d'elle ces derniers temps » (*Pluie* 100).

Ces yeux sont aussi le reflet d'un double regard (extérieur/ intérieur), mais ils offrent une vue claire d'un côté comme de l'autre contrairement à l'eau sur laquelle le tableau reflété disparaît lorsqu'on en trouble la surface. Les yeux de Man Cia ne se troublent pas permettant ainsi à Télumée d'en faire une lecture, d'en lire le message qui y est inscrit. Pour Télumée, vouloir déchiffrer le message apparaissant dans les yeux ouvre la porte à l'inscription, au langage même. C'est le lien et le rapprochement spécial entre deux femmes—Télumée et Reine Sans Nom—qui rend la communication à ce niveau possible. Ce ne sont en effet plus des mots qui définissent leur échange mais des expressions physiques. Reine Sans Nom fait preuve d'une volonté d'être actif invitant Télumée à se plonger en elle-même grâce à la transparence de son regard.

Dans *Pluie et vent,* c'est la métaphore du cristal qui est le « lien nécessaire » entre le regard et le langage. La métaphore du cristal propose ainsi la jonction, paradoxale puisque faite d'opposés, d'un phénomène de pureté visuelle transcrit par l'écriture. En effet, le cristal évoque la transparence mais suppose la réflexivité car selon Jean Starobinski, « le regard traverse [le cristal], mais il est lui-même un regard très

pur qui pénètre et traverse les corps environnants » (Starobinski 303).
Dans *Pluie et vent,* il s'agit d'un « petit verre en cristal » (*Pluie* 51, 68,
156) supposant l'existence d'un contenu. Ainsi, contrairement à Narcisse, par exemple, attiré par son reflet dans la fontaine et donc à la merci
de le voir disparaître si l'eau se trouble, il n'est pas question de reflet
dans *Pluie et vent,* mais bien de transparence. Pour Narcisse, le reflet
était symbole de superficialité, l'impossibilité de s'approprier son propre
être, son « paraître » fuyant, pour Télumée la transparence est profondeur. L'accent est donc mis non pas sur l'image double qui est reflétée
par le miroir mais sur l'être qui existe *dans la transparence du verre de
cristal.* Le verre de cristal se distingue ainsi par sa profondeur: il est le
contenant et la personnalité de Télumée en est le contenu ce qui lui permet de donner à Reine Sans Nom autant qu'elle reçoit: « Télumée, petit
verre de cristal, qu'est-ce que vous avez donc dans votre corps vivant...
pour faire valser comme ça un vieux cœur de négresse? » (*Pluie* 52).

Les messages déchiffrés dans les yeux par Télumée ouvrent la
porte à son interprétation lors de leur retranscription. La narratrice manie
ainsi le langage, le colorant de son expérience et de ses souvenirs. Pourtant, au niveau de la narration, il est indispensable de faire une distinction
dans *Pluie et vent* entre le langage utilisé par le masculin et celui utilisé
par le féminin. Dans cette œuvre, Nathalie Buchet Rogers voit, elle, une
opposition entre l'oral et l'écrit, et elle affirme que « la zizanie et le malheur font irruption dans le roman en même temps que l'écriture » (Buchet Rogers 441). Pour elle en effet, cette écriture est l'inscription de la
mort de Méranée dont le corps brûle en laissant « un sillage lumineux »
(*Pluie* 24) dans le ciel. De même, elle interprète la mort d'Amboise
comme un conflit entre la tradition orale et la tradition écrite, insistant
sur le fait que dans son discours, Amboise « procède à des questions qui
rappellent le système de devinettes propres à la parole traditionnelle »
(Buchet Rogers 442). Cependant, si (pour reprendre ses propres mots)
« ce dialogue de sourds [...] rappelle [...] étrangement [la violence et la
mort] de Méranée » (Buchet Rogers 442), il semblerait que ce ne soit pas
à cause du conflit entre la tradition orale et la tradition écrite comme elle

le laisse entendre, mais bien plus parce que le langage dont il est question ici est en fait le langage du masculin.

En effet, il existe dans le roman des instances où le langage manipulé par les hommes amène la malédiction: dans le cas de Méranée, le langage n'intervient pas avec sa mort mais bien avant lorsqu'il est introduit par le maître—un homme—qui « venait [au village] deux fois la semaine pour enseigner les petites lettres » (*Pluie* 23). Rappelons ici que les deux sœurs, filles de Toussine, se disputent la lampe pour faire leurs devoirs. Les fillettes se bousculent, renversant la lampe qui propagera l'incendie meurtrier. Méranée et sa sœur se battent à cause de leurs devoirs, représentant le savoir, les mots et le langage de l'homme blanc. De même, la malédiction se poursuit avec Angebert et Germain: ce sont les insultes lancées par un homme, propriétaire de nasses, qui transforment Germain (*Pluie* 38) et sonnent le glas de la relation pacifique qui existait entre Angebert et Germain, inscrivant le langage de l'homme dans le sang: « [...] tu es taché, souillé à jamais par ce sang [...] » (*Pluie* 40). Dans le cas d'Amboise, il s'agit d'un conflit entre le langage du colon (tout comme celui du maître d'école, celui de l'homme blanc) et le langage du colonisé. Ce conflit langage du colon/langage du colonisé amène ensuite la mort, et ce, dans le cas du masculin, et plus précisément d'Amboise. Ce conflit se retrouve rattaché au masculin puisque le langage de la colonisation est le langage du masculin par excellence.

Par contraste, le langage du féminin est celui qui façonne l'identité. Utilisé par Simone Schwarz-Bart, il est un langage métaphorique qui permet de brosser les contours de l'identité de Télumée. Là encore, tout comme l'eau et la transparence du verre de cristal, il est double, et son sens binaire est mis en évidence par la métaphore du tambour introduite dans la narration par Man Cia: « [...] sois une vaillante petite négresse, un tambour à deux faces, laisse la vie frapper, cogner, mais conserve toujours intacte la face du dessous » (*Pluie* 62). Cette métaphore évolue pour devenir « un vrai tambour à deux peaux » (*Pluie* 94) lorsque Télumée est chez les Desaragne, et « une négresse tambour à deux cœurs » (*Pluie* 195) après la mort de Reine Sans Nom et de Man Cia. Cette métaphore est une métaphore de la survie allant vers la vie, de la force de l'être derrière le paraître.

Le langage métaphorique célèbre cette notion de vie en s'inscrivant sous forme de tableaux reflets du quotidien des personnages. L'inscription se fait tout d'abord par l'association de mots de registres différents tout comme la « tristesse obscure » (*Pluie* 65) faisant cohabiter le champ lexical des sentiments avec celui du regard. Cette cohabitation donne alors à la métaphore un « caractère quasi prédicatif » puisqu'elle « ne nomme pas mais caractérise ce qui est déjà nommé » (Ricoeur 79). Les différents tableaux présents dans *Pluie et vent* s'expliquent donc par eux-mêmes, le langage métaphorique ne faisant que les mettre en exergue. Cependant, le langage métaphorique définit l'identité car il est le langage de l'autre, le langage de celui/celle qui crée les métaphores. Au centre de l'arène du pitt, Télumée se voit définie par le regard des autres, elle est ensuite définie par le langage des autres, soit par les mots de Reine sans Nom (*Pluie* 76), soit par les mots d'Elie (*Pluie* 84-85). Grâce à Elie, le langage de l'imaginaire devient réalité du discours narratif. Ainsi, le tableau créé par le langage métaphorique permet à Télumée de 'vivre' dans la case qu'il lui promet: « [...] il me parlait avec tant de précision de cette case que j'y pénétrais, longeais la véranda, m'asseyais sur l'une des trois chaises disposées autour de la petite table ronde, posais mes coudes sur un napperon brodé » (*Pluie* 105).

La présence de tableaux figuratifs dans la scène discursive permet non seulement de brosser des paysages—le village, la Guadeloupe—mais aussi des portraits ainsi que des portraits intérieurs qui ne sont autres que la réflexion de l'identité. Dans la narration, les métaphores qui façonnent l'identité sont les métaphores à double sens, celles qui permettent au moi de garder un lien avec le même, et qui selon Kitzie McKinney permettent de ne pas se laisser « aliéner par le symbolique: c'est-à-dire se laisser définir en tant qu'objet » (McKinney 29). Ces métaphores qui favorisent l'identité sont utilisées comme outils d'éducation par Reine Sans Nom par exemple, et qu'elles aient un lien avec l'eau (*Pluie* 50), avec les animaux (*Pluie* 79), ou avec la nature

(*Pluie* 121), elles ont toutes pour but d'aider à la construction de
l'identité du personnage principal, c'est-à-dire celui de Télumée.

Pourtant, si les métaphores ont une place centrale parce qu'elles
prennent la place du langage, les mots pour le féminin ne semblent pas
être ce qui est avant tout important, et cela nous est rapporté dans la narration par Olympe qui, après avoir demandé à Télumée ce qu'elle pensait
des mots conclut « que j'avais raison de ne pas considérer la parole »
(*Pluie* 198). La métaphore de l'armoire prend un sens similaire pour
Adriana lorsqu'elle met en garde les gens du village contre les idées pré-
conçues qu'ils ont, en jouant elle-même avec le langage, avec la réalité et
l'imaginaire:

> Vous me voyez en loques, avec une case au toit ouvert, vous
> pourriez me croire en mauvaise passe, mais détrompez-vous,
> mes amis, et passez donc un jour chez moi, je vous ouvrirai
> mon armoire, peut-être...
> ...Vrai, disait aussitôt grand-mère l'appuyant d'une voix
> ferme, on voit des gens en robe déchirée, ils dorment et se lè-
> vent dans des cases branlantes mais qui sait ce que ces gens-là
> possèdent dans leur armoire, qui le sait...? (*Pluie* 104)

Plus que l'armoire, c'est donc l'idée de l'armoire qui est importante, et
dans cette armoire ce sont les reflets qui viennent de l'intérieur et qui
sont imaginés par l'extérieur, rejoignant l'idée de Gaston Bachelard qu'
« [...] il y aura toujours plus de choses dans un coffret fermé que dans un
coffret ouvert. La vérification fait mourir les images. Toujours, *imaginer*
sera plus grand que *vivre* » (Bachelard 90). Imaginer, c'est donc cons-
truire, et la construction dans *Pluie et vent* est celle d'une identité de
femme qui se fait par la métaphore. Il s'agit ici de ce que j'appellerai une
métaphore de l'emboîtement, dépassant l'assimilation par voisinage, ou
la coïncidence de l'analogue et du contigu évoquée par Gérard Genette
(Genette, *Figures III* 54-55). En effet, il ne s'agit ici ni d'exclusion tout
comme l'eau de la carafe et l'eau de la rivière prises en exemple par
Gérard Genette chez Proust *qui ne se mélangeaient pas,* ni d'une mé-

tonymie qui *remplacerait* un élément par un autre, prenant une partie pour le tout ou le contenu pour le contenant. Dans *Pluie et vent,* les métaphores d'emboîtement qui permettent la construction de l'identité de Télumée sont le reflet du contenant *et* du contenu, de la partie *et* du tout.

Cette métaphore de l'emboîtement prend par exemple forme de la Guadeloupe qui représente en fait le personnage de Télumée: « S'il n'y avait eu qu'Elie, je serais une rivière, s'il n'y avait eu que la Reine je serais la montagne Balata, mais les jeudis faisaient de moi la Guadeloupe toute entière » (*Pluie* 73). Télumée est donc ici *l'emboîtement* de la rivière et de la montagne Balata. De même, lorsqu'Amboise se met à jouer du tambour pour elle, il s'avère qu'elle a non seulement besoin du tambour—qui symbolise la mémoire de Reine Sans Nom qui a introduit cette métaphore—mais aussi de l'eau pour vivre: « Tout à coup, je sentis l'eau du tambour couler sur mon cœur et lui redonner vie, à petites notes humides, d'abord, puis à larges retombées qui m'ondoyaient et m'aspergeaient tandis que je tournoyais au milieu du cercle, et la rivière coulait sur moi » (*Pluie* 210). Télumée devient ensuite tour à tour Adriana, Olympe, Man Cia en chien, Tac Tac, Filao et Amboise (*Pluie* 210). Elle s'identifie même à Laeticia et Elie, mais seulement à l'image et au souvenir positifs qu'elle a d'eux: « Laeticia avec son petit visage étroit, et cet homme qu'*autrefois* j'avais couronné, aimé » (*Pluie* 210, c'est moi qui souligne).

Par cette métaphore d'emboîtement Télumée définit son identité de femme: elle est non seulement l'eau qui la guérit et la fait renaître mais aussi un emboîtement des autres, et *c'est tout cela* qui reflète son expérience. Car en effet, l'identité de Télumée ne se résume pas à une seule et unique expérience symbolisant clairvoyance et transparence. Elle est l'emboîtement des moments d'opacité *et* de transparence qui ont jalonné son chemin, tout comme l'eau est aussi le résultat d'un emboîtement—opacité/transparence—découvrant un fond clair lorsque les sédiments se sont déposés.

Enfin, englobant la symbolique de l'eau et du regard, la métaphore de l'emboîtement trouve toute sa signification dans l'œuvre avec le binôme cathédrale/chapelle. Si l'église peut s'analyser comme une métaphore de contiguïté ou même d'exclusion—le domaine des Desaragne (*Pluie* 90) dont Télumée ne fait jamais partie, et l'église près de laquelle elle habite à la fin de sa vie mais dont elle ne fait pas partie non plus (*Pluie* 241)—la cathédrale et la chapelle forment une métaphore de l'emboîtement synonyme d'identité pour Télumée.

C'est Man Cia qui mentionne la première l'idée de cathédrale en ce qui concerne Télumée: « [...] tu seras sur terre comme une cathédrale » (*Pluie* 58). L'image passe ensuite de celle d'une « chapelle bien entretenue » (*Pluie* 70) quand Elie décrit Télumée, à celle « d'une bougie qui remplit une chapelle » (*Pluie* 106), Télumée elle-même se pensant comme une bougie, pour arriver enfin à celle d'une « chapelle solitaire » qui cependant attire—et ceci est révélateur—les femmes (*Pluie* 131). A la fin de l'œuvre se fait donc bien entendre une voix féminine qui clame son identité, et c'est celle de Télumée qui n'est ni une cathédrale, ni une chapelle, mais bien les deux, car dans les cathédrales, et par le même phénomène d'emboîtement, se trouvent les petites chapelles.

Dès le début de l'œuvre, et comme on l'a vu, Télumée est donc confrontée à la dichotomie de l'eau et à celle du regard, toutes deux symboles d'opacité et de transparence. Pourtant, les limites de son identité de femme ne sont pas divisées selon de tels paramètres, et c'est la métaphore de l'emboîtement qui les rend complémentaires. On ne peut en effet oublier que si les petites chapelles donnent vie au corps principal de la cathédrale, les vitraux en sont l'esprit. Ternes à l'extérieur, ils deviennent resplendissants à l'intérieur. Dans *Pluie et vent,* il apparaît donc clairement que le rayonnement de Télumée est l'œuvre d'un emboîtement, d'une complémentarité tellement bien réfléchie par le petit verre en cristal qu'il lui permet de devenir miracle, ou lui-même emboîté, Télumée-Miracle.

Dans *Pluie et vent,* Simone Schwarz-Bart utilise donc des métaphores pour peindre l'identité de Télumée. Bien que leur utilisation ne soit pas la prérogative des écrivains féminins, leur utilisation devient indispensable à l'évolution de personnages féminins comme Télumée. Dans le cadre de la littérature des Antilles, l'utilisation de métaphores, et en particulier celles qui font référence aux particularités géographiques de l'île, est révélatrice de l'importance de la relation insulaire et de l'identification du personnage féminin aux contrastes de son environnement. L'utilisation de l'eau sous toutes ses formes par Simone Schwarz-Bart n'est sans doute pas innocente et, selon les termes de Sylvia Shurbutt, semble peut-être bien apporter une alternative au modèle patriarcal:

> Thus, by reconstituting traditional images employed by patriarchal literature (for example, « water » or « earth » as employed in Kate Chopin's *The Awakening*) and by seizing traditional myths which shape the visions and possibilities that we imagine for ourselves, the woman writer can create the visions and possibilities that we imagine for ourselves, the woman writer can create a more compatible literary landscape, one more in line with her own reality as « she » sees it rather than as her literary fathers see it. (Shurbutt 45)

Au lieu d'être sanctionnée par la qualité de sa relation avec les hommes, l'identité de Télumée est au contraire définie par la place de cette dernière dans son île et sa communauté. Dans une communauté inclusive de tous les éléments et accueillant particulièrement le féminin bafoué jusque-là, Télumée a sa place dans la toile d'araignée que mentionnait Reine Sans Nom: « Tu le vois, les cases ne sont rien sans les fils qui les relient les unes aux autres, et ce que tu perçois l'après-midi sous ton arbre n'est rien d'autre qu'un fil, celui qui tisse le village et qu'il lance jusqu'à toi, ta case » (*Pluie* 127). Télumée a d'autant plus sa place qu'elle n'est pas nommée par la société patriarcale (comme le traditionnel héros de *Bildungsroman,* fier d'être finalement digne de se présenter comme le fils de son père) mais par les hommes et femmes de sa terre maternelle:

> Mais quand l'aube se leva sur le cercueil de l'ange Médard, bal fini, violons en sac, les gens se présentèrent devant moi et dirent, leurs traits ruisselants de placidité... chère femme, l'ange Médard a vécu en chien et tu l'as fait mourir en

homme... depuis que tu es arrivée au morne La Folie, nous
avons vainement cherché un nom qui te convienne... aujourd'hui, te voilà bien vieille pour recevoir un nom, mais tant
que le soleil n'est pas couché, tout peut arriver... quant à nous,
désormais, nous t'appellerons: Télumée Miracle... (*Pluie* 239)

En opposition à Télumée dont le nom de femme (Télumée Miracle) n'est dévoilé qu'à la fin du roman comme signe visible de son expérience de la vie, Tituba se définit en détail dès le titre et présente après
l'annonce du double sujet (Moi/Tituba) tous les éléments qui constituent
son identité (Moi/Tituba/sorcière/noire/de Salem). Si la formation de
l'identité de Télumée était renforcée par l'utilisation des métaphores et
en particulier par celle de l'emboîtement, *Moi, Tituba sorcière* met en
opposition plusieurs personnages féminins dont la formation de l'identité
s'articule, elle, autour de leur expression de la sexualité. Dans ce roman,
certaines femmes sont clairement réduites au silence par le colon ou par
le pouvoir patriarcal, et elles expriment leur relation à la sexualité par
une indifférence totale, voire un certain dégoût de l'acte sexuel. Une
seule femme se distingue de celles dont la voix a été étouffée: Tituba en
effet revendique sa sexualité et clame son désir et si le personnage de
Tituba est prisonnier des réalités sociales et historiques du dix-septième
siècle américain qu'a choisi Condé pour raconter son récit, ce n'est pas
nécessairement handicapant, comme le souligne Leah Hewitt, car Maryse
Condé « portrays black women as the most oppressed, but also as the
most active and possessing the potential to change social mores for the
better » (Hewitt 82). Voix minoritaire dans la narration, la voix de Tituba
devient celle d'une femme au carrefour de voix multiples. Prise dans la
logique de la société patriarcale qui remet à l'ordre du jour l'image de la
femme prisonnière de la dichotomie de la vierge ou de la prostituée, la
sexualité devient pour Tituba le moyen de faire le lien entre les femmes
dont on a volé la voix et une communauté féminine exprimant une quan-
tité de désirs différents.

　　Je voudrais analyser ici la construction et le développement de
l'identité féminine par le biais du thème de la sexualité afin de suggérer

que la sexualité réappropriée par le féminin peut devenir un moyen de pervertir le discours dominant dans la scène discursive. Je montrerai tout d'abord que lorsqu'elle est imposée par le pouvoir colonial ou la société patriarcale, la sexualité représente un étouffement de la voix féminine, étouffement symbolisé dans la narration par le viol exprimant le manque de contrôle que certains personnages féminins ont de leur corps. Etudiant ensuite avec précision le personnage de Tituba, tour à tour mis au silence ou brisant ce silence imposé, j'expliquerai qu'elle semble parvenir à une certaine harmonie entre la voix exprimant son désir sexuel et celle énonçant son oppression de femme noire dans une société esclavagiste du dix-septième siècle. Au cours du développement de mon argumentation, je suggère que la voix de Tituba transgresse les règles établies en racontant son désir, et que, dans l'expression même de sa vie et du récit de toutes les amitiés féminines qui jalonnent son chemin, elle ouvre la possibilité à d'autres transgressions, sexuelles et narratives.

Dans *Gender in African Women's Writing,* Juliana Makuchi Nfah-Abbenyi évoque l'écartèlement ressenti par la femme face à la dichotomie qui lui est imposée quant à sa propre sexualité (Makuchi Nfah-Abbenyi 5). Elle évolue en effet entre deux rôles: être asexué, elle est l'intouchable et la respectable vierge, être sexualisé, elle devient une prostituée. Quelle que soit sa situation, elle est victime du jugement de l'Autre sur son propre moi, cet Autre qui construit l'identité du sujet pour en faire un être passif, un objet. Aux yeux de l'Autre masculin, la femme se doit donc d'être la vierge parfaite à la sexualité inexistante. Une quelconque mention de la sexualité féminine et en particulier à celle qui trouverait son expression à travers un plaisir répondant à un désir devient en quelque sorte hors limites, repoussant la femme dans le stéréotype de la prostituée[5].

Dans le contexte des Antilles, comme le rappelle Thomas Spear, beaucoup d'écrivains masculins se conforment à l'image de la doudou pour évoquer la femme ouvertement sexuée, la doudou montrant « l'image stéréotypée [d'une femme à la] sexualité débordante » (Spear 137). Cette image de la femme sexuellement active est aussi évoquée par les écrivains féminins antillais qui font bien souvent appel, non pas directement à la sexualité, mais aux signes extérieurs résultats d'une sexualité active, et en particulier à la maternité. Gisèle Pineau par exemple parle de « bougresses qui [ne] comptaient plus leur marmaille » (*Espérance* 18) et Simone Schwarz-Bart de femmes « avec leurs ventres à crédit » (*Pluie* 93) suggérant ainsi que si les relations sexuelles peuvent parfois être désirées, la maternité devient le prix à payer pour un plaisir fugace.

Prise entre l'image d'une femme stéréotypée comme une prostituée dans le regard de l'Autre masculin et celle d'une femme objet et jouet de l'homme parce qu'elle n'a pas à être respectée, la femme perd petit à petit le contrôle de son propre corps. Le corps féminin se transforme alors en ce que Christophe Lamiot appelle le « corps énigmatique (et sexué), corps dont on se trouve dépossédé, sur lequel on n'exerce pas le contrôle dont on se sent pourtant capable » (Lamiot 278). Ce manque de contrôle sur le corps féminin est illustré dans *Moi, Tituba sorcière* par la personne d'Abena, la mère violée de Tituba. A cause du viol dont elle a été victime, Abena adopte une attitude négative, et pourtant compréhensible, vis-à-vis des relations sexuelles et d'un quelconque rapprochement avec les hommes. Le viol qui suit sa mise en captivité et sa perte d'identité de femme libre est lourde de sens. En effet, les deux événements enchaînés représentent la double attaque et aliénation d'Abena: sa capture est ainsi une attaque contre sa couleur, l'homme blanc se posant en maître face à un être noir qu'il définit comme inférieur; quant à son viol, il est le résultat d'une oppression de l'homme sur la femme, l'un cherchant par tous les moyens à briser l'autre afin de la soumettre. A son arrivée en Barbade, Abena est une femme brisée, humiliée jusqu'au plus profond de son être et poussée au rang d'objet et de non-entité par son statut d'esclave. Elle représente la victime consciente des relations de pouvoir qui s'effectuent autour d'elle, car, comme le rappelle Edouard Glissant dans *Le Discours antillais,* en débarquant du négrier et après avoir été violée, « la femme [antillaise] a sur l'homme un inappréciable avantage: elle connait déjà le maître » (Glissant 510). Ainsi, l'assaut sexuel dont Abena est victime symbolise la perte de contrôle du corps violenté non seulement par le masculin, mais surtout par un masculin qui se positionne dans le rôle du maître.

Dans la bouche même de Tituba, narratrice du roman, le viol initial de sa mère est perçu comme un acte odieux et les mots qui ouvrent le roman tombent comme un couperet: « Abena, ma mère, un marin anglais la viola sur le pont du *Christ the King,* un jour de 16** alors que le navire faisait voile vers la Barbade. C'est de cette agression que je suis née. De cet acte de haine et de mépris » (*Tituba* 13). Les conséquences du viol, pas seulement l'acte lui-même, régissent le comportement d'Abena, et après son arrivée à la Barbade, elle se refuse à tout contact avec ce qui lui rappelle la violence de sa soumission forcée. Ainsi, sa propre fille ne cesse de lui rappeler son humiliation, « de lui remettre en l'esprit le Blanc qui l'avait possédée sur le pont du *Christ the King* au milieu d'un cercle de marins, voyeurs obscènes » (*Tituba* 18), et elle la fuit, la « repouss[ant] inévitablement, [...] se hât[ant] de se dégager » (*Tituba* 18). Plus encore que le fruit d'un seul acte qui lui répugne, Tituba est non seulement la trace visible de sa soumission par le viol, mais aussi de sa servitude par l'esclavage qui se perpétue au travers des jeunes générations. Le rejet de la fille par la mère peut ici être analysé comme la résistance d'Abena à ce qui l'opprime: en refusant de reconnaître l'existence de celle qui ne représente pour elle que sa mise au silence, Abena montre contre toute attente une certaine opposition à la structure qui la broie.

Tituba elle-même ouvre la possibilité de l'existence d'une voix chez sa propre mère, voix du plaisir pourtant étouffée par l'humiliation. Cette possibilité est évoquée au cours de la scène dans laquelle Tituba est éveillée aux plaisirs de son propre corps en se masturbant. Seule dans sa case isolée après sa première rencontre avec un autre esclave, John Indien, Tituba prend soudainement conscience du désir dans le regard de l'autre. Touchant son propre corps au départ comme pour se rendre compte de tous ses côtés positifs, elle se trouve emportée par son geste, et, parce qu'elle n'a personne pour la mettre au silence, « [elle s'entendit] râler dans la nuit » (*Tituba* 30). Or, le son de sa propre voix liée au plaisir solitaire qu'elle vient d'éprouver la rapproche de sa mère à propos de laquelle elle se demande: « Etait-ce ainsi que malgré elle, ma mère avait râlé quand le marin l'avait violée? Alors, je comprenais qu'elle ait voulu

épargner à son corps la seconde humiliation d'une possession sans amour
et ait tenté de tuer Darnell » (*Tituba* 31). Dans cette scène de plaisir solitaire, Tituba découvre non seulement l'existence de sa propre voix, mais
semble prendre conscience pour la première fois de la voix étouffée de sa
mère qui n'a pas réussi comme elle à crier librement son plaisir.

      La voix d'Abena a donc été réprimée depuis le viol, son silence
renforçant la position du maître de la plantation au pouvoir absolu
puisque non contesté. Or, le seul moment où elle va faire à nouveau
usage de sa voix sera aussi la dernière fois où elle sera vivante. Son cri
face à Darnell, son maître blanc qui s'apprête à la violer, représente l'expression d'une identité propre mais va la précipiter dans la mort et donc
être réprimé à l'extrême. Dans la narration, Abena passe d'un halètement
terrifié face à Darnell à un hurlement en direction de sa fille, lui suggérant le danger qui existe dans un homme qui utilise son sexe uniquement comme un instrument de pouvoir (*Tituba* 20). Le hurlement, symbole d'une voix qui s'exprime, s'oppose à un râle de plaisir qu'elle
n'aurait pu contrôler et représente au contraire la prise de possession de
son propre corps.

      L'attitude d'Abena contre les relations sexuelles et contre les
hommes qui les recherchent est donc sans équivoque et de tous les personnages féminins dans le roman, elle semble la plus vindicative sur le
thème de la sexualité, et elle transgresse même les barrières de la mort
pour souffler sa répulsion dans les oreilles de Tituba. Ce souffle négatif
de la part d'Abena (soupirs et gémissements) revient comme un leitmotiv
dans le roman insistant sur la différence qui la sépare de sa propre fille
dans le domaine de la sexualité et de la perception des hommes. Ainsi,
après que Tituba a eu ses premières relations sexuelles avec John Indien,
la désapprobation de sa mère se fait sentir de l'au-delà par le biais d'un
« soupir amer » (*Tituba* 42). Plus tard, elle tente de mettre sa fille en
garde contre le caractère d'opportuniste qu'elle perçoit chez John Indien:
« Ce nègre-là t'en fera voir de toutes les couleurs. [...] Vent et effronterie! Ce nègre n'est que vent et effronterie! » (*Tituba* 52). Enfin, elle
n'épargne pas Tituba de ses commentaires acerbes sur le choix que fait
sa fille de ses partenaires: « Bon! Elle pleure pour ce salaud! » (*Tituba*

219) ou encore « S'il y a un don que tu n'as pas, c'est celui de choisir tes hommes » (*Tituba* 257-58).

Pourtant, ce n'est pas tant le choix de l'homme comme compagnon qu'elle reproche à sa fille, mais bien plus les raisons évidentes pour lesquelles cette dernière poursuit les hommes, c'est-à-dire des raisons principalement physiques auxquelles Abena ne peut clairement pas s'identifier. Ainsi, même si elle sous-entend qu'elle pourrait comprendre les besoins physiques d'une femme jeune, les relations sexuelles pour une femme d'un certain âge lui apparaissent comme pratiquement indécentes: « Tes cheveux grisonnent déjà et tu ne peux te passer des hommes? » (*Tituba* 239). Par cette remarque, elle établit la position traditionnelle que la société attend des femmes vis-à-vis de la sexualité, société dans laquelle les réactions physiques semblent en effet devoir répondre à des règles dictées par l'Autre plutôt qu'à des sentiments réels qui viendraient de la femme. La réflexion d'Abena renforce ainsi l'idée que pour la femme, les relations sexuelles ne devraient voir leur aboutissement que dans la maternité. Il semble que la femme puisse en effet être sexuellement active pendant la période où elle est en âge d'enfanter (tout cela indépendamment de la présence ou de l'absence de plaisir qu'elle pourrait ressentir), et qu'une fois cet âge de fertilité passé, elle retombe dans la dichotomie de la vierge et de la prostituée. Vers la fin de sa vie, elle doit donc reprendre sa place d'être asexué sous peine d'être dénigrée comme étant une femme perdue.

Face à Abena s'oppose le personnage de sa propre fille, Tituba, qui, élevée par une mère qui ne lui cache pas son dégoût des relations avec les hommes, se présente pourtant comme un personnage féminin affirmant son droit au plaisir. Pour reprendre la classification que propose Christophe Lamiot, Tituba se présente comme une femme qui « [fait] corps », c'est-à-dire dont « [le] corps n'[est] que portée dynamique, que relation à d'autres corps » (Lamiot 279). Tituba semble remettre en question la dichotomie traditionnelle de la femme comme vierge ou prostituée et l'affirmation de sa sexualité se présente alors comme une voix minoritaire puisque s'opposant à celles de toutes les victimes sexuelles poussées dans la passivité.

En clamant haut et fort sa sexualité, Tituba exprime une transgression, ou plutôt ce que Michel Foucault nomme une « transgression
délibérée » car elle semble consciente de ce qu'une telle position a
d'incongru et de tabou pour une femme esclave dans la société puritaine
du dix-septième siècle. Dans *Histoire de la sexualité,* Michel Foucault
explique que « si le sexe est réprimé, c'est-à-dire voué à la prohibition, à
l'inexistence et au mutisme, le seul fait d'en parler, et de parler de sa répression a comme une allure de transgression délibérée. Qui tient ce langage se met jusqu'à un certain point hors pouvoir; il bouscule la loi, il
anticipe, tant soit peu, la liberté future » (Foucault 13). Ainsi, en exprimant sans équivoque son désir et son plaisir sexuel, Tituba se place hors
du pouvoir qui maintenait sa mère dans le silence. Elle se place aussi
hors des limites de la société esclavagiste et patriarcale dans laquelle,
selon Glissant, l'homme antillais—et non la femme—est au centre de
tout plaisir, puisque selon lui, « l'homme martiniquais exigera le té-
moignage de la jouissance de la femme non comme appartenant à la
femme, mais comme sanctionnant la légitimité de son propre vol [qu'il
fait à son maître blanc] » (Glissant 506). En faisant rentrer le sexe dans
son propre discours, Tituba déstabilise la loi—qu'elle soit patriarcale ou
coloniale—qui remet en cause sa conduite sexuelle.

Contrairement aux autres femmes dont le dégoût pour les relations sexuelles ne leur permettait que de les évoquer, on peut dire que
Tituba développe véritablement un discours sexuel dans la narration. Elle
revendique tout d'abord son attirance physique à John Indien: « Je savais
bien où résidait son principal avantage et je n'osais regarder, en deçà de
la cordelette de jute qui retenait son pantalon konoko de toile blanche, la
butte monumentale de son sexe » (*Tituba* 36), puis elle embrasse ses premières relations sexuelles avec John Indien comme elle l'aurait fait d'une
« lutte » (*Tituba* 42). Enfin, tout comme Darnell s'était posé en maître
face à Abena, lui lançant un « Approche! » (*Tituba* 19) impératif avant
d'essayer de la violer, Tituba se place en position de maîtresse-femme
(sans pour autant poursuivre la logique du viol), en ordonnant à John Indien: « Tais-toi! Fais-moi l'amour! » (*Tituba* 53).

Malgré ses essais de « transgression délibérée » en exprimant son désir sexuel ouvertement, Tituba est cependant placée dans une position contradictoire tout au long de la diégèse. Qu'il s'agisse en effet des messages négatifs d'Abena sur les hommes alors que cette dernière place Yao—le père adoptif de Tituba—dans une catégorie différente, ou bien des allusions ouvertes de Man Ya sur la vie future de Tituba: « Tu souffriras dans ta vie. Beaucoup. Beaucoup » (*Tituba* 21), Tituba se trouve au carrefour de voix multiples qui lui ouvrent une myriade de possibilités.

Une voix double, exprimée dans la narration et présente dans l'imaginaire de Tituba, développe par exemple le conflit entre la voix du désir de Tituba (qui, pour reprendre les mots de Michel Foucault « anticipe [...] la liberté future ») et la voix de la femme prisonnière des réalités historiques de la société esclavagiste et patriarcale du dix-septième siècle. C'est par l'intermédiaire de cette lutte entre le désir de Tituba et son oppression par la société dans laquelle elle évolue que se forme l'identité de la jeune femme. La voix double s'exprime lors de la première rencontre entre Tituba et John Indien, laissant la place à la voix du désir: « Je fis avec une intonation qui m'était totalement inconnue: 'Est-ce que je te reverrai?'« (*Tituba* 29), tandis que la voix de la femme prisonnière des réalités historiques est étouffée dans le déroulement de l'histoire et ne peut s'exprimer dans la narration que par de courts monologues intérieurs: « Tandis que John Indien saluait [les phrases de Susanna Endicott] d'un grand éclat de rire, je demeurais abasourdie. Personne, jamais, ne m'avait parlé, humiliée ainsi! » (*Tituba* 40).

Ce phénomène de voix double atteint son apogée lors du bal évoqué au début du texte, suggérant la direction dans laquelle va évoluer le personnage de Tituba. Le bal est un important moment symbolique dans la diégèse car il renforce la mise au silence de Tituba dans la société où elle évolue, tout en la rendant plus consciente du réel pouvoir de l'homme sur la femme. Comme l'avait déjà souligné Mikhail Bakhtin à propos du carnaval, la mise en scène de tableaux de la vie réelle sous forme burlesque permet le découronnement du roi, c'est-à-dire le renversement des pouvoirs à l'œuvre dans la société (Bakhtin 196-277). Reprenant les réalités des Antilles, Edouard Glissant souligne l'importance des mariages burlesques pendant le carnaval, insistant sur le fait que bien souvent les rôles y sont inversés, laissant ainsi à l'homme la possibilité de jouer le rôle d'une femme enceinte, et à la femme celui de l'époux en puissance (Glissant 514). Pour Glissant, le mariage burlesque du carnaval devient le lieu où se rencontrent « la réaction de l'homme à la fémininité » et « la réaction de la femme au machisme » (Glissant 515). Or, dans la mise en scène du mariage burlesque dans le roman de Maryse Condé, si certains rôles sont usurpés dans le but d'être ridiculisés (comme celui du pasteur qui « fit mine d'ouvrir un livre, de le feuilleter et se mit à réciter sur un ton de prières une litanie d'obscénités » (*Tituba* 56)), ceux de la femme et de l'homme ne sont pas renversés. Tituba est au contraire mise au silence par le faux pasteur qui marie symbolique-ment John Indien à deux femmes, essayant par là de désamorcer une situation potentiellement explosive après qu'une adversaire de Tituba se soit opposée à son mariage à John Indien car elle en avait déjà été en-ceinte plusieurs fois. Là encore, Tituba se trouve en proie à la voix dou-ble qui s'exprime en elle: « Je feignis d'en rire, mais je dois dire que tout mon sang bouillait à l'intérieur de mon corps » (*Tituba* 57). Cependant, la colère qui nous est présentée par une narration omnisciente permet de voir, dans la voix double, l'expression d'une identité féminine indépen-dante de la société qui voudrait la manipuler.

Or, à proximité de la voix double dont les côtés opposés s'affrontent dans l'imaginaire de Tituba, se glisse l'esprit du féminin sous la forme d'une troisième personne (Man Yaya, Abena, ou Hester). Cette présence féminine souligne ainsi que Tituba se doit de conserver un lien à la communauté des femmes, et ce en dépit du plaisir que lui apportent ses relations physiques avec les hommes. Que cette voix fémi-nine s'exprime sous la forme des soupirs d'Abena de l'au-delà, sous celle des réflexions d'Hester—la compagne de cellule de Tituba pendant son procès (« Tu aimes trop l'amour, Tituba! » [*Tituba* 160])—ou encore celle des dires de Tituba elle-même (« Ce fut la défunte qui nous poussa l'un vers l'autre » [*Tituba* 194]), elle est continuellement présente dans la narration, encourageant un idéal de relations entre hommes et femmes qui, contrairement à ce que tend à suggérer la société patriarcale traditionnelle, ne se fait pas à l'exclusion de la communauté des femmes. L'influence constante d'une présence féminine dans la vie de Tituba semble montrer que ce n'est pas parce qu'elle revendique *aussi* son plaisir avec les hommes que Tituba doit abandonner tout lien à la communauté féminine.

De toutes les relations entre femmes développées dans le roman, c'est sur celle entre Hester et Tituba que je voudrais insister parce que c'est la seule qui ouvre la porte à une dimension sexuelle, donnant la possibilité d'élargir au féminin le très fort désir sexuel que Tituba éprouve pour les hommes. La relation entre Hester et Tituba qui se développe dans l'espace clos d'une cellule semble suggérer l'existence et la possibilité de relations dépassant l'amitié entre femmes, évocation presque unique dans la littérature des Antilles. Hester et Tituba, tout comme l'avait fait Elizabeth Parris avec Tituba auparavant, développent tout d'abord une relation sensuelle. Tituba est frappée par la beauté qui se dégage d'Hester (alors que ses commentaires physiques précédents se rapportent à l'attirance physique qu'elle éprouve pour les hommes ou à l'apparence de mauvaise santé qu'elle remarque chez les femmes) (*Tituba* 150); quant à Hester, elle est tellement attirée par la beauté de Tituba qu'elle avoue être prête à la croire sur parole grâce à sa simple apparence physique (*Tituba* 152). Dans l'espace clos de la cellule, ce début de relations personnelles intimes se transforme rapidement en une relation de soutien mutuel (qu'il s'agisse d'un soutien moral quand Tituba répète sa déposition, ou d'un soutien physique quand Tituba, épuisée et déprimée, s'abandonne aux soins que lui procure Hester [*Tituba* 158 et 161]).

Malgré l'amitié qui se dégage entre les deux femmes, elles semblent en désaccord sur la question des relations physiques. En effet, lorsque Hester propose une société sans hommes, dans laquelle elle doit pourtant reconnaître qu'il faudrait que les hommes « ces brutes abhorrées participent l'espace d'un moment » (*Tituba* 160), Tituba énonce à nouveau clairement son désir: « Un moment pas trop court! J'aime bien prendre mon temps! » (*Tituba* 160), se plaçant ainsi en opposition à Hester. Le désir que tente d'exprimer Hester ne peut trouver son aboutissement ni dans les limites d'une cellule, ni dans celles d'une narration prisonnière de réalités historiques strictes. Ce n'est que grâce à la création d'un espace en quelque sorte hors limites et hors temps que sont véritablement exposés tous les désirs inexprimables en tant que tel dans la narration.

Cet espace se trouve dans l'imaginaire de Tituba et est exprimé dans le lien à l'au-delà ainsi que dans le lien au monde onirique. Ainsi, c'est par l'intermédiaire du rêve que Tituba revoit Hester après le suicide de cette dernière, et c'est grâce à ce même rêve que Tituba comprend pour la première fois les implications sexuelles du monde presque entièrement féminin imaginé par son amie:

> Cette nuit-là, Hester vint s'étendre à côté de moi, comme elle le faisait parfois. J'appuyais ma tête sur le nénuphar tranquille de sa joue et me serrai contre elle. Doucement le plaisir m'envahit, ce qui m'étonna. Peut-on éprouver du plaisir à se serrer contre un corps semblable au sien? Le plaisir avait toujours eu pour moi la forme d'un autre corps dont les creux épousaient mes bosses et dont les bosses se nichaient dans les tendres plaines de ma chair. Hester m'indiquait-elle le chemin d'une autre jouissance? (*Tituba* 190)

L'importance de cette réalité jusque-là inconnue pour Tituba est renforcée dans la narration lors de ce qu'on pourrait appeler le baiser d'adieu d'Hester soutenant Tituba quand cette dernière recrée activement le lien aux traditions et aux rites qui lui avaient été enseignés par Man Yaya en permettant à Benjamin Cohen d'Azevedo de revoir sa femme décédée: « Au moment décisif, j'eus peur, mais des lèvres se posèrent sur mon cou et je sus qu'il s'agissait d'Hester, venue ranimer mon courage » (*Tituba* 195). Dans les deux cas, le contact charnel est initié par Hester qui suggère à Tituba l'existence d'un monde de désirs et de plaisirs au féminin.

Si le terme n'est jamais explicite, l'existence de la possibilité de relations homosexuelles féminines est pourtant soulignée clairement lors de l'épisode du baptême de la fleur. En effet, de retour dans son île, Tituba se retrouve à nouveau dans la case qu'elle avait quittée, et « un jour, je découvris une orchidée dans la racine mousseuse d'une fougère. Je la baptisais Hester » (*Tituba* 241). La symbolique de l'orchidée, fleur représentant le sexe féminin et mise en peinture par des artistes aussi engagés que Georgia O'Keeffe, n'échappera à personne. Dans l'espace narratif, la présence de l'orchidée ne fait que renforcer la possibilité d'un monde dans lequel relations hétérosexuelles et homosexuelles peuvent coexister. En effet, si Tituba ne semble pas se diriger dans la voie des relations homosexuelles, le simple fait qu'elle nomme la fleur (répondant ainsi au désir initial d'Hester qui aurait voulu une société dans laquelle on n'aurait pas donné aux femmes le nom du père (*Tituba* 151)), qu'elle en accepte la présence sur son île natale, et qu'elle lui définisse un espace, légitime en quelque sorte son existence. Tout comme en parlant simplement de sa sexualité et de son désir, Tituba leur donnait une raison d'être, en nommant l'homosexualité par le biais de la fleur, elle lui donne vie.

Dans *Moi, Tituba sorcière,* en rendant sa sexualité explicite dans la narration, Tituba articule le non-dit. Elle se présente sans équivoque comme femme, noire, sorcière, et donne ainsi voix à une minorité, plaçant au centre du récit les femmes marginalisées et oubliées. Ainsi, qu'elle dise « Moi, Tituba sorcière... » ou encore « Tais-toi! Fais-moi l'amour! », elle donne une voix mais aussi un corps à une nouvelle génération de femmes. Tituba est donc une femme qui se raconte, se parle, se sexualise, et qui en faisant cela transgresse délibérément les limites de la tradition.

Edouard Glissant remarque que dans la réalité antillaise, « l'érotisme a été évacué de la vie sexuelle, laquelle est irresponsabilisée par vocation, et par exemple remplacée par des pratiques plus passives, comme le recours aux formules magiques [ou] aux situations substitutives (dorliss) » (Glissant 516). Dans *Moi, Tituba sorcière,* même l'expédient habituellement passif du dorliss est perverti et rendu actif par le personnage de Tituba. En effet, plutôt qu'un être masculin qui satisferait les désirs des femmes sans leur en laisser le souvenir (Glissant 516), c'est Tituba elle-même qui devient le dorliss, s'insinuant dans les rêves des hommes laissant son « amant éphémère s'émerveill[er] de son plaisir solitaire » (*Tituba* 271).

La voix de Tituba est celle, encore minoritaire, d'une femme qui refuse la seconde place dans la narration et qui revendique la première par la lutte, comme lors de ses premières relations sexuelles avec John Indien. Pourtant, désireuse d'harmonie et loin de vouloir exclure le masculin comme l'aurait souhaité Hester, elle associe ses luttes sexuelles contre le masculin à des jouissances qui sont dépeintes sous les couleurs d'évocations marines, rappelant le lien indispensable au féminin, à la communauté des femmes, à la mer/mère[6]. Les relations entre Tituba et Abena, ou encore Tituba et Man Ya ont du reste leur importance dans la mesure ou elles symbolisent non seulement le fait qu'un lien à la communauté des femmes est conservé, mais aussi que ce lien évoque la communauté des femmes d'origine, comme la mère. Grâce à ses propres cris de plaisir qu'elle continue à exprimer sous la forme du dorliss même après la mort, Tituba redonne symboliquement une voix à Abena sa mère violée, et à toutes les femmes étouffées et mises au silence avant elle, mais qui lui ont en quelque sorte donné la vie.

J'ai souligné auparavant en utilisant la réflexion de Sylvia Shurbutt, que grâce à l'utilisation des métaphores dans son récit, la femme peut créer un environnement qui correspond à sa vision plutôt qu'à celle de ses pairs masculins. Dans son livre *Writing Like a Woman,* Alicia Ostriker va pourtant plus loin, remarquant qu'à propos de certains thèmes, il ne s'agit pas de les exprimer *au féminin* mais bien de les *exprimer:*

> [...] I realized that I had never in my life read a poem about pregnancy and birth. Why not? I had read hundreds of poems about love, hundreds of poems about death. These were, of course, universal themes. But wasn't birth universal? Wasn't pregnancy profound? [...] What I concluded [...] was that no poems had been written on the subject of pregnancy and childbirth, first because men could not write them. [...] Second, women had not written the poems because we all reproduce the themes of previous poetry. (Ostriker 127-28)

Ce qui définit ici la spécificité du *Bildungsroman* antillais au féminin, c'est tout d'abord le changement de place des personnages féminins dans la narration (du décor au centre de la scène), mais aussi l'utilisation de certains procédés littéraires faisant ressortir la spécificité de l'île antillaise et par là même celle du personnage féminin s'identifiant au maternel (île-mère, femme(s)-mère(s)) et à la généalogie féminine.

Pourtant, plus important ici, on remarque la mise en scène de thèmes jamais traités jusque-là dans la littérature des Antilles francophones: *Pluie et vent sur Télumée Miracle* traite par exemple du thème de la violence domestique, *L'Espérance macadam* de l'inceste, *Moi, Tituba sorcière* du viol presque institutionnalisé des femmes esclaves, *Le Cri de l'oiseau rouge* du « test » que doivent subir les jeunes filles haïtiennes, et *Juletane* de la stérilité des femmes et de la folie qui résulte de leur exclusion de la communauté. Comment des jeunes femmes, en passe de devenir mères à leur tour, peuvent-elles le faire alors que leur propre mère et leur entière généalogie féminine ont été réduites au silence? Pour reprendre les mots de Michel Foucault tout en les adaptant à mon idée présente, on pourrait dire que la réponse à cela est qu'il faut *raconter son histoire,* car « le seul fait [de] parler et de parler de sa répression [est] une transgression délibérée », une perversion volontaire du système patriarcal en place.

Pluie et vent sur Télumée Miracle et *Moi, Tituba sorcière* sont donc des récits libérateurs à plusieurs niveaux: tout d'abord au niveau du personnage féminin lui-même qui raconte l'histoire de sa vie de façon clairement omnisciente et parvient à prendre conscience de l'importance des autres femmes dans le développement de leur identité. Ensuite, je crois que l'on peut dire qu'ils sont libérateurs pour les « mères » (île-mère, femme(s)-mère(s)) jusque-là mises au silence. En effet, le récit de Télumée par exemple n'est pas que le sien mais aussi celui de Reine Sans Nom, Man Cia—ces mères de substitution—et encore celui de la Guadeloupe—l'île-mère, la terre maternelle. Quant au récit de Tituba, il permet non seulement de donner une voix à la jouissance de Tituba mais aussi à l'oppression de sa mère. Il est du reste symbolique que Télumée et Tituba ne deviennent mères (-adoptives) que lorsqu'elles ont réussi à

faire entendre leur voix. Pour elles, le cercle est enfin brisé, et la libération grâce aux mots est élargie à toutes les femmes qu'elles touchent.
Pour certaines autres jeunes protagonistes, la libération grâce au récit ne
va pas se concrétiser par un enfant, mais plutôt par un mouvement, celui
du retour à l'île. Quelle est la portée symbolique de ce retour?

2. (D)écrire l'île à la veille du retour

La description de l'île revient comme une constante dans les œuvres sélectionnées pour ce travail. Représentant à la fois ces origines que
l'on recherche, mais aussi celles que l'on renie, les évocations de l'île
reflètent l'écartèlement de ses habitants exilés. Pour certains en effet, elle
représente un passé désuet, qui n'a plus lieu d'être, mais qui enchante
toujours par ses qualités pourtant dépassées. Pour cette première catégorie d'Antillais, le retour à l'île n'est ni souhaité, ni souhaitable, et l'île est
toujours évoquée dans la sécurité du salon en métropole. Pour d'autres,
l'île est présente par le manque. Véritable pilier de l'identité, elle brille
par son absence et décrit l'exil avec les couleurs pittoresques qui la dif-
férencient de la métropole. Pour d'autres encore, les évocations de l'île
lient les souvenirs à l'imaginaire dans lesquels la description du pays
natal prend une importance toute autre car elle se fait nostalgique. Ainsi,
telle la madeleine de Proust qui lie les souvenirs d'un petit garçon à
l'expérience contemporaine d'un homme malade dépassant ainsi le simple retour car il lui ajoute l'expérience du présent, les souvenirs se marient avec des sensations retrouvées pour évoluer dans un présent narratif
au centre duquel se place le féminin. En effet, la re-découverte des origines insulaires se fait de concert avec la re-découverte de ces origines qui
ont elles-mêmes un lien au maternel par le biais de la terre maternelle, et
qui donnent la vie et aident à la construction d'origines non seulement
physiques mais aussi identitaires.

Dans *L'Exil selon Julia* et *Juletane,* les évocations de l'île commencent à la veille d'un retour—réel dans le livre de Gisèle Pineau et
suggéré par la narration dans le livre de Myriam Warner-Vieyra. Dans

L'Exil selon Julia, elles évoluent jusqu'à prendre place dans le présent de la narration et dans le jardin de Man Ya. Après avoir analysé les différentes évocations de l'île qui apparaissent dans les deux textes, je me pencherai plus spécialement sur la symbolique du jardin de Man Ya, en étudiant non seulement son rôle créatif dans l'évolution identitaire de Man Ya et de Gisèle, mais en soulignant aussi que c'est par le biais de ce jardin que se fait un double changement de sujet: tout d'abord lorsque Man Ya se pose en sujet dans sa propre création, puis lorsque la chance est donnée à Gisèle de prendre à son tour une place de sujet et de transférer le conte oral en un récit écrit.

Dans *L'Exil selon Julia,* toutes les évocations de l'île nous sont rapportées par la narratrice, Gisèle, et ces évocations sont nostalgiques quand elles sont abordées par Daisy, la mère de Gisèle. Pour elle, la description teintée de regret de l'île n'est que le reflet de la désillusion qu'elle porte à sa propre vie d'expatriée, et si l'au-delà semblait être la solution pour échapper à l'autorité du père, il est devenu la prison de ces femmes mariées: « En essuyant les plats, elles essuient aussi leurs peines secrètes, et dénoncent à mots couverts [...] leur amertume de femmes et le régime militaire qu'elles endurent parfois » (*Julia* 15). L'île réapparaît donc dans les mémoires comme la terre quasi idyllique qui ne peut être vue qu'avec un regard enfantin.

Pourtant, pour les Antillais, les évocations de l'île ne peuvent être séparées de son histoire coloniale. Ainsi, les évocations nostalgiques de Daisy (et de son mari) s'étalent dans toute leur contradiction aux yeux même des enfants, public objectif car ne connaissant l'île que trop peu. L'île est donc à la fois un pays de misère, une terre d'esclavage et la contrée du patois, trois choses à fuir absolument: « Mesurez seulement votre chance [d'être en France]... Non, y a rien de bon au Pays » (*Julia* 36-37), mais rien ne peut en même temps effacer le lien aux origines, cette « corde lâche entre eux et le pays natal » (*Julia* 37). L'envie de l'île est alors réduite au contenu de colis envoyés régulièrement par la grand-mère maternelle Man Bouboule. Pourtant, ces colis sont attendus, reçus et traités avec la plus grande déférence, comme s'ils représentaient la seule partie de l'île acceptable et qu'il fallait alors la multiplier pour oublier le reste: « [...] les colis de Man Bouboule: vanille, muscade, rhum et cannelle. Trésors emballés dans la feuille d'un vieux journal local qu'on défroissait pour la lecture du soir » (*Julia* 37). Les nouvelles de l'île, même dépassées, sont partagées, le passage du temps les ayant rendues presque inoffensives et donc moins aptes à influencer les âmes innocentes des enfants.

La contradiction qu'éprouvent les adultes, pourtant achetés par la vie en métropole, apparaît clairement dans l'esprit et sous la plume de Gisèle qui conclut: « Ils parlaient du Pays avec amour, nostalgie et dépit... Ils l'aimaient, oui, mais d'une manière équivoque, comme un amour de jeunesse qu'on n'arrive pas à oublier même s'il n'a pas donné de fruits » (*Julia* 37). Ici, donc, le retour n'est ni souhaité, ni souhaitable, l'attitude nostalgique passive suggérant qu'un retour actif ne pourrait être qu'une erreur. C'est du reste ainsi que nous est présenté le retour de Gisèle chez Man Bouboule. Les souvenirs de la petite Gisèle, âgée alors de cinq ans, s'étalent sur une vingtaine de pages détaillant sous des couleurs parfois épiques la vie idyllique telle qu'elle avait eu lieu et telle qu'elle était restée dans la mémoire de Gisèle. Les photos restent les seuls marqueurs réels de cette période révolue, et l'imaginaire de Gisèle se charge de se concentrer sur les aspects manquants de ces clichés historiques ou encore de les réécrire, pensant peut-être être fidèle à l'époque: « Se contenter d'un seul cliché, même si flou, raté, déchiré. Reconstruire les heures éboulées. Réinventer le soleil du jour. Modeler les images qui viennent. Défier les temps, les mêler, briser leurs cours » (*Julia* 52). Des personnes (Man Bouboule), aux lieux (Capesterre et Goyave), en passant par la nourriture (la légendaire crème caco), tout est présenté au lecteur comme un imaginaire attirant sous des couleurs d'infini, proposant la possible répétition de tels moments paradisiaques.

Or, le retour s'avère impossible s'il ne tient pas en compte le temps passé et l'évolution de l'individu dans le temps présent. Pour Gisèle, la mémoire (à la taille d'une enfant de cinq ans) s'avère être un outil sur lequel on ne peut compter et qui induit même en erreur (*Julia* 296). Ce passé idyllique qu'elle comptait retrouver est décrit dans toute sa médiocrité présente, et les embellissements imaginaires au cours des années n'ont réussi qu'à amplifier le problème: « Le charme était brisé » (*Julia* 296). La perception de l'île est transformée, en particulier parce que pendant toutes ses années en métropole, la vision de l'île de Gisèle a changé sous l'influence de Man Ya. Loin de son île dont elle a été arrachée, Man Ya n'ose espérer un retour et, au lieu d'éprouver la nostalgie contradictoire de Daisy et Maréchal, elle évoque sa vision venue du manque par l'intermédiaire du rêve: « Imaginer la vie qui va, sur l'autre bord de mer. Désamarrer son esprit d'ici-là, tourner volant. Laisser sa peau-France sur la couche. Et s'en aller, les ailes ouvertes au vent » (*Julia* 172). Or ce rêve, elle le partage parfois avec ses petits-enfants dans le but de leur donner les informations qui leur sont refusées par leurs parents.

Ainsi, pour Man Ya qui n'a jamais souhaité quitter son île, au contraire, les évocations de l'île natale rassemblent à la fois des récits sur l'histoire coloniale de l'île et des narrations sur l'héritage culturel des Antillais. La Guadeloupe devient donc grâce aux paroles de Man Ya, une île rassemblant toutes créatures dont les pouvoirs défient ceux des vivants (Diable, diablesses, soucougnans), mais aussi une île de rêve dans laquelle se dresse son jardin: « un lieu merveilleux où toutes espèces d'arbres, plantes et fleurs se multiplient dans une verdure accablante, quasi miraculeuse, argentée çà et là d'une lumière qui ne diffuse qu'au seul cœur de Routhiers » (*Julia* 20). Ce sont ces évocations qui vont encourager les enfants à incorporer les récits de Man Ya à leurs propres souvenirs vacillants, recréant ainsi une Guadeloupe en devenir, celle qui ne se tourne pas vers un passé mais s'ouvre au contraire vers un ailleurs. Le cahier d'Elie que Man Ya lave sous le robinet parce qu'il en voulait un neuf, devient alors le symbole de ces évocations tournées vers le futur, annoncées par la main visionnaire d'un enfant prophète:

> Quand un véritable cahier neuf apparaît, Man Ya secoue déjà
> le cahier délavé qu'elle met à sécher sur un radiateur à côté de
> son mouchoir de poche. Le lendemain, les pages sont dures,
> affreusement gondolées. Elie s'en sert quand même, pour ses

plus beaux dessins: des soleils et des cases de Guadeloupe
qu'il a vus dans les yeux de Man Ya. (*Julia* 165-166)

Quant à Gisèle, c'est après le départ de Man Ya, et dans des lettres sans
réponse à sa grand-mère qu'elle évoque la Guadeloupe sans pour autant
pouvoir en dissocier le personnage de son aïeule: « Je te vois chanter
dans ton jardin et ramasser des mangos, des prunes-Cythère et des
oranges. Je me dis que tu as déjà dû féconder ta vanille, récolter ton café
et fabriquer tes bâtons de caco » (*Julia* 200). Sa vie présente est entremê-
lée à celle de sa grand-mère dans son île, suggérant la venue d'un retour
dynamique incluant le présent au passé (*Julia* 206-207). Dans *L'Exil
selon Julia,* l'imaginaire joue un rôle indispensable puisqu'il se mêle aux
souvenirs et au présent pour pouvoir affronter l'avenir.

Dans *Juletane,* les évocations de l'île sont créées par des sensations qui font appel à des souvenirs enfouis, suggérant le besoin d'un
retour aux sources pour la protagoniste à la dérive sur une terre à laquelle
elle ne peut plus s'identifier. Si les évocations de l'île par Hélène se rapprochent de celles de Daisy présentant un mélange d'enfance heureuse
suivie de désillusions diverses, les premières évocations de l'île pour
Juletane en terre d'exil sont associées à l'eau, cette eau entourant l'île
maternelle et appelant au dépassement. Juletane, isolée dans sa chambre-
cellule et ayant même perdu jusqu'à son nom pour cette communauté
sénégalaise qui ne l'appelle plus que « la folle », perçoit les tressaille-
ments intérieurs d'un retour aux sources dans des souvenirs qui rappellent les réminiscences proustiennes (*Juletane* 58-59). Or ces évocations
de source, symbole de naissance et ici suggérant la possibilité d'une renaissance, ou encore de cascade, symbole d'eau vive, active, introduisant
l'idée d'un mouvement conscient vers l'extérieur, se doublent d'une
affirmation d'identité de la part de Juletane reconnaissant clairement
ses origines dans les Antilles lorsqu'une jeune femme originaire du
Congo lui demande de s'identifier: « 'Toi non plus, tu n'es pas de ce
pays, je le vois.' 'Non, je suis des îles. Et toi?' lui demandai-je » (*Juletane* 61). Cette première identification à une terre maternelle refoulée
dans l'oubli du subconscient fait véritablement partie des premiers pas de

la démarche identitaire de Juletane. Non seulement elle reconnaît l'importance de l'île dans la formation de son identité (formée par ailleurs principalement par une éducation métropolitaine), mais encore elle l'exprime dans le texte par une retranscription littérale d'un dialogue au milieu de son journal intime écrit pour la plupart dans un style narratif descriptif. Ce changement de style, voulu dans la narration, renforce l'importance de l'articulation d'identité de Juletane, articulation qui se fait par une protagoniste qui se place au centre de son propre texte en utilisant le support du journal.

Le moyen choisi par Juletane pour raconter sa propre histoire a son importance dans la mesure où le récit se présente au départ comme ouvert à tous, aucun interlocuteur n'étant nommé (*Juletane* 13), et ce n'est que plus tard qu'il est dirigé vers Mamadou (*Juletane* 130) sans pour autant que cette volonté soit réalisée puisque cet homme meurt dans un accident de voiture. Pour Juletane, l'écriture permet le dépassement de l'isolement: « C'était la seule façon pour moi de disposer d'un support de réflexion. [...] Ecrire écourtera mes longues heures de découragement, me cramponnera à une activité et me procurera un ami, un confident, en tout cas je l'espère » (*Juletane* 18). Parce qu'il est la seule trace des pensées de Juletane, ce cahier devient aussi la marque qui témoigne de la volonté du retour à l'île.

Dans *Juletane,* la description de l'espace n'est pas uniquement liée à l'île au sens propre—île qu'elle connaît en fait très peu—mais bien plutôt à l'idée du retour vers la mère, vers le féminin. Ainsi, s'opposant aux récits détaillés de l'île que l'on trouvait dans *L'Exil selon Julia,* le récit de Juletane frappe par ses descriptions inexistantes et l'île n'est représentée que dans le domaine de l'imaginaire par le biais des rêves. Ces rêves symbolisent le commencement d'un voyage initiatique de retour à la communauté d'origine. Ils sont concentrés autour d'un élément commun, l'eau, et insistent sur le passage vers l'île plutôt que sur l'île dans sa réalité géographique. Le départ de ce voyage initiatique onirique du fond d'un puits boueux (*Juletane* 126) est suivi d'une plongée dans l'eau—qui sépare symboliquement Juletane de son île. Cette eau se présente comme une eau favorisant la renaissance d'un être lavé de ses expériences précédentes: « Je nageai un moment sous l'eau. Quand je ressortis, j'avais cette impression de propreté et de repos que je lisais sur le visage des autres » (*Juletane* 127).

Il me semble qu'il faut souligner ici que le retour à l'île n'est pas une réalité dans la narration, mais qu'il est suggéré comme une étape à venir transcendant la mort. Le récit de Juletane est d'autant plus important—même s'il ne trouve de résolution que dans la mort de la protagoniste—que c'est une histoire de femme qui place la marginalité (elle-même « la folle », son infertilité, sa chambre-cellule) au centre de la narration, et qui, en ce faisant, transforme la dynamique de l'histoire d'autres femmes. J'ai montré par exemple comment la relation entre Hélène et Juletane témoignait d'une véritable identification de l'une à l'autre, et je voudrais souligner ici comment la propre histoire d'Hélène se trouve influencée par le récit de Juletane: « Hélène redressa avec tendresse les coins écornés du cahier, le referma et pour la première fois depuis près de vingt ans, elle pleura. Le journal de Juletane avait brisé le bloc de glace qui enrobait son cœur » (*Juletane* 142). Malgré la mort de la protagoniste à la fin du récit, l'histoire d'une femme, celle de Juletane, s'inscrit donc dans une Histoire de femmes où un récit n'existe pas sans l'autre, où une histoire influence l'autre.

Face à ce récit qui suggère donc les évocations de l'île comme un « espace mental », pour reprendre les mots de Leah Hewitt, le récit de l'île fait par Man Ya après son retour dans *L'Exil selon Julia,* et la description qu'en retranscrit Gisèle par le signe écrit se présentent tous deux comme l'illustration d'identités féminines qui se placent au centre de narrations pervertissant la notion de patrie—terre du père—pour créer celle de « matrie », qui serait une terre honorant la (les) mère(s). Tout d'abord, le véritable espace de Man Ya apparaît non pas dans la nostalgie de l'exil mais après le retour, retour possible car il représente un dépassement des souvenirs et non pas une réapparition de vieux souvenirs: « Personne ne se souvenait de la case de Man Ya. Peut-être n'y étions-nous jamais allés. Nous l'avions inventée dans nos rêves » (*Julia* 299). Ici, la case de Man Ya devient la rencontre possible de la réalité de l'île mêlée aux descriptions d'exil dont Man Ya a nourri ses petits-enfants.

Gisèle n'a pas de souvenirs à proprement parler, et c'est pour cela que sa vision de la case transcende tous les récits puisqu'elle est enrichie par un véritable mélange des deux côtés de la personnalité de Man Ya (Man Ya exilée, Man Ya de retour dans l'île). Cette multiplicité de personnalités, ce mélange toujours changeant d'une identité en mouvance sont symbolisés par la case elle-même: « La case n'était pas une case ordinaire, c'était la maison à cinquante portes, devant, derrière, sur les côtés » (*Julia* 300), s'opposant ainsi directement à la case de Man Bouboule « tombée dans les dimensions de l'ordinaire » (*Julia* 296) et suggérant non seulement le départ dynamique dans cinquante directions différentes, mais aussi l'arrivée enrichissante de cinquante éléments différents qui s'ajouteraient au décor éclectique de la case.

Pourtant, sous des airs de désordre apparent (« pièces sans nom », « pièces [ajoutées] après pièces » [*Julia* 300]), la case de Man Ya est le centre identitaire d'une femme qui n'a pas simplement transcendé son retour, mais l'a bien plutôt transformé. En effet, l'Astrubal-bourreau qui était la cause de son départ n'a pas « [perdu] sa manie de volées et de coups de pied » (*Julia* 300) avec le passage du temps. C'est Man Ya elle-même, se plaçant en position de sujet dans son propre récit, qui lui a signalé son intention de ne pas accepter une telle négation de son identité: « A son retour, Man Ya l'avait avisé qu'elle était revenue femme-folle et de plus la toucher. S'il se risquait à quelque outrage, elle ne répondait pas de ce qui adviendrait » (*Julia* 300). De même, alors que Man Ya apparaissait comme une simple illettrée à ses petits-enfants pour la simple et bonne raison qu'elle ne savait pas lire et à peine écrire malgré les efforts répétés de ces derniers, elle se présente dans son jardin comme l'auteur d'une œuvre qu'aurait fait un « peintre fou » (*Julia* 301). C'est donc grâce à la créativité dont elle fait preuve dans la nature qui l'entoure, et comme le suggère Alice Walker en parlant des jardins de ses ancêtres féminins, que Man Ya écrit véritablement son identité (*Julia* 301). Enfin, la source est décrite non seulement comme le stabilisateur de sa propre identité, mais aussi comme symbolisant la véritable fontaine des origines vers laquelle Gisèle espère retourner: « Enfin, elle nous montra la source qui sortait de sa roche, toute luisante et pétillante, pépiant dans le soleil. Envie d'aller toucher cette roche. Enfin! Nager. Se mettre au bas de la source. Juste au bas. Sentir l'eau frapper la tête » (*Julia* 301). A travers sa grand-mère qui représente non seulement son attachement à des racines maternelles dans une île qui l'honore, mais aussi son appartenance par le biais de l'eau de la source à une généalogie de femmes l'accueillant à bras ouverts puisqu'elle partage cette source avec elle, Gisèle se place alors elle aussi en position de sujet dans un récit qui devient autant le sien que celui de Julia.

Le dernier paragraphe du roman s'ouvre sur un pronom sujet de la première personne du singulier représentant Gisèle et plaçant Man Ya en position d'objet (« Je n'ai jamais pleuré la mort de Man Ya » [*Julia* 305]). Pourtant dès la phrase suivante, Man Ya est replacée à nouveau en position de sujet suggérant que Gisèle prend alors la position d'objet (« Elle n'est jamais partie, jamais sortie de mon cœur »[(*Julia* 305]). Ces changements de position à l'intérieur de la narration me semblent représenter l'importance de l'influence d'une femme sur l'autre, l'importance de l'histoire d'une femme sur celle d'une autre, et non pas la supériorité d'une expérience sur celle d'une autre. Tout comme j'avais insisté dans le cas d'Hester et de Tituba, ou encore de celui de Reine Sans Nom et de Télumée, l'influence d'une femme sur l'autre est réciproque, et la notion de connaissance elle-même en devient toute relative:

> Alors, nous comprîmes réellement ce que Man Ya nous avait apporté. [...] Pendant toutes ces années de neige et de froidure, elle avait tenu allumée la torche qui montrait le chemin. [...] Selon nous, poser les dires sur du papier, tracer des lettres à l'encre définissaient la connaissance dans son entier, marquait l'évolution. Et là, quelques années plus tard, au bas de cet arbre, nos certitudes périclitaient. (*Julia* 304)

Grâce à la voix de Man Ya, et à son propre récit, la description de l'île de Gisèle ne rejoint pas la nostalgie paternaliste de Maréchal et de Daisy, et ne s'arrête pas non plus aux désillusions résultat d'un retour sur un passé dévolu. Elle s'ancre au contraire dans le féminin, dans la source d'eau réjuvénératrice, et dans la prise de conscience que l'histoire des femmes antillaises est celle de femmes qui, pour élargir l'idée d'Elaine Savory, vivent en espace antillais où qu'elles soient. Gisèle en effet acquiert la certitude que le récit de Man Ya se raconte dans un éternel présent car « elle n'est jamais partie, jamais sortie de mon cœur. Elle peut aller et virer à n'importe quel moment dans mon esprit. [...] Elle est là dans le temps d'aujourd'hui, vivante » (*Julia* 305-306). Et c'est parce que Man Ya s'est placée au centre de sa propre histoire qu'elle défie ainsi espace et temps. La symbolique de la femme se plaçant comme sujet est claire, et Man Ya illettrée parvient ainsi dans l'imaginaire de Gisèle à écrire « Julia sur une ardoise avec une facilité que tu ne peux pas comprendre », à refuser le système patriarcal qui l'opprime (« elle ne rondit plus son dos sous le fouet du bourreau »), et à finalement créer, même dans l'au-delà, un espace antillais qui renferme les produits de son jardin: « Elle est assise sur un nuage. Elle rit et mange des mangos roses » (*Julia* 306).

Alors que certains romans anglophones des Antilles se distinguent par la création d'un espace politique postcolonial, les romans francophones des Antilles étudiés ici offrent, eux, la création d'espaces féminins multiples dans lesquels peut se développer et s'affirmer l'identité féminine. Rassemblant à la fois l'idée d'espace féminin comme passage développée par Juletane, et celle de multiplicité et d'infini contenue dans la case, « maison à cinquante portes », de Julia, les récits d'Edwidge Danticat semblent suggérer une transformation du moi dans un espace hybride, ou encore, pour rappeler une des réalités des Antilles, métisse.

3. Création d'un espace de narration féminin: éclatement et transformation du moi chez Edwidge Danticat

Dans la littérature francophone des Antilles, les personnages féminins font constamment face à l'exil: exil géographique choisi ou forcé par une situation politique ou économique menaçante, ou encore exil idéologique issu de changements culturels et langagiers. L'exil semble d'autant plus marqué dans cette littérature que les limites territoriales sont rapidement transgressées: l'île elle-même appelle à l'exil. La réalité dans laquelle se trouve enfermé Haïti cache la possibilité d'une double transgression: Haïti est en effet un pays situé sur une île dont les horizons offrent un ailleurs tentant, mais cette nation indépendante partage en plus l'espace insulaire avec la République dominicaine. Transgression inévitable donc à moins de voir son espace réduit à ce qui ne serait plus qu'un morceau d'île.

Entre Haïti et la République dominicaine, la frontière se présente comme une ligne aléatoire, déplacée au cours de conquêtes. Frontière qui, pour Gloria Anzaldúa, est instaurée « to define the places that are safe and unsafe, to distinguish *us* from *them* », (Anzaldúa, *Borderlands* 3). Gloria Anzaldúa souligne la différence entre la frontière, elle-même « a dividing line, a narrow strip along a steep edge », et l'espace frontalier « a vague and undetermined place created by the emotional residue of an unnatural boundary » qui est lui « in constant state of transition » (Anzaldúa, *Borderlands* 3). Pour elle en effet, l'espace frontalier devient le lieu de rencontre de deux cultures qui en se mélangeant évoluent pour en créer une troisième, hybride, reflet du sentiment de non-appartenance d'un peuple déplacé et privé de son identité originelle. C'est comme passeurs de frontières mais aussi comme habitants des régions frontalières que l'on peut retrouver les personnages féminins des romans d'Edwidge Danticat. Fait peu surprenant pour cette romancière haïtienne-américaine qui a fait elle-même l'expérience de la frontière au sens large: transplantée géographiquement (d'Haïti aux Etats-Unis) mais aussi linguistiquement (du français/créole à l'anglais).

Dans les œuvres de Danticat, que ces frontières soient réelles ou imaginaires, physiques ou psychologiques, elles donnent aux personnages féminins leur statut d'appartenance ou leur position d'exil, faisant ou défaisant les identités. Je voudrais montrer ici comment l'identité féminine se constitue à l'intérieur d'un nouvel espace, non défini géographiquement et accueillant la marginalité pour reprendre l'idée de Gloria Anzaldúa. Forts de leur expérience transfontalière ainsi que de l'héritage qui leur est transmis, les personnages féminins des œuvres d'Edwidge Danticat développent ce que Gloria Anzaldúa appelle une « conscience de frontière » (a « border consciousness »). J'insisterai sur le fait que, tout comme la « nouvelle mestiza » (Anzaldúa, *Borderlands* 80-81), elle-même produit non pas d'un seul pays mais de plusieurs, sans culture d'origine mais active participante à la création d'une nouvelle culture, opérant des va-et-vient entre la langue d'origine et la langue d'exil, la femme exilée chez Edwidge Danticat expose une identité en mouvance.

Dans *La Récolte des larmes,* l'exil se présente comme un départ imposé, forcé par les événements, dans le personnage d'Amabelle qui perd ses parents dans la rivière séparant Haïti de la République dominicaine en revenant d'une simple course sur le territoire hispanique. Laissée pour compte du mauvais côté de la rivière alors que ses parents se sont noyés sous ses yeux, Amabelle est prise en charge par une famille dominicaine aisée. A première vue, ce premier déplacement n'est pas vécu comme un exil par la fillette puisque lorsqu'on lui demande à qui elle appartient, elle répond qu'elle n'appartient qu'à elle-même (*Récolte* 105) coupant ainsi tout lien nostalgique avec le passé, mais aussi tout lien territorial ou familial. Pourtant, sa propre situation d'exilée envahit son être sous forme de rêves qui lui rappellent nuit après nuit la mort de ses parents, sa petite enfance en Haïti, et dans cette présence onirique, la certitude de son moi divisé.

Après la scène d'exposition, le roman d'Edwidge Danticat présente au lecteur les allers et retours d'un personnage féminin entre plusieurs lieux géographiques distincts—Haïti et la République dominicaine. Ces allers et retours reflètent la division identitaire de la protagoniste. Pourtant, l'exil s'avère positif car, comme je l'ai suggéré dans le premier chapitre de ce travail, c'est ce qui permet au féminin de prendre conscience de son oppression et qui va ainsi servir de déclencheur dans la recherche d'identité du féminin qui se dessine comme un voyage initiatique exprimé par des allers-retours psychologiques et/ou physiques entre le lieu d'exil et les origines.

Pourtant, à l'instabilité due à l'exil, s'ajoute l'instabilité due au vague identitaire. Ce qui manque ici, c'est, comme le souligne Françoise

Lionnet, la façon dont une femme se nomme dans ses propres récits, la façon dont des femmes comme Amabelle ou encore Sophie dans *Le Cri de l'oiseau rouge* peuvent sortir de leur exil en passant du statut d'objet, où elles sont nommées par l'autre, à celui de sujet, où elles se nomment elles-mêmes (Lionnet, *Postcolonial Representations* 3). L'exil d'Amabelle découvre ainsi un décentrement de l'identité du personnage féminin, décentrement reflété par la narration elle-même. *La Récolte douce des larmes* est un récit narré à la première personne du singulier de la bouche d'Amabelle. L'histoire qui se déroule sous nos yeux est donc celle du féminin, mais d'un féminin dépossédé de sa terre et de sa communauté. En plus, les premiers mots du roman sont un essai d'identifier *l'autre,* de le nommer afin de lui donner une existence tangible: « Son nom est Sébastien Onius » (*Récolte* 11), tandis que le moi reste un pronom, un 'je' peureux, proie des ombres (*Récolte* 14) avant de finalement se faire nommer par l'autre (*Récolte* 16). La narration se présente ensuite comme un va-et-vient entre le récit principal, le temps de l'histoire et des souvenirs. Les souvenirs, apparaissant sous forme d'interruptions intradiégétiques, permettent d'expliquer certains événements qui ont lieu dans le récit principal. Le premier aller-retour a lieu au niveau même de la narration: chaque mouvement permet la peinture d'une facette supplémentaire de la narratrice qui ne se découvre que petit à petit aux yeux du lecteur par touches impressionnistes, et n'est nommée par exemple que dans le deuxième chapitre, par Señora Valencia et presque par hasard (*Récolte* 16). Amabelle tombe ainsi dans l'invisibilité, le no man's land de l'identité: « Je pensais à ma propre situation. Je n'avais aucun papier pour prouver que j'appartenais à ce côté-ci de la frontière ou à Haïti où j'[étais] née » (*Récolte* 83). Son identité se résume donc à quelque chose d'hybride tout cela parce que sa structure familiale et communautaire d'origine n'existe plus.

La thématique de la perte du statut de sujet dans la narration se retrouve dans *Le Cri de l'oiseau rouge,* et c'est le départ de Sophie qui la fait tomber elle aussi dans la dépendance, dans la position d'objet vis-à-vis de sa mère inconnue à ses yeux mais qui prend la place toute puissante du sujet: « Ma mère s'était avancée. Je savais que c'était ma mère parce qu'elle s'était dirigée droit vers moi et m'avait soulevée dans ses bras et s'était mise à me faire tournoyer comme une toupie pour me regarder. 'Je n'arrive pas à croire que tu es devant moi, dit-elle. Toi, ma petite fille' » (*Cri* 57-58). Objectification parfaite, puisqu'elle est poussée jusqu'à la mise au silence de l'objet de façon catégorique: « Tu dois être très fatiguée, dit-elle » (*Cri* 58). 'Sophie-objet' à laquelle on refuse même des sentiments et des impressions personnelles.

Techniquement parlant, lorsqu'elle est en République dominicaine, Amabelle est en exil, mais dans son cas, et parce que sa structure familiale ainsi que sa communauté d'origine ont disparu, l'exil est tel que le point d'origine s'en trouve effacé. Lorsque le docteur Javier par exemple demande à Amabelle de devenir sage-femme dans une clinique sur la frontière entre Haïti et la République dominicaine mais du côté haïtien, elle ne donne ni son accord, ni son désaccord et répond: « Il y a tant de choses à prendre en compte » (*Récolte* 32). Et en effet, pour elle, il y a un grand nombre de choses à prendre en considération: n'ayant plus d'attaches à sa terre d'origine, est-elle prête à quitter ce qu'elle considère comme son identité présente, la seule identité dans laquelle elle puisse se reconnaître?

Amabelle symbolise, donc, un personnage féminin qui traverse une véritable crise d'identité. Elle fait du reste preuve d'une identité « caméléon »: ayant été dépossédée de son identité à la mort de ses parents, elle vit dans un état précaire. Elle ne peut en effet opérer ni un retour ni un détour, au sens où Edouard Glissant définit ces termes, car elle n'a véritablement pas de point d'origine, ne peut en nommer un clairement, et semble avoir choisi de ne pas penser à ses origines—elle abandonnera même l'idée d'essayer de retrouver la terre de ses parents décédés. Or, sans origine géographique claire, qui est-elle vraiment?

Ce sont les allers-retours d'Amabelle entre Haïti et la République dominicaine et ceux de Sophie entre les Etats-Unis et Haïti qui fonctionnent véritablement comme les voyages nécessaires au développement d'une identité, voyages qui permettent au personnage féminin la prise de conscience de son moi décentré et donnent ainsi la possibilité d'exprimer ce qui va devenir une nouvelle identité. La narration elle-même reflète la complexité du phénomène identitaire. Le texte n'est pas limpide sur ce point, mais il me semble que l'on peut cependant suggérer le fait que la narratrice (Amabelle) se laisse objectifier. Le fait que le récit conclut sur le personnage d'Amabelle—alors qu'il ouvrait sur celui de Sébastien—replace tout le roman dans une perspective différente. Il apparaît alors clairement que lorsque événements et personnages ne semblaient influer sur l'évolution d'Amabelle que de façon bénigne, c'était en fait pour mieux la modeler.

De même, comme c'était le cas dans *Juletane,* le lien à la mère est recherché dans un essai de trouver le lien au moi, associant le mouvement vers la terre des origines (mère-île) à la présence de la mère (mère-femme). Ce mouvement vers la terre des origines est donc associé à la présence de la mère: l'influence maternelle est présente dans le retour parce que ce retour symbolise une occasion de devenir une alliée de la mère, de propager son souvenir, comme dans le cas d'Amabelle qui soupèse l'idée de devenir sage-femme comme sa mère l'était en Haïti. Dans le cas d'Amabelle, ce lien est symbolisé par une voix qu'elle imagine comme étant celle de sa mère et qui l'encouragerait à rentrer: « Peut-être avais-je espéré entendre une voix m'appeler de l'autre côté de la rivière, quelqu'un qui serait arrivé pour me dire: « Je suis venu te ramener »? Il se peut que c'était là cette voix, que ce quelqu'un était déguisé en médecin. Sans doute devrais-je saisir ma chance? » (*Récolte* 93).

La relation entre femmes, liée au retour ou le suivant, va tout d'abord aider à la construction d'une généalogie féminine et donc permettre au personnage féminin de prendre conscience de son histoire pour pouvoir s'y placer en position de sujet. Or, contrairement à Sophie, l'héroïne du *Cri de l'oiseau rouge,* Amabelle n'a plus de parents, et donc plus de mère. L'absence de la mère revient du reste comme un véritable leitmotiv dans *La Récolte douce des larmes,* favorisant les relations entre femmes autres que celles déterminées par les liens du sang. C'est en effet l'absence de la mère qui lie Amabelle l'Haïtienne et Señora Valencia la Dominicaine, rapprochant les deux femmes dans une relation qui n'aurait autrement jamais eu lieu. Face au vide laissé par la disparition de ses parents, Amabelle essaie de se forger des racines, de s'inventer un passé afin de trouver une structure de substitution, voire une communauté de substitution. C'est ainsi qu'elle dit à Sébastien : « La señora et sa famille sont mes plus proches parents » (*Récolte* 123) dans l'espoir de se placer dans une généalogie. Pourtant, elle n'a plus de racines et en est bien consciente elle-même (*Récolte* 83). Or, ce manque de racines est d'autant plus grand que le lien à la mère a, dans son cas, été coupé. Les autres femmes ne se placent ni sur un plan d'égalité (Señora Valencia) ni dans l'optique d'une communauté (Mimi).

Lorsqu'Amabelle se rend compte de la fragilité du lien qui l'unit à Señora Valencia—cette dernière n'affrontera jamais ouvertement son mari pour sauver des Haïtiens et éventuellement sauver Amabelle elle-même—elle décide d'opérer un retour, retour sur le lieu des origines, retour physique sur le lieu de la naissance. Cependant, ce soi-disant retour se présente comme un exil puisque même en Haïti, elle se sent différente, définie par le regard de l'autre comme marginale, hors-communauté, retombant ainsi dans l'espace frontalier hybride que décrit Gloria Anzaldúa, espace frontalier dont « the prohibited and forbidden are its inhabitants » (Anzaldúa, *Borderlands* 3). En effet, même dans les rues du Cap (Haïti), Yves et Amabelle se font remarquer sans pour autant le vouloir: « Ils nous reconnaissaient sans nous connaître. Nous étions ces gens-là, les presque morts, les rescapés, ceux qui revenaient de l'autre côté du fleuve » (*Récolte* 238). Leur expérience de rescapés du massacre perpétré par les Dominicains les empêche de pouvoir reprendre une place dans la société haïtienne à égalité avec les autres Haïtiens.

L'exil d'Amabelle est donc paradoxal: elle est bien « chez elle » ou du moins a rejoint ses origines physiques, et pourtant elle ne se sent chez elle nulle part. Ce premier retour dans le pays d'Haïti à la ville du Cap se double d'un retour auprès des gens qu'elle connaissait en République dominicaine et qui auraient pu lui donner un sens d'identité. Elle essaie donc de retrouver le père Romain, prêtre dans la paroisse d'Alegria avant les événements. Ayant survécu presque par miracle à un grand nombre de tortures, il ne la reconnaît pas et ne peut ainsi l'aider à ancrer son identité. Amabelle essaie ensuite de retourner sur le lieu présent dans ses souvenirs: la citadelle géante du Cap, symbole dans son imaginaire de protection et de sécurité car elle est liée à la présence onirique de ses parents. Or, le groupe qu'elle choisit de suivre instinctivement chuchote en espagnol et suit un guide haïtien qui leur explique l'histoire de la forteresse en espagnol (*Récolte* 299-300). Là encore, elle ne peut choisir et se trouve non pas d'un côté ou de l'autre de la frontière mais bien dans un espace frontalier où les limites identitaires s'analysent en termes d'expériences plutôt que de simple nationalité, culture et langue.

Appartenir à un espace qui s'oppose à ceux définis par la société patriarcale, sans avoir immédiatement le soutien d'une communauté féminine pousse Amabelle à laisser son corps aller à l'abandon après les événements. Ressentant un sentiment de dépression lié à un sentiment de non appartenance, Amabelle se verra incapable d'infuser une force quelconque dans son corps meurtri: « […] je me sentis de nouveau glisser dans le sommeil. Je n'avais le choix qu'entre pleurer et dormir. C'est tout ce que mon corps semblait capable de faire » (*Récolte* 232-33). Là, tout comme dans le cas de Télumée, c'est une femme, une mère de substitution incarnée dans la personne de Man Rapadou qui offrira à Amabelle la possibilité d'être sauvée. Man Rapadou accueille non seulement Amabelle en la nommant, c'est-à-dire en l'inscrivant symboliquement dans une généalogie féminine: « 'Son nom est Amabelle,' dit Yves. A l'entendre prononcer mon nom et à écouter sa mère le répéter, je me sentis la bienvenue » (*Récolte* 241), mais elle crée aussi un espace communautaire dans lequel Amabelle est intégrée et évolue hors du temps. Ainsi, après la mort du Général dominicain responsable du massacre des Haïtiens, Amabelle est surprise à danser dans les rues par une remarque lancée de la foule (*Récolte* 289-90). Une jeune femme telle qu'Amabelle semble donc ne pouvoir définir et affirmer son identité que lorsqu'elle est intégrée à une structure féminine qui non seulement respecte mais aussi honore le féminin.

Dans les œuvres d'Edwidge Danticat, la problématique de l'exil dépasse la simple notion de frontière délimitant le Moi de l'Autre, ou pour reprendre les termes de Gloria Anzaldúa, le « nous » du « eux ». L'héritage identitaire transmis à la femme n'est pas simplement géographique. En effet, la femme se présente comme un être qui n'appartient pas à la terre et qui semble être en mouvance. C'est de cette mouvance que naît une femme à l'identité nouvelle, exprimant son moi dans une communauté plutôt qu'un territoire.

Cette affirmation n'apparaît cependant pas comme une évidence du point de vue des deux héroïnes Amabelle et Sophie, et il leur faut la maturité et la sagesse qui viennent avec l'âge pour qu'elles prennent conscience de ce changement de dynamique. Amabelle et Sophie se heurtent du reste toutes deux à l'impossibilité du retour aux origines mythiques, et pourtant ce n'est pas faute d'avoir essayé. Ainsi, pour Amabelle, cette impossibilité de retour physique aux origines mythiques est symbolisée par la visite à la citadelle géante du Cap. Dans l'imaginaire d'Amabelle, la citadelle représente l'insouciance d'un passé avant la mort de ses parents. Cet endroit, qu'elle n'avait fait qu'enjoliver par le rêve jusqu'à son retour, s'avère en fait n'être rien d'autre qu'un lieu touristique. Enfin, c'est au cours de cette visite qu'elle reconnaît le quartier où se trouvait la maison de ses parents. C'est là qu'elle se rend compte que ses allers et retours l'ont véritablement déracinée: « Je n'ai pu reconnaître le lieu où se trouvait notre maison, et je ne le désirais pas non plus. La terre est une chose à laquelle vous attachez du prix uniquement parce que vous avez des héritiers. Tous mes héritiers seraient comme mes ancêtres, des revenants, des fantômes, des ombres » (*Récolte* 299-300). Quant à Sophie, son retour en Haïti, s'il est l'occasion d'y ancrer sa fille nouvellement-née, s'étale dans toutes ses contradictions. L'impossibilité du retour sur la terre des origines apparaît dans le retour de Sophie aux Etats-Unis, là où semble se développer le présent de la protagoniste. Femmes de l'entre-deux, Amabelle et Sophie recherchent une identité qui ne semble donc se trouver dans aucun territoire connu—ni celui des origines, ni celui du territoire adopté.

L'une et l'autre femme ne sont libérées de ce manque d'identité que lorsqu'elles parviennent à réétablir un lien à la mère, à la mère véritable (mère-île, mère-femme). Ce lien à la mère permet aux jeunes héroïnes de réécrire l'histoire de leurs origines afin que, placées dans une généalogie et une histoire de femmes plus générales, elles puissent enfin raconter *leur* histoire. Ceci est particulièrement bien illustré par l'épisode de l'enterrement de Martine, la mère de Sophie. Après avoir accompagné le corps en Haïti et après avoir participé à la cérémonie, Sophie se détache du cortège et s'enfuit en courant vers les champs de canne d'une plantation proche. Là, elle se bat corps à corps avec la canne du champ qui symbolise pour elle l'endroit où l'on a violé sa mère (*Cri* 281). C'est le cri de sa grand-mère qui la ramène à la réalité lorsqu'elle a finalement triomphé de sa lutte: « De l'endroit où elle se tenait, ma grand-mère me cria comme les femmes du marché: 'Ou libéré? Tu es libre?' Tante Atie se mit elle aussi à crier, d'une voix brisée par les sanglots: 'Ou libéré!' » (*Cri* 282). La libération de Sophie n'est ici apportée ni par Atie, ni par la grand-mère, mais bien par Sophie elle-même, personnage de l'entre-deux, culturellement hybride dans la narration, puisqu'elle n'est ni américaine ni haïtienne mais le reflet d'un mélange auquel elle finit par donner une harmonie. En effet, sa libération lui ouvre l'accès à l'histoire des femmes et surtout à la possibilité de pouvoir raconter à son tour sa partie de cette histoire collective. La chaîne du féminin ne semble en effet être jamais brisée, et la narratrice suggère que seule la parole permet la liberté, et surtout que la mère est un maillon essentiel à la chaîne du féminin:

> Je viens d'un pays où la voix, les yeux et la mémoire ne font qu'un, un endroit où l'on porte son passé comme les cheveux sur sa tête. Là, les femmes reviennent à leurs enfants sous forme de papillons ou de larmes dans les yeux des statues auxquelles leurs filles adressent leurs prières. Ma mère était aussi courageuse que les étoiles à l'aube. Elle aussi venait de ce pays. (*Cri* 282-83)

Pour ces femmes, la réponse à l'exil ne se trouve donc pas dans un territoire spécifique: ni en Haïti, ni en République dominicaine, ni aux Etats-Unis, mais, et ce de façon tout à fait symbolique, entre les deux. Amabelle et Sophie développent une identité culturelle de l'entre-deux, et Amabelle épouse même cette notion d' 'entre' au sens propre comme au sens figuré. On voit alors que les allers et retours dans le roman permettent le développement d'un récit non traditionnel. Ainsi, le retour qui prend place dans la narration n'est pas, comme le souligne Hélène Cixous, un retour aux origines, ou même aux origines connues (qui seraient symbolisées par l'île maternelle par exemple), mais un dépassement, remettant en cause par le même coup, la définition traditionnelle de la frontière comme ligne de division.

Pour Gloria Anzaldúa, cette déstabilisation de la structure traditionnelle ouvre la porte à une « nouvelle conscience », une nouvelle conscience pour le féminin. Gloria Anzaldúa, qui forme sa théorie sur l'expérience des Chicanas (femmes mexicaines-américaines ayant dû traverser la frontière du Mexique aux Etats-Unis et ne pouvant s'identifier à aucun des deux pays), explique que la prise de conscience de la frontière en termes de féminin permet à la femme Chicana de se définir par rapport aux autres femmes de la communauté (Anzaldúa, *Borderlands* 77), et j'ajouterai même dans le contexte des récits choisis ici, par rapport aux mères, par rapport à la mère originelle. C'est de cette nouvelle conscience dont fait preuve Amabelle lorsqu'à la fin du roman, elle choisit de descendre dans la rivière séparant Haïti de la République dominicaine. Elle se trouve alors physiquement entre les deux pays auxquels elle ne se sent pas appartenir (*Récolte* 332). Le texte explique ensuite qu'elle plonge dans la rivière, suggérant ainsi un retour au féminin, à la mère originelle, et par extension, on pourrait dire un retour à sa propre mère, mais aussi à son père, à Sébastien, à Mimi, en un mot à tous les gens qui appartenaient à sa 'communauté'.

La dernière page du roman peut ainsi être analysée de deux façons opposées: l'une serait de voir la mort d'Amabelle par le retour aux sources, à la mort de la mère. L'autre pourtant, qui est celle de la vie et qui est pourtant suggérée par la narration, me paraît beaucoup plus plausible. En effet, l'image de la renaissance est clairement visible dans la dernière phrase: « Lui [le professeur], comme moi *cherchait l'aube* » (*Récolte* 332, c'est moi qui souligne), renaissance symbolisée par l'attente—et l'arrivée—de l'aube. Je voudrais suggérer ici que la renaissance dans le roman a lieu sous les traits d'une nouvelle femme, celle que Gloria Anzaldúa appelle « the New Mestiza », et qu'elle définit comme un être universel tirant sa force de son hybridité originelle (Anzaldúa, *Borderlands* 80-81). Dans *La Récolte des larmes*, ce qui définit le féminin dans les termes de la mestiza de Gloria Anzaldúa est le premier chapitre. Obéissant en effet à un schéma d'allers et retours qui régit toute l'œuvre, la dernière page ne se lit pas sans un retour à la première. Par le langage, la narratrice se définit hors frontières et hors temps: son point de vue nous montre par une focalisation zéro qu'elle est une de ces nouvelles *mestizas* qui a dû réconcilier les différents aspects de son identité refusant le retour ou le détour mais cherchant cependant la complémentarité sans pour autant que celle-ci devienne compromission. C'est bien l'aube que la narratrice attendait, portée par le courant, portée par les bras de la mère originelle.

Dans les œuvres d'Edwidge Danticat, l'exil au féminin est donc symbole de transformation: transformation de la femme grâce à une narration au féminin puisqu'elle s'affirme passant d'une position d'objet à celle de sujet dans la narration, refusant enfin d'être définie par l'autre. Cet exil est aussi symbole de redéfinition et de construction: redéfinition puisque la dynamique territoriale est modifiée et que la structure d'identification est celle de la frontière transcendée, c'est-à-dire en constante évolution, mais aussi construction puisque l'on assiste clairement à la fabrication d'une histoire de femmes par et pour les femmes. *Ou libéré?* Es-tu libre ma fille? disent ces femmes pleines de l'espoir de voir leurs filles s'exprimer au-delà de limites territoriales, raciales et sexuelles, sachant que lorsque les frontières s'effacent pour le féminin, l'histoire de ces jeunes femmes peut vivre.

Conclusion

Au-delà du maternel : découverte de nouveaux horizons dans le récit féminin

> *Ce qui gêne beaucoup ceux qui tentent de réduire le monde au silence, c'est sans doute de découvrir que nous avons une voix scellée à l'intérieur de notre tête, une voix qui, avec chaque jour qui passe, devient plus forte que la clameur du monde extérieur* —Récolte 286

Edwidge Danticat écrit ces mots dans *La Récolte douce des larmes* et ils font partie du monologue intérieur de l'héroïne haïtienne, Amabelle. Ils sont cités ici hors de leur contexte narratif, mais si on les replace dans la réalité du roman, on remarque que la mise au silence dont il est question est celle, politique, de tout un peuple face aux actes barbares du chef d'état dominicain des années 1930, Rafael Trujillo. Pourtant, lorsque l'on a lu d'autres récits et écrits d'Edwidge Danticat, on ne peut s'empêcher d'élargir cette mise au silence à la communauté féminine. On peut même soutenir que l'emploi des pronoms personnels dans la phrase en question est volontairement vague, laissant l'alternative à une interprétation rendue possible par la lecture d'autres textes du même auteur. En effet, si le « ceux » (« Ce qui gêne beaucoup *ceux* qui tentent de réduire le monde au silence ») fait sans aucun doute référence aux partisans de Trujillo, et par extension à tous les partisans de régimes totalitaires, on peut aussi y lire une désignation subtile de la société patriarcale. De même, tandis que le « nous » (« [...] *nous* avons une voix scellée à l'intérieur de notre tête ») englobe la narratrice Amabelle, ainsi que tous les Haïtiens mis au silence, on peut s'aventurer à dire qu'il peut aussi réunir Edwidge Danticat elle-même, et par extension toutes les femmes réduites au silence mais qui se battent pour faire entendre leurs voix, leurs histoires.

Les femmes écrivains des Antilles francophones n'ont pas seulement dénoncé le colonialisme et ses effets pervers dans leurs écrits, mais elles ont également fait parler des personnages féminins et leur ont ainsi donné le pouvoir et la force de se réapproprier un discours sur des thèmes centrés sur le féminin. En effet, jusque-là, ces thèmes étaient souvent négligés ou bien simplement mentionnés dans le discours masculin sans être véritablement développés. Pourtant, il ne faut pas voir l'écriture des femmes auteurs antillais comme une simple prise de position contre l'écriture traditionnelle masculine, car comme le souligne Kathleen Balutansky:

> Caribbean women's writings are not mere sub/versions of Caribbean male narratives, as their virtual absence from the canon until recently might suggest; rather, writings by Caribbean women are autonomous and diverse expressions of a woman-centered Caribbean experience. (Balutansky 539)

En effet, comme je l'ai suggéré avec l'apparition symbolique d'un espace hybride féminin dans certains des romans étudiés, dans la littérature francophone des Antilles d'auteurs féminins on assiste non pas à une réécriture de thèmes déjà développés dans la littérature traditionnelle, mais bien plus à une véritable expression d'une voix qui met en avant des aspects tabous et jusque-là non-développés de l'expérience féminine.

Mon étude s'est intéressée précisément à l'expression de ces voix et particulièrement sur le sujet souvent tabou de la maternité qui, quand abordé dans les récits masculins, est mis en avant de façon timide et subjective. Au cours de mon travail, j'ai essayé de montrer l'existence de ces voix de femmes parlant de la réalité féminine qui les sépare le plus de leurs frères masculins: la maternité sous toutes ses formes, son absence ou sa présence (réelle ou de substitution). Or, en tant que lecteurs et critiques, que fait-on de ces voix? Je voudrais suggérer qu'il faut se rappeler la réflexion d'Hélène Cixous[1], et bien se garder de les étiqueter, les classifier, les ranger, car en ce faisant, on ne les mettrait que plus rapidement dans des tiroirs d'où elles ne sortiraient plus. Au contraire, je propose qu'on les laisse se créer un espace qui, répondant aux réalités insulaires et historiques des Antilles, est un espace mouvant et hybride.

La création d'un espace narratif féminin commence par le déplacement du personnage féminin d'une position marginale à une position centrale dans le récit. Ensuite, elle est illustrée par la reconnaissance de ce personnage féminin d'une généalogie féminine qui lui apporte structure et soutien. Enfin, elle est développée et se distingue d'autres récits par l'importance du lien à la mère, femme à laquelle, par leur propre voix, elles « redonn[ent] vie » (Irigaray, *Corps* 28). Ces différentes étapes identitaires sont rehaussées par la spécificité du lien narratif à l'île que semble adopter le féminin. Dans les œuvres étudiées ici, les descriptions des contrastes et des différences de l'île suggèrent les contrastes et les différences inhérentes à l'identité féminine, sous-entendant que la description même de l'île peut représenter pleinement les femmes. L'espace narratif féminin ainsi créé laisse entendre qu'à la patrie si chère à la France métropolitaine peut se substituer une « matrie », terre d'origine qui se présente selon des paramètres féminins et qui englobe l'idée d'une communauté de femmes inclusive de toutes les différences au-delà de toutes frontières.

On a vu que l'espace féminin est conquis grâce à la réappropriation par les femmes de leur H/histoire. En effet, j'ai suggéré que les textes choisis ici doivent être lus comme une (ré)écriture, celle de l'Histoire des femmes, Histoire tout aussi officielle que la traditionnelle Histoire de l'historien. Gisèle Pineau elle-même réitère cette idée dans son introduction à ce qu'elle veut être une Histoire de femmes des Antilles écrite en collaboration avec Marie Abraham:

> Ici-là, en ce temps où la mémoire s'éveille et se retourne sur le passé, ces femmes sortent de l'ombre et marchent dans les traces ouvertes de la grande Histoire. Elles mêlent leurs pas à

ceux des femmes qui n'ont cessé de fouler les petites terres
des Caraïbes. Et leurs voix s'élèvent de l'abîme, croisent et
rencontrent enfin celles des Antillaises d'aujourd'hui. [...]
Alors, elles n'ont plus peur et disent à leurs arrière-petites-
filles qu'il est temps de rompre les silences, temps de renverser les mémoires et de revêtir les habits de l'Histoire. (Pineau,
Femmes 13)

Pour elle, les voix de femmes racontent donc l'Histoire, celle qui, restée
au fond des cases depuis des années, est en train de voir le jour. Une lecture qui encourage la perception des textes féminins comme faisant partie
d'une Histoire de femmes, permet non seulement de démarginaliser des
récits auxquels on se presse d'appliquer une étiquette anecdotique, mais
en plus elle fait apparaître des réalités féminines enfouies dans la pénombre, comme celle de l'existence et de l'importance d'une généalogie
féminine.

Or parfois, l'Histoire des femmes fait apparaître l'histoire d'une
femme-traître, une femme perçue comme telle par sa fille qui la qualifie
d'achetée par la société patriarcale. Pourtant, comme on l'a vu avec le
cas de Vilma et de Rosa dans *Traversée de la Mangrove* de Maryse
Condé, les efforts de la fille essayant de créer un espace proprement
féminin dans la narration permettent à la mère de pouvoir finalement
faire entendre sa voix, s'opposant au masculin jusque-là tout puissant
(« Il n'est pas trop tard pour que nos yeux se rencontrent et que nos
mains se touchent. Donne-moi ton pardon » [*Traversée* 171]). La mise à
jour d'une Histoire des femmes devient la tâche de la fille et elle a pour
conséquence d'exposer l'oppression de la mère en brisant le cercle vicieux qui enfermait cette dernière et en lui donnant enfin une voix qu'elle
peut faire entendre.

Comme je l'ai rappelé, la thématique de l'île introduit l'idée
d'un espace féminin mouvant, car, où que l'on se situe dans l'île, les ex-
trémités en sont toujours dans le champ de vision, et elles appellent au
dépassement, symbolisé par le départ. La thématique de l'île amène aussi
l'idée du métissage: métissage de peaux, de langues et de cultures, reflété

dans le peuple antillais lui-même, mais aussi dans les romans qui mettent en place son histoire. Cette idée de métissage, mise en œuvre par Gloria Anzaldúa dans *Borderlands/La Frontera: The New Mestiza*—que Sonia Saldívar-Hull définit comme un texte lui-même « mestizaje », ou métissé (Saldívar-Hull 296)—se retrouve dans la littérature francophone des Antilles d'auteurs féminins grâce à des structures narratives qui évoquent un mélange de voix et de pensées différentes comme dans *Traversée de la mangrove* de Maryse Condé alors que les pensées intérieures des habitants de Rivière au Sel se mélangent lors d'une veillée funéraire, ou *L'Espérance macadam* de Gisèle Pineau mettant en jeu un véritable « patchwork » de voix de femmes, l'histoire des unes et des autres se relayant dans le récit. Le retour à l'île—côté opposé du « départ » dans le couple binaire départ/retour—s'avère indispensable, car il symbolise avant tout le lien aux origines, à la mère (-île et -femme). Pourtant, comme je l'ai souligné au cours de mon développement, il n'est pas final. En effet, la mouvance même des personnages féminins, leur multiculturalité, suggèrent qu'ils évoluent en ex/île—au sens où Elaine Savory définit ce terme—cela étant renforcé par le fait que les auteurs qui les racontent écrivent eux-mêmes en ex/île, et font donc preuve d'une nouvelle identité, une identité qui met à l'honneur leur lien à l'île sans pour autant qu'ils définissent l'île comme la terre où ils choisiront nécessairement de vivre.

Cette multiplicité d'espaces dans lesquels peut évoluer le féminin, appelle à une multiplicité de facettes dans l'identité féminine des jeunes protagonistes. Ceci est illustré dans mon travail par le thème de la maternité. On a ainsi pu remarquer l'étendue des différentes manières dont la maternité est vécue par les unes et les autres (qu'il s'agisse d'absence de maternité, de maternité voulue ou imposée, de maternité de substitution, de maternité-aveugle ou de maternité-refuge). La maternité s'avère être étouffante et aliénante quand imposée sur le moi, ou bien source de joies quand choisie par la femme.

A travers les histoires de maternité exposées ici, les personnages féminins sont présentés non pas comme aliénés à jamais, mais comme changeant d'une place d'objet à une place de sujet dans le récit, mettant finalement à jour, et en des mots qui sont les leurs, ce qui fait leur spécificité de femmes. En ce faisant, elles ouvrent un espace de résistance (car parler de la maternité est rarement un sujet abordé dans la littérature selon les critères dont on aborderait l'amour ou la mort par exemple comme le rappelle justement Alicia Ostriker[2]) et un espace d'expression. On peut ainsi penser à l'expression de la sexualité chez Tituba dans *Moi, Tituba sorcière,* roman dans lequel la jeune femme se substitue symboliquement au dorliss—créature sexuellement active et traditionnellement incarnée par le masculin. En devenant le dorliss, Tituba pervertit ainsi le discours masculin pour le désarmer. De même, la réécriture de l'île par Julia dans *L'Exil selon Julia,* réécriture grâce à laquelle un espace imaginaire (l'île décrite par Julia) transcende un espace réel (l'île de la Guadeloupe), renforce l'idée que Julia s'approprie sa maison, son jardin, son espace, opposant la définition de ce qui forme maintenant son identité à celle de son mari Asdrubal.

Dans ces romans, la « voie » est donc « libre » pour que les « voix » féminines s'expriment en toute autonomie, et elles le font, choisissant la maternité comme moyen à la fois spécifiquement féminin et symbolique de naissance, ouvrant un espace dans lequel avancent côte à côte passé et futur. Un tel constat nous permet d'avancer l'idée que ces œuvres forment un nouveau courant dans le discours antillais contemporain. En effet, alors qu'une fois réappropriée par le féminin, la maternité se montre sous mille facettes, elle n'exprime qu'un côté de la réalité féminine totale dont les femmes doivent se saisir. Les romans des dix dernières années traitent ainsi de sujets tabous qu'une jeune protagoniste dénonce dans la narration pour ses sœurs réduites au silence. L'inceste est ainsi soulevé dans *L'Espérance macadam* de Gisèle Pineau, la violence domestique dans *L'Autre qui danse* de Suzanne Dracius-Pinalie ou encore le thème des filles-mères et de ses conséquences traumatisantes pour le féminin est abordé dans *Désirada* de Maryse Condé. Les romans de Maryse Condé et de Gisèle Pineau apparus peu après ouvrent même la porte à une remise en cause identitaire du féminin et de sa relation avec l'île-mère. *Célanire cou-coupé* de Maryse Condé propose ainsi le métissage dans un monde qui inclut la réalité de la Guadeloupe comme département d'outre-mer avant de se récuser dans *Histoire de la femme cannibale* pour présenter un espace antillais au-delà des Caraïbes. Quant à *Chair Piment* de Gisèle Pineau, il présente un nouvel espace antillais mettant côte-à-côte les maladies de la France contemporaine et la force d'une Guadeloupe au passé mythique. Ces textes réinscrivent les voix des femmes exprimant des questions toujours plus nombreuses qui touchent le féminin, et qui, comme je l'ai montré dans le cas de la maternité, ajoutent un chapitre supplémentaire à une Histoire des femmes en devenir.

« *Nou led, Nou la* » (« Nous sommes laides, mais nous sommes là ») nous rappelle Edwidge Danticat en parlant des femmes haïtiennes, expliquant en particulier que « this saying makes a deeper claim for poor Haitian women than maintaining beauty, be it skin deep or otherwise. For most of us, what is worth celebrating is the fact that we are here, that we against all the odds exist » (Danticat, « We Are Ugly » 140). « *Nou led, Nou la* » peut-on dire en parlant des femmes des Antilles francophones. Laissons-les donc élargir leur espace d'expression, car il semble bien qu'elles soient, comme le suggère Danticat, là pour rester.

Notes

Introduction

[1] Voir en particulier *Mother Imagery in the Novels of Afro-Caribbean Women* de Simone A. James Alexander (2001), *The Politics of (M)Othering: Womanhood, Identity, and Resistance in African Literature* d'Obioma Nnaemeka (1997), et *Sages Sorcières?: Révision de la mauvaise mère dans Beloved (Toni Morrison), Praisesong for the Widow (Paule Marshall), et Moi, Tituba Sorcière, Noire de Salem (Maryse Condé)* de Kathleen Gyssels (2001).

[2] La critique est unanime pour voir dans *Pluie et vent sur Télumée Miracle* de Simone Schwarz-Bart une œuvre qui célèbre la femme noire dans son île antillaise, et insiste sur l'importance d'une généalogie féminine. C'est l'œuvre qui annonce la deuxième génération d'auteurs antillais, ancrant leurs œuvres dans les Antilles et donnant la place centrale à la femme antillaise.

[3] Certains auteurs des Antilles anglophones, comme Jamaïca Kincaid, Michelle Cliff ou encore Jean Rhys, jouent du reste sur le terme de « mother(land) » qui fait référence à la terre natale en période postcoloniale et à la puissance colonisatrice (Angleterre) en période coloniale.

[4] Je voudrais nuancer quelque peu ce propos en insistant sur le fait que si un grand nombre d'îles francophones, anglophones et hispanophones sont effectivement indépendantes (Haïti, Cuba, Jamaïque et Barbade par exemple), la Martinique et la Guadeloupe ne sont pas les seules à garder un lien au colonisateur. Ainsi, les îles vierges britanniques sont toujours colonisées et les Bermudes bénéficient d'un statut semi-autonome hybride puisqu'on leur a donné un régime d'autonomie interne depuis 1968. Il faut donc garder en mémoire que si certaines généralisations peuvent êtres faites, la diversité des Caraïbes, même en période postcoloniale, reste à prendre en compte.

Chapitre 1: Récits d'exil

[1] Tsitsi Dangarembga, *Nervous Conditions* (Seattle: Seal Press, 1988).

[2] Pour des études sur ce sujet, voir en particulier *Women Writing in Exile* de Mary Lynn Broe et Angela Ingram.

[3] La critique est pratiquement inexistante sur cette œuvre et les images de l'exil y sont bien souvent étudiées en relation à Gisèle (voir en particulier l'article de Dominique Licops). Les spécialistes avec qui j'ai discuté de cette analyse du personnage de Maréchal comme assimilé colon s'y opposent, choisissant plutôt de le voir comme un sauveur: Man Ya est effectivement martyrisée par son mari et il est aussi de mon avis qu'à moins d'être arrachée de son état, elle ne peut opérer le détour qui lui permettra la prise de conscience. Je maintiens pourtant que Maréchal est bien un assimilé colon qui essaie de faire accepter à sa mère les valeurs « civilisées » de la France. On peut remarquer du reste que les changements qui arrivent à Man Ya ne sont ni ceux qu'il aurait souhaités, ni ceux qu'il aurait pu imaginer.

[4] Je montrerai dans le troisième chapitre de ce travail qu'en se définissant si fortement comme un être né de la violation du féminin, Tituba se place clairement en position de sujet dans sa propre histoire. Par un tel procédé, elle rejette toute complicité avec la société patriarcale qui lui demande implicitement sa loyauté. Par contraste, le fait que Sophie n'apprenne les circonstances réelles de sa naissance qu'à son adolescence l'empêche de pouvoir se définir comme sujet de sa propre histoire. Ce n'est qu'au cours du récit que son objectification cessera et qu'à la mort de sa mère qu'elle pourra entendre sa propre voix s'élever.

[5] L'apparition du masque comme objet trompeur cachant la réalité de l'identité du personnage qui le porte revient comme une constante dans la littérature des Antilles. Télumée par exemple dans *Pluie et vent sur Télumée Miracle* de Simone Schwarz-Bart est un « tambour à deux faces » qui « laisse la vie frapper, cogner, mais [qui] conserve toujours intacte la face du dessous » (*Pluie* 62). Pourtant, il existe bien une identité derrière le masque, et ce qui fait la force de Télumée, c'est qu'elle peut se préserver *grâce* au tambour à deux faces.

[6] Dans son excellente étude du roman de Maryse Condé, Carolyn Duffey suggère du reste qu'Hester représente le personnage type des féministes blanches occidentales critiquées entre autres par Mohanty et Suleri pour leur manque d'inclusion des femmes du Tiers Monde (Hester est en effet insensible, moqueuse, voire méprisante des traditions ancestrales: « She then [...] seems to ask Tituba to be the colorful 'native informant' and tell her and her unborn baby 'une histoire de ton pays! Fais-lui plaisir Tituba!' » (Duffey 103)).

[7] Je voudrais souligner ici la particularité du titre du roman d'Edwidge Danticat, traduit en français par « Le Cri de l'oiseau rouge », lié directement à l'histoire de la famille par le nom. C'est Tante Atie qui explique l'histoire de ce nom à Sophie: « Notre nom de famille, Caco, c'est le nom d'un oiseau écarlate. Tellement écarlate qu'à côté de lui, les plus rouges hibiscus et les flamboyants les plus vifs ont l'air tout blancs. L'oiseau Caco, quand il meurt, il a toujours du sang qui remonte à son cou et ses ailes, elles sont tellement éclatantes, tu les

croirais en feu » (*Cri* 183). Chaque femme de la famille Caco (famille constituée de femmes: la grand-mère, Tante Atie, Martine, Sophie) est donc symbolisée par cet oiseau rouge, et c'est Sophie qui pousse le « cri de l'oiseau rouge » en criant son aliénation et son refus de continuer à transmettre des traditions opprimantes.

[8] Sans pour autant analyser à l'extrême le symbolisme dans cette œuvre, je pense qu'il est possible de voir dans cette trahison masculine un parallèle avec la trahison originelle non seulement des Africains par l'homme blanc, mais aussi des Africains par leurs propres frères. Ainsi, tout comme les Africains se sont retrouvés arrachés (selon les mots de Glissant) à la matrice originelle, Mira se retrouve, elle aussi, arrachée à ce qui représente sa matrice originelle, c'est-à-dire la Ravine.

[9] L'original anglais du chant qui me paraît plus approprié que la traduction française est le suivant: « Ring sways to Mother. Ring stays with Mother. Pass it. Pass it along. Pass me. Pass me along » (*Breath Eyes Memory* 230).

Chapitre 2: L'influence du passé

[1] *Pluie et vent sur Télumée Miracle* n'est pas le seul roman à renforcer cette idée de généalogie plurielle, on la retrouve aussi fortement dans *Moi, Tituba sorcière* et encore dans *L'Espérance macadam* où les pères adoptifs ont une importance cruciale. Télumée, Tituba et Eliette ne sont donc pas élevées dans la haine de l'autre masculin, et ont au contraire une vision plurielle de la structure familiale.

[2] S'appuyant sur la mythologie aztèque, Gloria Anzaldúa explique que: « Coatlicue depicts the contradictory. In her figure, all the symbols important to the religion and philosophy of the Aztecs are integrated. Like Medusa, the gorgon, she is a symbol of the fusion of opposites: the eagle and the serpent, heaven and the underworld, life and death, mobility and immobility, beauty and horror » (Anzaldúa, *Borderlands* 47).

[3] Je crois qu'il faut que je m'explique ici sur l'« évolution » de la notion d'exil. Je distingue particulièrement l'exil psychologique (comme celui que subit Télumée par exemple, isolée dans un « espace mental » (pour une explication détaillée de ce concept, voir le chapitre 3 de ce travail)) de l'exil réel (comme celui que subit Tituba dans le Massachussetts). Dans le premier cas, Télumée reprend sa place dans la communauté, dans le deuxième la prise de conscience de l'existence d'une généalogie féminine doit être accompagnée d'un véritable retour physique (quasi problématique au départ puisqu'il lui faut d'abord gagner sa liberté). Pourtant, dans les deux cas, c'est la prise de conscience d'une structure qui les dépasse et à laquelle elles veulent appartenir, qui leur permet d'« espérer opérer un retour ». Ce ne sera que lorsque tous les éléments seront réunis (lorsque Tituba sera redevenue libre par exemple) que cet espoir sera réalisé.

[4] Voir en particulier *Le Livre d'Emma* de Marie-Célie Agnant (Montréal: Remue Ménage, 2001).

[5] On pourrait aisément discuter ce point: Rosette devient-elle à son tour victime à cause des dénonciations de l'inceste que subit sa fille, dénonciations qui insinuent indirectement la responsabilité directe de la mère qui n'a « rien vu, rien entendu » ou qui, perdue dans ses propres rêves, n'a rien *voulu* voir, rien *voulu* entendre? Ou bien peut-on considérer Rosette comme une deuxième victime du viol, même si elle n'est violée qu'indirectement à travers sa fille? Il me semble que la narration laisse la possibilité d'avoir les deux interprétations—n'oublions pas (et ce, pour soutenir la première possibilité) que c'est Rosette elle-même qui met au silence Angela en la frappant pour avoir divulgué des « secrets » (*Espérance* 202). C'est le souvenir de cette correction qui empêchera Angela de parler du « secret » qu'elle partage avec son père.

[6] Dans un courrier que j'ai reçu de Peter Patrick (University of Essex), le linguiste reconnaît le côté paternaliste du discours rastafarien, mais il ne semble pas le lier à la structure même de la phrase « no woman no cry » dans laquelle l'absence d'auxiliaire reflète plus pour lui une spécificité du créole jamaïcain, dont le langage rastafarien est issu, qu'un signe de paternalisme au travers de la langue. Pour reprendre une idée chère à Luce Irigaray, je voudrais souligner que je ne dis pas que le paternalisme est nécessairement conscient, mais le seul fait que la structure même de la langue reflète un paternalisme latent semble montrer une fossilisation très révélatrice des mentalités par le biais du langage.

[7] Au cours d'un échange que j'ai eu avec Christiane Makward (Pennsylvania State University), cette dernière a souligné la possibilité d'inverser le message, en fonction de la position qu'on souhaite adopter, lui faisant ainsi perdre son côté paternaliste: « Le message est « philosophique », en l'occurrence clairement sexiste, mais [peut être] [...] facilement réversible: « no man, no cry » peut être très bien dit par une femme à ses [amies] ou une mère à sa fille. » Dans ce cas précis, et après m'être intéressée à la chanson en entier, je continue à penser que l'on peut voir la phrase « no woman no cry » comme paternaliste même si cela n'est qu'inconscient.

[8] En plus de la perversion dont il est question ici, il faut souligner les études récentes sur l'utilisation de l'ironie chez Maryse Condé (dont celle de Sarah Barbour: « Hesitating Between Irony and the Desire to Be Serious in *Moi, Tituba sorcière... noire de Salem*: Maryse Condé »). La romancière utilise déjà ce procédé dans *Moi, Tituba sorcière* et elle le pousse à l'extrême dans d'autres récits comme *Célanire cou-coupé* (2000) ou encore *Histoire de la femme cannibale* (2003).

Chapitre 3: Retour d'exil et célébration du maternel

[1] Il est impossible de ne pas évoquer ici le *Cahier d'un retour au pays natal* d'Aimé Césaire qui fait bien sûr allusion non seulement à l'île de la Martinique mais aussi à l'Afrique mythique. Si les philosophes de la négritude comme Césaire ont éprouvé le besoin de s'ancrer dans des origines africaines, les romancières dont il est question ici placent au contraire leurs personnages féminins en situation d'errance, tout en leur donnant en permanence la possibilité de se redéfinir.

[2] Les études sur les *Bildungsroman*(s) au féminin sont de plus en plus nombreuses, et elles s'accordent à dire selon Susan Midalia que pendant longtemps, ce genre a été dominé par le masculin (Midalia 90). Pour une étude plus détaillée sur la question, voir *The Voyage In* d'Elizabeth Abel ou *The Myth of the Heroine* d'Esther Labovitz.

[3] Pour une étude sur l'importance de la route dans le roman d'initiation traditionnel, voir *The Dialogic Imagination* de Mikhaïl Bakhtin.

[4] Voir à ce propos l'étude de Gaston Bachelard, *L'Eau et les rêves,* et en particulier les chapitres 1 et 2.

[5] Voir à ce propos l'article d'Arthur Flannigan (Flannigan 311).

[6] Sur ce sujet de relations sexuelles et d'évocations marines dans *Moi, Tituba sorcière,* voir l'article de Michelle Smith.

Conclusion

[1] « Impossible à présent de *définir* une pratique féminine de l'écriture, d'une impossibilité qui se maintiendra car on ne pourra jamais *théoriser* cette pratique, l'enfermer, la coder, ce qui ne signifie pas qu'elle n'existe pas. Mais elle excédera toujours le discours qui régit le système phallocentrique; elle a et aura lieu ailleurs que dans les territoires subordonnés à la domination philosophique-théorique » (Cixous, *Jeune Née* 169).

[2] Voir la réflexion d'Alicia Ostriker (Ostriker 127).

Bibliographie

Abbey, Sharon, ed., et al. *Redefining Motherhood: Changing Identities and Patterns*. Toronto: Second Story Press, 1998.

Abel, Elizabeth, et al., ed. *The Voyage In: Fictions of Female Development*. Hanover: University Press of New England, 1983.

Agnant, Marie-Célie. *La Dot de Sara*. Montréal: Editions du Remue-Ménage, 1995.

———. *Le Livre d'Emma*. Montréal: Editions du Remue-Ménage, 2001.

Alexander, M. Jacqui, ed., et al. *Feminist Genealogies, Colonial Legacies, Democratic Futures*. New York: Routledge, 1997.

Alexander, Simone A. James. *Mother Imagery in the Novels of Afro-Caribbean Women*. Columbia: University of Missouri Press, 2001.

Alexis, Jacques Stephen. « Of the Marvellous Realism of the Haitians ». *Présence Africaine* 8-10 (1956): 249-75.

Antoine, Régis. *La Littérature franco-antillaise*. Paris: Editions Karthala, 1992.

Anzaldúa, Gloria. *Borderlands/La Frontera: The New Mestiza*. San Francisco: Aunt Lute Books, 1987.

Anzaldúa, Gloria, et al. *This Bridge Called my Back*. Waterton: Persephone Press, 1981.

Arnold, James A., ed. *A History of Literature in the Caribbean*. Amsterdam: John Benjamins Publishing Company, 1997.

Ashcroft, Bill, et al., eds. *The Postcolonial Studies Reader*. London & New York: Routledge, 1995.

Averbach, Márgara. « Las Abuelas en la literatura de autoras indígenas estaounidenses ». *Feminaria* 2.2 (1992): 8-10.

Bâ, Mariama. *Une si longue lettre*. Dakar: Nouvelles Editions Africaines, 1980.

Bachelard, Gaston. *L'Eau et les rêves*. Paris: José Corti, 1942.

———. *La Poétique de l'espace*. Paris: Presses Universitaires de France, 1967.

Bakhtin, Mikhail. *The Dialogic Imagination: Four Essays*. Trans. Caryl Emerson, et al. Austin: University of Texas Press, 1981.

———. *Rabelais and His Worlds*. Trans. Helene Iswolsky. Bloomington: Indiana University Press, 1984.

Balutansky, Kathleen. « Anglophone and Francophone Fiction by Caribbean Women: Redefining 'Female Identity' ». *A History of Literature in the Caribbean*. Vol. 3. Ed. James A. Arnold. Amsterdam: John Benjamins Publishing Company, 1997. 267-82.

————. « Creating Her Own Image: Female Genesis in *Mémoire d'une amnésique* and *Moi, Tituba sorcière...* ». *L'Héritage de Caliban*. Ed. Maryse Condé. Condé-sur-Noireau: Editions Jasor, 1992. 29-47.

Barbour, Sarah. « Hesistating Between Irony and the Desire to Be Serious in *Moi, Tituba sorcière... noire de Salem*: Maryse Condé and Her Readers ». *ST&TCL* 28.2 (2004): 329-51.

Barret, Leonard E. Sr. *The Rastafarians*. Boston: Beacon Press, 1977.

Beauvoir, Simone de. *Le Deuxième Sexe*. Paris: Gallimard, 1949.

Benítez-Rojo, Antonio. *The Repeating Island: The Caribbean and the Postmodern*. Trans. James Maraniss. Durham: Duke University Press, 1996.

Bernabé, Jean, et al. *Eloge de la créolité*. Paris: Gallimard, 1989.

Bhabha, Homi K. *The Location of Culture*. London & New York: Routledge, 1994.

Binder, Wolfgang. « Mothers and Grandmothers: Acts of Mythification and Remembrance in Chicano Poetry ». *Missions in Conflict: Essays on US-Mexican Relations and Chicano Culture*. Ed. Renate Von Barbeleben, et al. Tübingen: Gunter Narr Verlag Tübingen, 1986. 133-43.

Bongie, Chris. *Islands and Exiles: The Creole Identities of Post/Colonial Literature*. Stanford: Stanford University Press, 1998.

Bozon-Scalzitti, Yvette. « La Mort de Francis Sancher, ou l'adieu aux armes de Maryse Condé dans *Traversée de la mangrove* ». *Women in French Studies* 6 (1998): 65-75.

Brathwaite, Edward. *History of the Voice: The Development of Nation Language in Anglophone Caribbean Poetry*. London: New Beacon, 1984.

Broe, Mary Lynn and Angela Ingram,eds. *Women's Writing in Exile*. Chapel Hill: The University of North Carolina Press, 1989.

Brossard, Nicole. « Memory: Hologram of Desire ». Trans. Lucille Nelson. *Trivia* 13 (1988): 42-47.

————. *La Lettre aérienne*. Montréal: Les Editions du Remue-Ménage, 1985.

Brown-Guillory, Elizabeth, ed. *Women of Color: Mother-Daughter Relationships in Twentieth Century Literature*. Austin: University of Texas Press, 1996.

Buchet Rogers, Nathalie. « Oralité et écriture dans *Pluie et vent sur Télumée Miracle* ». *The French Review* 65.3 (1992): 435-48.

Butler, Judith. *Bodies That Matter: On the Discursive Limits of « Sex »*. New York: Routledge, 1993.

Césaire, Aimé. *Cahier d'un retour au pays natal.* Paris: Présence africaine, 1971.

Chancy, Myriam. *Searching for Safe Spaces.* Philadelphia: Temple University Press, 1997.

Chodorow, Nancy. *The Reproduction of Mothering: Psychoanalysis and the Sociology of Gender.* Berkeley: University of California Press, 1976.

Cixous, Hélène. « Le Rire de la méduse ». *L'Arc* 61 (1975): 39-54.

Cixous, Hélène, et Catherine Clément. *La Jeune Née.* Paris: Union Générale d'Editions, 1975.

Cixous, Hélène, et al. *La Venue à l'écriture.* Paris: Union Générale d'Editions, 1977.

Condé, Maryse. *La Parole des femmes: Essai sur des romancières des Antilles de langue française.* Paris: L'Harmattan, 1979.

———. *Moi, Tituba sorcière...* Paris: Mercure de France, 1986.

———. *Traversée de la mangrove.* Paris: Mercure de France, 1989.

———. *Célanire cou-coupé: Roman fantastique.* Paris: Robert Laffont, 2000.

———. *Histoire de la femme cannibale.* Paris: Robert Laffont, 2003.

Condé, Maryse, et Madeleine Cottenet-Hage, eds. *Penser la Créolité.* Paris: Karthala, 1995.

Cooper, Brenda. *Magical Realism in West African Fiction: Seeing With a Third Eye.* New York: Routledge, 1998.

Cooper, Carolyn. « 'Something Ancestral Recaptured': Spirit Possession as Trope in Selected Feminist Fictions of the African Diaspora ». *Motherlands: Black Women's Writing from Africa, the Caribbean and South Asia.* Ed. Susheila Nasta. New Brunswick: Rutgers University Press, 1992. 64-87.

D'Almeida, Irène Assiba. *Francophone African Women Writers: Destroying the Emptiness of Silence.* Gainesville: University Press of Florida, 1994.

Dangarembga, Tsitsi. *Nervous Conditions.* Seattle: Seal Press, 1988.

Danticat, Edwidge. *Le Cri de l'oiseau rouge.* Trad. Nicole Tisserand. Paris: Editions Pygmalion, 1995.

———. 1994. *Breath, Eyes, Memory.* New York: Vintage Contemporaries, 1998.

———. *La Récolte douce des larmes.* Trad. Jacques Chabert. Paris: Grasset, 1999.

———. 1998. *The Farming of Bones.* New York: Penguin Books, 1999.

———. « We Are Ugly, but We Are Here ». *The Caribbean Writer* 10 (1996): 137-41.

Dash, J. Michael. « Marvellous Realism—The Way Out of Négritude ». *Caribbean Studies* 13.4 (1974): 57-70.

Davies, Carol Boyce, and Elaine Savory Fido, eds. *Out of the Kumbla: Caribbean Women and Literature*. Trenton: Africa World Press, 1990.

Dayan, Joan. « Erzulie: A Woman's History of Haiti ». *The Woman, The Writer and Caribbean Society*. Ed. Helen Pyne-Timothy. Los Angeles: Center for the Afro-American Studies Publications, 1998. 41-65.

Degras, Priska. « Maryse Condé: l'écriture de l'Histoire ». *L'Esprit Créateur* 33.2 (1993): 73-81.

———. « *Pluie et vent sur Télumée Miracle* de Simone Schwarz-Bart: l'impossibilité du nom et l'absence de patronyme ». *L'Héritage de Caliban*. Ed. Maryse Condé. Condé-sur-Noireau: Editions Jasor, 1992. 85-101.

de la Campa, Román. « Resistance and Globalization in Caribbean Discourse: Antonio Benítez-Rojo and Edouard Glissant ». *A History of Literature in the Caribbean*. Vol. 3. Ed. James A. Arnold. Amsterdam: John Benjamins Publishing Company, 1997. 88-116.

D'Haen, Theo. « (Post)Modernity and Caribbean Discourse ». *A History of Literature in the Caribbean*. Volume 3. Ed. James A. Arnold. Amsterdam: John Benjamins Publishing Company, 1997. 303-21.

Duffey, Carolyn. « Tituba and Hester in the Intertextual Jail Cell: New World Feminisms in Maryse Condé's *Moi, Tituba sorcière... Noire de Salem* ». *Women in French Studies* 4 (1996): 100-110.

Dukats, Mara L. « A Narrative of Violated Maternity: *Moi, Tituba sorcière... Noire de Salem* ». *World Literature Today* 67.4 (1993): 745-50.

———. « The Hybrid Terrain of Literary Imagination: Maryse Condé's Black Witch of Salem, Nathaniel Hawthorne's Hester Prynne, and Aimé Césaire's Heroic Poetic Voice ». *Race-ing Representation: Voice, History and Sexuality*. Ed. Kostas Myrsides, et al. Lanham: Rowman and Littlefield Publishers, Inc., 1998. 141-54.

Ekotto, Frieda. « Language and Confinement in Francophone Women Writers ». *L'Esprit Créateur* 38.3 (1998): 73-83.

Ellison, Ralph. *Invisible Man*. London: Penguin Books, 1952.

Esturoy, Annie O. *Daughters of Self-Creation: The Contemporary Chicana Novel*. Albuquerque: University of New Mexico Press, 1996.

Fanon, Franz. *Peau noire, masque blanc*. Paris: Seuil, 1952.

Farganis, Sondra. « The Social Construction of Gender: The Turn To Fiction ». *Representations: Social Constructions of Gender*. Ed. Rhoda K. Unger. Amytiville: Baywood Publishing Company, 1989. 309-21.

ffrench, Patrick. « Community in Maryse Condé's *La Traversée de la mangrove* ». *French Forum* 22.1 (1997): 93-105.

Flannigan, Arthur. « Reading Below the Belt: Sex and Sexuality in Françoise Ega and Maryse Condé ». *The French Review* 62.2 (1988): 300-12.

Flax, Jane. « Mother-Daughter Relationships: Psychodynamics, Politics, and Philosophy ». *The Future of Difference.* Ed. Hester Eisenstein, et al. New Brunswick: Rutgers University Press, 1980. 20-40.

Foor Jay, Julia de. « (Re)Claiming the Race of the Mother: Cherríe Moraga's *Shadow of a Man, Giving Up the Ghost,* and *Heroes and Saints* ». *Women of Color: Mother-Daughter Relationships in Twentieth Century Literature.* Ed. Elizabeth Brown-Guillory. Austin: University of Texas Press, 1996. 95-116.

Foucault, Michel. *Les Mots et les choses.* Paris: NRF Gallimard, 1996.

———. *Histoire de la sexualité: La Volonté de savoir.* Vol.1. Paris: Gallimard, 1976.

———. *Histoire de la sexualité: L'Usage des plaisirs.* Vol. 2. Paris: Gallimard, 1984.

———. *Histoire de la sexualité: Le Souci de soi.* Vol. 3. Paris: Gallimard, 1984.

Friday, Nancy. *My Mother/ My Self: The Daughter's Search for Identity.* New York: Dell Book, 1977.

Friedan, Betty. *The Feminine Mystique.* New York: Norton, 1963.

Garner, Shirley Nelson. *The (M)other Tongue: Essays in Feminist Psychoanalytic Interpretation.* Ithaca: Cornell University Press, 1985.

Gates, Henry Louis Jr. « Introduction ». *Talk That Talk: An Anthology of African-American Storytelling.* Ed. Linda Goss, et al, ed. New York: Touchstone Book, 1998.

Genette, Gérard. *Figures.* Paris: Seuil, 1966.

———. *Figures II.* Paris: Seuil, 1969.

———. *Figures III.* Paris: Seuil, 1972.

Glissant, Edouard. 1981. *Le Discours antillais.* Paris: Gallimard, 1997.

Goldman, Anita Haya. « Comparative Identities: Exile in the Writings of Frantz Fanon and W.E.B Du Bois ». *Borders, Boundaries, and Frames: Essays in Cultural Criticism and Cultural Studies.* Ed. Mae G. Henderson. New York: Routledge, 1995. 107-32.

Green, Mary Jean ed. et al. *Postcolonial Subjects: Francophone Women Writers.* Minneapolis: University of Minnesota Press, 1989.

Gyssels, Kathleen. « L'Exil selon Pineau, récit de vie et autobiographie ». *Récits de vie de l'Afrique et des Antilles: Enracinement, Errance, Exil.* Ed. Suzanne Crosta. Quebec: GRELCA, 1998. 169-87.

Habel, Norman C. *The Book of Job: A Commentary.* London: SCM Press Ltd, 1985.

Hale, Thomas A. *Griots and Griottes: Masters of Words and Music.* Bloomington: Indiana University Press, 1998.

Heckenbach, Ida Eve. « La violence et le *Discours antillais* au féminin: Une approche à la littérature des Caraïbes ». *LittéRéalité* 10.1 (1998): 37-45.

Heller, Ben A. « Landscape, Femininity, and Caribbean Discourse ». *MLN* 111.2 (1996): 391-416.

Henderson, Mae G. *Borders, Boundaries, and Frames: Essays in Cultural Criticism and Cultural Studies.* New York: Routledge, 1995.

Herndon, Gerise. « Gender Construction and Neocolonialism ». *World Literature Today* 67.4 (1993): 731-36.

Herrmann, Claudine. *Les Voleuses de langue.* Paris: Editions des femmes, 1976.

Hirsh, Marianne. *The Mother-Daughter Plot: Narrative, Psychoanalysis, Feminism.* Bloomington: Indiana University Press, 1989.

———. « Maternal Narratives: 'Cruel Enough to Stop the Blood' ». *Reading Black, Reading Feminist: A Critical Anthology.* Ed. Henry Louis Gates, Jr. New York: Meridian Book, 1990. 415-30.

Hutcheon, Linda. *A Poetics of Postmodernism: History, Theory, Fiction.* New York: Routledge, 1988.

———. *The Politics of Postmodernism.* New York: Routledge, 1989.

Ibrahim, Huma. « Ontological Victimhood: 'Other' Bodies in Madness and Exile—Toward a Third World Feminist Epistemology ». *The Politics of (M)Othering.* Ed. Obioma Nnaemeka. New York: Routledge, 1997. 147-61.

Ippolito, Emilia. *Caribbean Women Writers: Identity and Gender.* Rochester: Camden House, 2000.

Irigaray, Luce. *Et l'Une ne bouge pas sans l'autre.* Paris: Editions de Minuit, 1979.

———. *Le Corps à corps avec la mère.* Montréal: Editions de la Pleine Lune, 1981.

———. *Parler n'est jamais neutre.* Paris: Editions de Minuit, 1985.

———. *Je, tu, nous.* Paris: Grasset, 1990.

———. *L'Ethique de la différence sexuelle.* Paris: Editions de Minuit, 1984.

Jacobs, Janet Liebman. « Reassessing Mother Blame in Incest ». *Signs* 15.3 (1990): 500-514.

Karrer, Wolfgang. « Nostalgia, Amnesia, and Grandmothers: The Uses of Memory in Albert Murray, Sabine Ulibarri, Paula Gunn Allen, and Alice Walker ». *Memory, Narrative and Identity: New Essays in Ethnic American Literatures.* Ed. Amritjit Singh, et al. Boston: Northeastern University Press, 1994. 128-44.

Katrak, Ketu H. « Womanhood/ Motherhood: Variations on a Theme in selected Novels of Buchi Emecheta ». *The Journal of Commonwealth Literature* 22.1 (1987): 159-70.

————. « Decolonizing Culture: Toward a Theory for Postcolonial Women's Texts ». *Modern Fiction Studies* 35.1 (1989): 157-79.

Kincaid, Jamaica. *Annie John.* New York: Straus, Giroux, 1983.

Kristeva, Julia. *Etrangers à nous-mêmes.* Paris: Fayard, 1988.

————. *La Révolution du langage poétique.* Paris: Seuil, 1974.

————. « Women's Time ». *The Kristeva Reader.* Ed. Toril Moi. New York: Columbia University Press, 1986. 188-213.

————. « Stabat Mater ». *The Kristeva Reader.* Ed. Toril Moi. New York: Columbia University Press, 1986. 161-86.

Labovitz, Esther Kleinbord. *The Myth of the Heroine: The Female Bildungsroman in the Twentieth Century.* New York: Peter Lang, 1986.

Lagos-Pope, María-Inés, ed. *Exile in Literature.* Lewisburg: Bucknell University Press, 1989.

Lahens, Yanick. *L'Exil: Entre l'ancrage et la fuite: l'écrivain haïtien.* Port-au-Prince: Ed. Henri Deschamps, 1990.

Lake, Obiagele. *Rastafari Women: Subordination in the Midst of Liberation Theology.* Durham: Carolina Academic Press, 1998.

Lamming, George. *The Pleasures of Exile.* London: Allison and Bresby, 1984.

Lamiot, Christophe. « Maryse Condé, la république des corps ». *Penser la Créolité.* Ed. Maryse Condé et Madeleine Cottenet-Hage. Paris: Karthala, 1995. 275-88.

Larrier, Renée. « A Roving 'I': 'Errance' and Identity in Maryse Condé's *Traversée de la mangrove* ». *L'Esprit Créateur* 38.3 (1998): 84-94.

————. *Francophone Women Writers of Africa and the Caribbean.* Gainesville: University Press of Florida, 2000.

Latortue, Régine Altagrâce. « Francophone Caribbean Women Writers and the Diasporic Quest for Identity: Marie Chauvet's *Amour* and Maryse Condé's *Hérémakhonon* ». *Winds of Change: The Transforming Voices of Caribbean Women Writers and Scholars.* Ed. Adele S. Newson. New York: Peter Lang, 1998. 55-65.

Lerner, Gerda. *The Creation of Patriarchy.* New York: Oxford University Press, 1986.

LeSeur, Geta. « One Mother, Two Daughters: The Afro-Caribbean Female Bildungsroman ». *The Black Scholar* 17.2 (1986): 26-33.

Lewis, Barbara. « No Silence: An Interview with Maryse Condé ». *Callaloo* 18.3 (1995): 543-50.

Liddell, Janice Lee and Yakini Belinda Kemp, eds. *Arms Akimbo: Africana Women in Contemporary Literature.* Gainesville: University Press of Florida, 1999.

Lionnet, Françoise. « Savoir du corps et écriture de l'exil: les romancières de la diaspora antillaise et le mythe de l'authenticité ». *L'Héritage de Caliban*. Ed. Maryse Condé. Condé-sur-Noireau: Editions Jasor, 1992. 111-21.

———. *Postcolonial Representations: Women, Literature, Identity*. Ithaca: Cornell University Press, 1995.

McKinney, Kitzie. « Memory, Voice, and Metaphor in the Works of Simone Schwarz-Bart ». *Postcolonial Subjects: Francophone Women Writers*. Ed. Mary Jean Green, et al. Minneapolis: University of Minnesota Press, 1996. 22-41.

———. « Second Vision: Antillean Versions of the Quest in Two Novels by Simone Schwarz-Bart ». *The French Review* 62.4 (1989): 650-60.

———. « Télumée's Miracle: The Language of the Other and the Composition of the Self in Simone Schwarz-Bart's *Pluie et vent sur Télumée Miracle* ». *Modern Language Studies* 19.4 (1989): 58-65.

Man, Paul de. *Allegories of Reading: Figural Language in Rousseau, Nietzsche, Rilke and Proust*. New Haven: Yale University Press, 1979.

Mehta, Brinda. « The Shaman Woman, Resistance, and the Powers of Transformation: A Tribute to Ma Cia in Simone Schwarz-Bart's *The Bridge of Beyond* ». *Sacred Possessions: Vodou, Santería, Obeah, and the Caribbean*. Ed. Margarite Fernández Olmos, et al. New Brunswick: Rutgers University Press, 1997. 231-47.

Memmi, Albert. *Le Portrait du colonisé*. Paris: Gallimard, 1985.

Miller, Nancy K. « Our Classes, Ourselves: Maternal Legacies and Cultural Criticism ». *Borders, Boundaries, and Frames: Essays in Cultural Criticism and Cultural Studies*. Ed. Mae G. Henderson. New York: Routledge, 1995. 145-70.

Minh-ha, Trinh T. *Woman, Native, Other*. Bloomington: Indiana University Press, 1989.

Moi, Toril. *The Kristeva Reader*. New York: Columbia University Press, 1986.

Morris, Ann R. and Margaret M. Dunn. « 'The Bloodstream of Our Inheritance': Female Identity and the Caribbean Mothers'-Land ». *Motherlands: Black Women's Writing from Africa, the Caribbean, and South Asia*. Ed. Susheila Nasta. New Brunswick: Rutgers University Press, 1992. 219-237.

Munley, Ellen. « Du Silence de la mort à la parole de la vie: à l'écoute de l'eau et du vent dans *Traversée de la mangrove* ». *L'eau: Source d'une écriture dans les littératures féminines francophones*. Ed. Yolande Helm. New York: Peter Lang, 1995.

Nasta, Susheila, ed. *Motherlands: Black Women's Writing from Africa, the Caribbean and South Asia*. New Brunswick: Rutgers University Press, 1992.

Newson, Adele S., and Linda Strong-Leek. *Winds of Change: The Transforming Voices of Caribbean Women Writers and Scholars*. New York: Peter Lang, 1998.

Nfah-Abbenyi, Juliana Makuchi. *Gender in African Women's Writing: Identity, Sexuality, and Difference*. Bloomington: Indiana University Press, 1997.

Niesen de Abruna, Laura. « Dreams of Leaving: Mother and Mother Country in Jamaïca Kincaid's Fiction ». *The Woman, The Writer and Caribbean Society: Essays on Literature and Culture*. Ed. Helen Pyne-Timothy. Los Angeles: Center for African-American Studies Publications, 1998. 164-175.

———. « Jamaica Kincaid's Writing and the Maternal-Colonial Matrix ». *Caribbean Women Writers: Fiction in English*. Ed. Mary Condé, et al. New York: St. Martin's Press, 1999. 172-83.

Nnaemeka, Obioma, ed. *The Politics of (M)Othering: Womanhood, Identity, and Resistance in African Literature*. New York: Routledge, 1997.

Nora, Pierre. « Between Memory and History: *Les Lieux de mémoire* ». *Representations* 26 (1989): 7-25.

Orlando, Valérie. *Of Suffocated Hearts and Tortured Souls: Seeking Subjecthood through Madness in Francophone Women's Writing of Africa and the Caribbean*. Lanham: Lexington Book, 2003.

Ostriker, Alicia. *Writing Like a Woman*. Ann Arbor: The University of Michigan Press, 1983.

Perry, Donna. « An Interview With Jamaica Kincaid ». *Reading Black, Reading Feminist*. Ed. Henry Louis Gates, Jr. New York: Meridian, 1990.

Pfaff, Françoise. *Entretiens avec Maryse Condé*. Paris: Karthala, 1993.

Pineau, Gisèle. *L'Espérance-macadam*. Paris: Stock, 1995.

———. *L'Exil selon Julia*. Paris: Stock, 1996.

———. « Ecrire en tant que Noire ». *Penser la Créolité*. Maryse Condé et Madeleine Cottenet-Hage,ed. Paris: Karthala, 1995. 289-95.

Pineau, Gisèle, et Marie Abraham. *Femmes des Antilles: Traces et Voix*. Paris: Stock, 1998.

Pollard, Velma. *Dread Talk: The Language of the Rastafari*. Montreal: McGill-Queen's University Press, 2000.

———. « Mothertongue Voices in the Writing of Olive Senior and Lorna Goodison ». *Motherlands: Black Women's Writing from Africa, the Caribbean and South Asia*. Ed. Susheila Nasta. New Brunswick: Rutgers University Press, 1992. 283-53.

Proulx, Patrice. « Inscriptions of Silence and Violence in the Antillean Text: Reading Warner-Vieyra's *Juletane* and « Sidonie" ». *The French Review* 70.5 (1997): 698-709.

———. « Inscriptions of Female Community and Liberation in Maryse Condé's *Moi, Tituba sorcière.. »*. « *Ecrivaines françaises et francophones » Europe plurilingue* (1997) Spécial hors-série: 148-61.

Pyne-Timothy, Helen, ed. *The Woman, The Writer and Caribbean Society.* Los Angeles: Center for African-American Studies, 1998.

Raymond, Janice G. *A Passion for Friends: Toward a Philosophy of Female Affection*. Boston: Beacon Press, 1986.

Rebolledo, Tey Diana. *Women Singing in the Snow: A Cultural Analysis of Chicana Literature*. Tucson: The University of Arizona Press, 1995.

———. « Abuelitas: Mythology and Integration in Chicana Literature ». *Woman of Her Word: Hispanic Women Write*. Ed. Evangelina Vigil. Houston: Arte Publico Press, 1987. 148-58.

Renk, Kathleen J. *Caribbean Shadows and Victorian Ghosts: Women's Writing and Decolonization*. Charlottesville: University Press of Virginia, 1999.

Rich, Adrienne. *Of Woman Born: Motherhood as Experience and Institution*. New York: Norton, 1976.

———. « Compulsory Heterosexuality and Lesbian Existence ». *Signs* 5.4 (1980): 631-660.

———. « When We Dead Awaken: Writing as Re-Vision ». *College English* 34 (1972): 18-30.

Ricoeur, Paul. *La Métaphore vive*. Paris: Seuil, 1975.

Rowland, Smith, ed. *Exile and Tradition: Studies in African and Caribbean Literature*. Bristol: Longman, 1976.

Rubin, Gayle. « The Traffic in Women: Notes on the « Political Economy » of Sex ». *Toward and Anthropology of Women*. Ed. Rayna R. Reiter. New York: Monthly Review Press, 1975. 157-210.

Said, Edward. « Reflections on Exile ». *Out There: Marginalization and Contemporary Cultures*. Ed. Russell Ferguson, et al. New York: The New Museum of Contemporary Art, 1991. 357-66.

Savory Fido, Elaine. « Mother/lands: Self and Separation in the Works of Buchi Emecheta, Bessie Head and Jean Rhys ». *Motherlands: Black Women's Writing from Africa, the Caribbean and South Asia*. Ed. Susheila Nasta. New Brunswick: Rutgers University Press, 1992. 330-349.

———. Ex/Isle: Separation, Memory, and Desire in Caribbean Women's Writing ». *Winds of Change: The Transforming Voices of Caribbean Women Writers and Scholars*. Ed. Adele S. Newson, et al. New York: Peter Lang, 1998. 169-77.

Scharfman, Ronnie. « Mirroring and Mothering in Simone Schwarz-Bart's *Pluie et vent sur Télumée Miracle* and Jean Rhys' *Wide Sargasso Sea* ». *Yale French Studies* 62 (1981): 88-106.

Scheindlin, Raymond P. *The Book of Job.* New York: W.W. Norton and Company, 1998.

Scheub, Harold, ed. *The World and the Word: Tales and Observations from the Xhosa Oral Tradition.* Madison: The University of Wisconsin Press, 1992.

Schwarz-Bart, Simone. *Pluie et vent sur Télumée Miracle.* Paris: Seuil, 1972.

Shelton, Marie-Denise. « Condé: The Politics of Gender and Identity ». *World Literature Today* 67.4 (1993): 717-22.

Silverman, Kaja. *The Subject of Semiotics.* New York: Oxford University Press, 1983.

————. *Male Subjectivity at the Margins.* New York: Routledge, 1992.

Slater, Lauren. « Beginning and End: Why Are We Surprised That Childbirth Might Lead to Tragedy? » *The New York Times Magazine* (July 8, 2001): 11-12.

Smith, Michelle. « Reading in Circles: Sexuality and/as History in *I, Tituba, Black Witch of Salem* ». *Callaloo* 18.3 (1995): 602-7.

Smyley Wallace, Karen. « The Female and the Self in Schwarz-Bart's *Pluie et vent sur Télumée Miracle* ». *The French Review* 59.3 (1986): 428-36.

Spear, Thomas. « Jouissances carnavalesques: représentations de la sexualité ». *Penser la Créolité.* Ed. Maryse Condé et Madeleine Cottenet-Hage. Paris: Karthala, 1995. 135-51.

————. « Individual Quests and Collective History ». *World Literature Today* 67.4 (1993): 723-30.

Spivak, Gayatri Chakravorty. *In Other Worlds: Essays in Cultural Politics.* New York: Routledge, 1988.

Starobinski, Jean. *Jean-Jacques Rousseau: La transparence et l'obstacle.* Paris: Gallimard, 1971.

Suleri, Sara. « Woman Skin Deep: Feminism and the Postcolonial Condition ». *Critical Inquiry* 18 (1992): 756-69.

————. « Criticism and Its Alterity ». *Borders, Boundaries, and Frames: Essays in Cultural Criticism and Cultural Studies.* Ed. Mae Henderson. New York: Routledge, 1995. 171-82.

Walker, Alice. *In Search of Our Mother's Gardens: Womanist Prose.* New York: Harcourt Brace Jovanovich, 1983.

————. *Living by the Word.* New York: Harcourt Brace Jovanovich, 1988.

Warner-Vieyra, Myriam. *Juletane.* Paris: Présence Africaine, 1982.

Willen, Margaret. « La Case Télumée: Site de Résistance ». *Revue francophone* 10.2 (1995): 85-99.

Woolf, Virginia. *A Room of One's Own.* New York: Harcourt Brace & Company, 1929.

Zimra, Clarisse. « Pattern of Liberation in Contemporary Women Writers ». *L'Esprit Créateur* 17.2 (1977): 103-14.

————. Négritude in the Feminine Mode: the Case of Martinique and Guadeloupe ». *The Journal of Ethnic Studies* 12.1 (1984): 53-77.

————. « What's In A Name: Elective Genealogy in Schwarz-Bart's Early Novels ». *Studies in Twentieth Century Literature* 17.1 (1993): 97-118.

Zobel, Joseph. *La Rue Case-Nègres.* Paris: Présence Africaine, 1974.

Index

A

ailleurs 18, 27, 35, 53, 56, 58, 73, 203, 210, 233

aliénation 1, 3, 10, 13, 20, 21, 29, 30, 31, 32, 33, 39, 40, 43, 44, 48, 49, 54, 59, 61, 67, 69, 76, 119, 162, 164, 166, 169, 188

amitié féminine 92, 143, 144

Anzaldúa, Gloria 15, 17, 112, 168, 210, 211, 215, 216, 219, 220, 225, 231

avortement 60, 61

B

Benítez-Rojo, Antonio 17

bildungsroman 167, 168, 170, 171, 172, 173, 185, 199, 233

C

Capécia, Mayotte 2, 168

Chodorow, Nancy 13, 68, 69, 149

Cixous, Hélène 14, 169, 170, 219, 223

communauté 6, 7, 10, 14, 15, 20, 22, 29, 33, 34, 40, 42, 43, 44, 45, 46, 47, 48, 50, 51, 52, 53, 55, 57, 58, 66, 69, 73, 74, 75, 77, 79, 81, 82, 83, 85, 88, 91, 92, 94, 100, 109, 110, 112, 113, 116, 118, 119, 121, 126, 127, 136, 137, 140, 142, 143, 161, 168, 185, 186, 195, 198, 199, 204, 205, 212, 213, 215, 216, 217, 219, 221, 223; communautaire 6, 7, 21, 29, 40, 43, 77, 90, 212, 216

Condé, Maryse 2, 3, 10, 11, 18, 19, 21, 29, 30, 50, 58, 65, 66, 73, 77, 93, 109, 122, 128, 143, 144, 148, 157, 158, 167, 169, 170, 172, 186, 194, 224, 225, 226

conditionnement 28, 29, 32, 50, 56

construction 3, 4, 6, 7, 13, 15, 32, 54, 61, 64, 68, 91, 130, 148, 166, 168, 173, 168, 173, 182, 183, 186, 200, 214, 220

conteur 83, 87, 88, 89, 90, 94, 102; conteuse 90, 91, 100, 102, 104, 105, 106, 117, 150

création féminine 163

D

Danticat, Edwidge 9, 19, 20, 21, 24, 77, 78, 145, 168, 169, 209, 210, 211, 216, 220, 222, 227

déracinement 10, 29, 90

désir sexuel 159, 187, 193, 195

E

écriture féminine 15, 167

éducation 17, 28, 60, 64, 100, 117, 133, 181, 205

enfant(s) 1, 2, 3, 6, 12, 25, 26, 43, 44, 45 48, 49, 51, 52, 53, 56, 60, 61, 62, 63, 64, 65, 70, 73, 74, 79, 96, 97, 98, 99, 100, 102, 104, 105, 106, 120, 122, 125, 134, 138, 139, 145, 149, 151, 154, 200, 202, 203, 218

enseignement(s) 96, 99, 117

esclavage 4, 18, 30, 33, 37, 38, 50, 51, 60, 70, 87, 89, 94, 95, 105, 106, 107, 108, 111, 120, 125, 134, 144, 165, 189, 201

espace antillais 168, 209, 227

espace féminin 52, 209, 223, 225

espace frontalier 210, 215, 216

ex/île 165, 166, 225

exil physique 20, 59, 77, 79, 146; exil psychologique 20, 44, 59, 73, 76, 77, 79, 231

F

famille 5, 6, 7, 22, 25, 34, 35, 41, 42, 45, 46, 47, 50, 60, 82, 83, 91, 92, 96, 106, 145, 173, 211, 215, 230, 231

Fanon, Franz 4

femme-mère 11, 15, 166, 167, 168

femme objet 188

folie 6, 7, 33, 37, 40, 49, 126, 135, 162, 170, 186, 199

France 7, 8, 9, 17, 18, 19, 22, 23, 27, 28, 34, 35, 49, 53, 75, 97, 101, 106, 107, 131, 146, 154, 163, 165, 177, 201, 223, 227, 230

frontière 15, 17, 20, 143, 168, 169, 210, 211, 212, 213, 216, 219, 220, 223

G

généalogie féminine 10, 11, 12, 14, 15, 66, 69, 84, 91, 93, 96, 117, 119, 126, 135, 142, 148, 159, 163, 164, 172, 199, 214, 216, 223, 229, 231

Glissant, Edouard 22, 27, 34, 38, 188, 194, 197, 213

griot 87, 90, 100, 102

griotte 90

guérisseuse 39, 63, 95, 108, 110, 112, 113, 114, 115, 116

H

Hermann, Claudine 14

Hirsch, Marianne 13, 66, 67

Histoire des femmes 14, 89, 120, 121, 123, 126, 128, 131, 134, 137, 142, 143, 209, 218, 223, 224, 227; (temps de l') 89

homosexualité 55, 150, 197

I

identité féminine 4, 13, 68, 173, 174, 186, 194, 209, 210, 223, 225

île 3, 7, 8, 9, 11, 15, 17, 27, 37, 38, 63, 75, 76, 77, 83, 89, 100, 101, 105, 109, 111, 127, 132, 154, 163, 164, 165, 166, 167, 168, 169, 172, 173, 185, 196, 197, 199, 200, 201, 202, 203, 204, 205, 206, 207, 208, 210, 219, 223, 224, 225, 226

île-mère 15, 166, 167, 168, 199, 214, 217, 225, 226

inceste 120, 122, 127, 128, 129, 130, 132, 135, 142, 143, 199, 226, 232

infertilité 6, 206
initiatrice 92, 93, 97, 103, 143, 145,
    147, 153, 156
Irigaray, Luce 14, 68, 140, 161,
    167, 232
isolation 17
isolement 6, 7, 13, 20, 21, 22, 29,
    33, 35, 39, 40, 42, 43, 46, 47,
    48, 49, 50, 51, 59, 73, 74, 76,
    80, 110, 164, 205

K

Kristeva, Julia 21, 42, 89

L

Lacrosil, Michèle 2, 168
langage 14, 15, 18, 26, 43, 60, 64,
    76, 81, 99, 101, 105, 111, 132,
    139, 162, 163, 173, 174, 178,
    179, 180, 181, 192, 220, 232
langue 18, 19, 41, 42, 43, 90, 114,
    139, 211, 216, 220, 230
lien à la mère 8, 11, 13, 20, 66, 69,
    73, 74, 75, 77, 78, 80, 85, 119,
    148, 150, 166, 167, 214, 215,
    217, 223
lieux de mémoire 14, 88

M

malheur (vies de) 125
mariage 3, 4, 5, 6, 19, 21, 27, 28,
    41, 45, 52, 60, 63, 165, 194
masque(s) 37, 60, 129, 133, 230
maternel(le) 1, 4, 7, 8, 9, 11, 14, 15,
    17, 21, 48, 60, 68, 69, 71, 75,
    76, 80, 82, 91, 95, 109, 116,
    117, 119, 120, 131, 134, 135,
    136, 137, 152, 154, 161, 163,
    165, 167, 168, 185, 199, 200,
    201, 204, 208, 214, 219, 221,
    233
maternité 1, 3, 4, 5, 6, 7, 9, 10, 11,
    12, 13, 15, 22, 43, 44, 48, 50,
    51, 53, 54, 56, 57, 58, 59, 60,
    61, 62, 63, 64, 68, 69, 70, 74,
    128, 129, 149, 153, 188, 222,
    225, 226
Memmi, Albert 4
mentor 85, 91, 92, 93, 97, 116, 117,
    126, 148
mère de substitution 10, 69, 78,
    122, 126, 128, 136, 143, 152,
    216
mère symbolique 71, 72, 73, 77,
    105
mère-fille 55, 73, 76, 77, 78, 79,
    80, 82, 96, 120, 142, 147, 150,
    152, 153; mère et fille 8, 21,
    55, 68, 77, 79, 80, 83, 128,
    135, 148, 152
métropole 17, 18, 22, 200, 202, 203
mort 5, 6, 26, 27, 40, 51, 52, 54, 55,
    56, 65, 66, 67, 70, 71, 72, 73,
    74, 75, 80, 83, 85, 95, 109,
    110, 113, 116, 119, 122, 124,
    125, 130, 134, 137, 140, 141,
    147, 152, 153, 154, 157, 165,
    175, 176, 177, 179, 180, 190,
    198, 206, 208, 211, 213, 215,
    217, 219, 226, 230
mulâtresse Solitude 94
mutilation 21, 40, 46, 47, 80, 132

N

naissance 2, 6, 24, 26, 30, 51, 54,
    58, 71, 79, 125, 126, 152, 154,
    204, 215, 226, 230
narration d'histoires 87, 104, 105
Nora, Pierre 14, 88
nostalgie 18, 20, 36, 37, 38, 39,
    146, 170, 202, 203, 206, 208
nostalgique 167, 200, 201, 202, 211

P

parole 5, 6, 9, 41, 97, 101, 124,
126, 127, 130, 131, 132, 133,
139, 142, 153, 169, 179, 182,
195, 203, 218

Pineau, Gisèle 2, 9, 19, 21, 22, 24,
92, 93, 97, 120, 130, 167, 169,
188, 200, 223, 225, 226

plaies 2, 123, 124, 125, 126, 127,
128, 142

prison(nier/ère) 6, 36, 40, 48, 49,
50, 552, 59, 60, 64, 147, 150,
152, 153, 175, 186, 193, 196,
201

Q

quête 10, 11, 18, 57, 172

R

R/rastafarien(ne) 127, 135, 136,
137, 140, 141, 232; com-
munauté rastafarienne 136,
137

réalisme merveilleux 110, 111, 112

regard 18, 29, 52, 90, 96, 102, 103,
106, 113, 120, 133, 165, 174,
175, 177, 178, 181, 183, 184,
188, 189, 201, 215

renaissance 58, 63, 105, 118, 135,
136, 154, 175, 176, 204, 205,
219

résistance 19, 22, 49, 50, 51, 52,
53, 59, 60, 61, 64, 65, 89, 169,
189, 226

retour d'exil 11, 14, 161, 164, 166,
233

Rich, Adrienne 4, 13, 68

Roumain, Jacques 2

S

Said, Edward 13, 19, 22

Schwarz-Bart, Simone 7, 9, 18, 66,
92, 93, 97, 107, 109, 167, 169,

170, 172, 173, 180, 184, 188,
229, 230

sexe 4, 5, 19, 55, 60, 64, 84, 90,
125, 140, 190, 192, 197

sexuel 4, 5, 30, 54, 68, 69, 129,
159, 172, 175, 186, 187, 188,
190, 191, 192, 193, 195, 196,
197, 198, 220, 226, 233

silence 1, 2, 3, 5, 13, 20, 25, 33, 38,
49, 51, 76, 84, 90, 91, 93, 100,
120, 127, 128, 132, 133, 135,
136, 140, 159, 162, 163, 186,
187, 189, 190, 192, 193, 194,
199, 213, 221, 222, 224, 226,
232

sorcière 33, 44, 95, 108, 110, 112,
114, 115, 116, 186, 197

structure coloniale 19

T

terre maternelle 8, 9, 11, 17, 75,
154, 161, 163, 185, 199, 200,
204; terre natale 8, 22, 32, 75,
166, 229; terre d'origine 12,
17, 18, 22, 34, 42, 163, 164,
213, 223

trahison 34, 35, 37, 71, 72, 128,
145

traître 65, 67, 72, 224

traîtresse 11, 128

transformation 114, 170, 209, 220

transgression 187, 192, 193, 199,
210

traumatisme 33, 35, 36, 37, 40, 70,
79

V

viol 24, 25, 26, 29, 30, 62, 66, 79,
80, 85, 121, 124, 127, 128,
132, 133, 135, 136, 142, 187,
188, 189, 190, 192, 198, 199,
218, 232

virginité (perte de) 25, 43, 54
voix 2, 3, 7, 10, 11, 12, 13, 15, 20,
 63, 67, 69, 70, 71, 72, 74, 85,
 87, 88, 90, 91, 95, 99, 103,
 104, 107, 111, 120, 121, 122,
 124, 130, 136, 157, 158, 159,
 163, 167, 169, 170, 171, 173,
 182, 184, 186, 187, 189, 190,
 191, 193, 194, 197, 198, 199,
 200, 208, 214, 218, 221, 222,
 223, 224, 225, 226, 227, 230

W

Warner-Vieyra, Myriam 6, 7, 9, 19,
 20, 21, 74, 92, 93, 143, 144,
 167, 169, 170, 200